新 视 界

图书在版编目(CIP)数据

端牢饭碗：新时代中国粮食问题解读 / 刘慧著.
上海：上海远东出版社,2024. -- ISBN 978-7-5476
-2050-2

Ⅰ. F326.11

中国国家版本馆 CIP 数据核字第 2024X5R332 号

出 品 人　曹　建
责任编辑　陈占宏
封面设计　刘　斌

端牢饭碗：新时代中国粮食问题解读

刘　慧　著

出　　　版　上海远东出版社
　　　　　　（201101　上海市闵行区号景路 159 弄 C 座）
发　　　行　上海人民出版社发行中心
印　　　刷　上海中华印刷有限公司
开　　　本　710×1000　　　1/16
印　　　张　20.75
插　　　页　1
字　　　数　318,000
版　　　次　2024 年 10 月第 1 版
印　　　次　2024 年 10 月第 1 次印刷
ISBN　978－7－5476－2050－2/F・746
定　　　价　118.00 元

序

"民以食为天"。粮食安全是关系经济发展和社会稳定的全局性战略问题,保障粮食安全、解决好14亿多人口的吃饭问题,始终是中国历届领导人治国理政的头等大事。社会各界对粮食安全问题高度关注,开展了大量研究,形成了大量研究课题。

在浩如烟海的关于粮食安全的书籍中,经济日报社记者刘慧撰写的《端牢饭碗》一书,以与众不同的观察视角、新颖独特的解读方式,对新时代中国粮食安全的舆论热点问题、现实焦点问题、深层理论问题,进行了系统深入的探讨和阐释。读完后,我觉得这本书有三个鲜明特点。

一是思想性强。这本书将习近平总书记关于保障国家粮食安全的重要论述的核心要义和实践要求,运用到对新时代粮食安全重大问题的认识、分析中,有助于读者深入理解和把握习近平总书记关于国家粮食安全的重要论述精神。

二是系统性强。全书从粮食生产、流通、储存、加工、消费全链条,国内保供和国际贸易等多维度,粮食增产和减损等多层次,对中国粮食安全怎么看、怎么样、怎么办等系列问题进行系统分析解读,全景式展现了中国粮食安全的现状特征、核心要义和目标任务。

三是可读性强。全书讲历史、摆事实,语言简洁、文字鲜活,比如,《"囤粮致全球粮荒"这锅中国不背》《别把粮田作"秀场"》等篇目,这些文字读来通俗易懂,令人印象深刻。

一本好书往往能让我们更好地了解所处的时代,更好地把握这个时代的重大命题。粮食安全是"国之大者",在更高层次、更高水平上保障粮食安全,是推进中国式现代化的重大命题之一。我国已经开启全面建设社会主义现代化国家新征程，无论将来社会现代化程度有多高，14亿多人口的粮食和重要农产品稳定供给始终是头等大事。只有把牢国家粮食安全主动权，才能把稳强国复兴主动权。

保障国家粮食安全是一个永恒课题。当前，我国人口总量结构、城镇化进程、城乡居民食品消费需求等影响粮食安全的诸多关键因素正在或已经发生重要变化，且这些变化相互交织、相互影响。在全球范围内，地缘政治冲突、突发性公共卫生事件、环境和气候危机等不确定性因素，持续冲击全球粮食供应链，我国保障粮食安全依然面临诸多的不确定性和较大的挑战性。结合自己在本领域多年的研究体会，我认为，当前和今后一个时期保障国家粮食安全，需要关注以下几个重大问题。

一是确立符合国情和时代特征的粮食安全线。目前，大家都以人均每年粮食占有量400千克作为衡量粮食安全的标准，高于这个水平就是安全的；反之，就不安全。以此来衡量，我国已经连续多年超过这一标准线。当前，我国国民的食物消费结构和营养状况都发生了很大变化，在大食物观的视角下，是否还要用这个标准来衡量我国粮食安全水平需要进行深入研究。

二是有效应对我国人口变化对粮食安全的系统性影响。人口始终是我们保障粮食安全必须考虑的首要因素，人口的规模、结构、素质、迁移等，都会对粮食安全产生重要影响，需要深入研究和积极应对人口总量和结构变化对粮食供需总量平衡、结构平衡、区域平衡、产销平衡带来的深刻影响。

三是提升粮食全产业链安全水平。新时代保障粮食安全，不仅涉及生产环节，而且涵盖整个产业链供应链。保障国家粮食安全，需要有"链式"思维，系统梳理生产、加工、流通、储备、贸易等方面可能存在的风险点，完善全链条、全覆盖的政策体系，有效打通循环堵点卡点，推动粮食供求平衡向更高水平提升。

四是推动从粮食安全向食物安全转变。未来一个时期，既要向耕地要粮食，又要向林地、草原、水域等要食物，既保证"吃得饱"，又要"吃得好""吃得健康"，促进食物供给由单一生产向多元供给转变。实现这种转变，需要在思想理念、政策体系、制度安排上进行全方位转型。

五是提高我国在全球粮食市场上的资源配置能力。我国是粮食进口大国,但在国家粮食市场上缺乏话语权和定价权。要打好农产品贸易大国这张牌,加快培育具有国际竞争力的大粮商,增强在全球范围内配置资源的能力。

　　以上是我读完这本书后得到的启发和思考。希望这本书能够成为普及中国粮食安全的大众读物,让更多人了解粮食安全、关心粮食安全、参与粮食安全。

黄汉权

2024 年 7 月于北京

目 录

序

第一章　粮食安全政策解读

第二章　粮食保供稳价

第三章　粮食生产

第四章　粮食生产区域布局

第五章　粮食生产利益补偿机制

第六章　粮食流通

第七章　粮食储备

第八章　粮食进口

第一章

粮食安全政策解读

地方党政同责扛起粮食安全重任

2020 年 12 月 28 日至 29 日召开的中央农村工作会议首次提出,地方各级党委和政府要扛起粮食安全的政治责任,实行党政同责,"米袋子"省长要负责,书记也要负责。从"米袋子"省长负责制,到书记、省长共同把粮食安全的责任扛在肩上,这有利于把国家粮食安全战略真正落到实处,持续增强粮食安全保障能力。

1995 年以来,我国一直实行"米袋子"省长负责制,特别是党的十八大以来,我国真正建立起国家宏观调控下省级人民政府对粮食安全全面负责的体制,全面加强粮食生产、储备和流通能力建设,粮食安全形势持续向好,粮食生产获得"十七连丰",粮食库存充足。实践证明,"米袋子"省长负责制是强化地方政府责任、保障国家粮食安全的有效措施。在抗击新冠疫情过程中,各地以高度的政治责任担当和有效的应对举措确保了粮油供应,守住了"米袋子"安全,为保障经济社会稳定发展奠定了坚实的物质基础。

也要看到,我国粮食产需中长期仍将维持紧平衡态势,影响粮食安全的潜在隐患还有很多。粮食生产基础不牢固、种粮比较效益偏低,一些地方抓粮积极性不高,存在着"说起来重要,干起来次要,忙起来不要"的现象;一些地方把农业结构调整简单理解为压减粮食生产,出现耕地"非粮化"倾向,粮食播种面积出现下降势头;粮食区域供求矛盾日益突出,13 个粮食主产区生产了全国 78% 以上的粮食,一些主销区和产销平衡区粮食自给率明显下降,依靠主产区解决吃饭问题,调度风险也在增加;2020 年受新冠疫情影响,粮食等大宗农产品贸易链、供应链受到冲击,国际农产品市场供给不确定性增加。这些问题如果任其发展,将影响国家粮食安全。必须要时刻紧绷粮食安全这根弦,任何时候都不能放松。

在我国人多地少的基本国情下，必须举全国之力解决 14 亿多人的吃饭问题。地方各级党委和政府要树立大局意识，扛起粮食安全的重任。当然，中央财政要进一步加强对粮食生产的支持，充分调动地方重农抓粮的积极性。要逐步建立健全对主产区的利益补偿机制，强化对主产省和主产县的财政奖补力度，让主产区重农抓粮有动力、有热情、有干劲。

保障国家粮食安全，不能只盯着主产区，主销区、产销平衡区也要共同承担责任。主产区要努力发挥优势，巩固提升粮食综合生产能力，继续为全国作贡献；主销区和产销平衡区要扭转粮食种植面积下滑势头，确保粮食种植面积不减少、产能有提升、产量不下降。产销区还要深化合作，促进产销衔接。产区发挥粮食生产、加工和仓储设施优势，努力为销区提供绿色、优质、安全的粮食；销区发挥市场和资金等优势，支持产区稳定发展粮食生产，增强粮食流通能力，满足本地区粮源供应。

此外，还要进一步强化粮食安全责任制考核，充分发挥考核"指挥棒"作用，切实压实地方各级党委和政府责任，不断提高地方各级党委和政府粮食安全意识，推进粮食安全治理体系和治理能力现代化，持续提升粮食安全保障能力和水平。

约束性指标释放重农抓粮强烈信号

评价粮食安全的指标体系有很多,2021年3月11日发布的《中华人民共和国国民经济和社会发展第十四个五年规划和2035年远景目标纲要》,设置了"安全保障"类指标,把"粮食综合生产能力"作为粮食安全的约束性指标。相关指标成为测度我国坚决保障粮食安全信心和决心的标尺,不仅释放出重农抓粮的强烈信号,而且对于抓紧抓好粮食生产具有重要的导向和约束作用。

在各种传统与非传统安全挑战中,粮食安全是关系国家发展与安全大局的头等大事,党中央、国务院始终高度重视,社会各界高度关注。"十三五"时期,我国农业现代化稳步推进,粮食年产量连续稳定在6 500亿公斤以上,人均粮食占有量超过470公斤,高于国际公认的400公斤安全线,实现了谷物基本自给、口粮绝对安全。然而,粮食安全的潜在风险仍然存在,农业现代化仍是突出"短板",农业基础还不稳固,粮食结构性短缺问题凸显。面对日益复杂的国际环境和新冠疫情全球蔓延形势,国际市场不稳定性不确定性明显增加,保障粮食安全、稳定粮食产能更具特殊重要意义。

"十四五"时期是我国开启全面建设社会主义现代化国家新征程的第一个五年。端牢中国饭碗,必须立足新发展阶段,贯彻新发展理念,构建新发展格局,推动高质量发展,实施粮食安全战略,从粮食生产、储备、进口以及节约粮食等方面采取切实有效的措施,筑牢粮食安全屏障。

实施分品种保障策略,夯实粮食生产能力基础,确保粮食和重要农产品供给安全。抓好土地和良种两个关键,深入实施藏粮于地、藏粮于技战略。严守耕地红线,稳定并增加粮食播种面积和产量,以粮食生产功能区为重点,建设国家粮食安全产业带,建成10.75亿亩集中连片高标准农田,实施黑土地保护工程。开展种源"卡脖子"技术攻关,打好种业翻身仗,实现"中国粮"用

"中国种"。深化农业结构调整,优化农业产业布局,推进"粮经饲"统筹、农林牧渔协调,优化种植业结构,大力发展现代畜牧业,促进水产生态健康养殖。推进粮食生产绿色发展,深入实施优质粮食工程,持续扩大绿色优质粮食供给。健全农业支持保护制度,完善粮食主产区利益补偿机制,构建新型农业补贴政策体系,完善粮食最低收购价政策。

提高粮食储备调控能力,充分发挥储备粮"定海神针"的作用。目前我国已建立比较完善的粮食储备制度和粮食应急保障机制,有效发挥了守底线、稳预期、保安全的关键作用。"十四五"时期,要深化粮食等农产品收储制度改革,加快培育多元市场购销主体,改革完善中央储备粮管理体制。增强粮食宏观调控能力,不断充实政策"工具箱",保障国内粮食市场供应和运行平稳,确保粮食价格基本稳定。

适度进口是粮食安全战略的重要组成部分。积极开展重要农产品国际合作,健全农产品进口管理机制,优化国际市场布局,开辟粮食多元化进口渠道,发挥进口调节作用。培育中国的国际大粮商和农业企业集团,积极支持企业融入全球产业链供应链,提高跨国经营能力和水平。引导企业加强合规管理,加强农产品供应链风险管理能力。

开展节约粮食行动是保障粮食安全的有效举措。在生产流通环节,可以通过采取节粮减损技术、推进粮食产后服务等举措,有效降低粮食生产、储存、运输、加工环节损耗;在粮食消费领域,应积极倡导文明消费,加强粮食安全教育,大力营造爱粮节粮、健康消费的社会新风尚。

粮食增产要与健康营养共赢

民以食为天。粮食够不够吃，质量安全不安全，是老百姓对粮食供给的最大关切。中央经济工作会议和中央农村工作会议均强调要确保粮食稳产增产，中国人的饭碗任何时候都要牢牢端在自己手中，饭碗主要装中国粮。笔者以为，在确保粮食稳产增产的同时，要实打实地调整结构，进一步抓好粮食质量安全工作，更好地做到"吃得饱""吃得安全""吃得健康"。

粮食是民生之根本。在人多地少的国情之下，确保粮食稳产增产，让14亿多人吃饱肚子，是保障粮食安全的基本目标。近年来，我国持续提升粮食综合生产能力，2021年粮食生产获得"十八连丰"并实现高位增产，粮食产量连续7年保持在6 500亿公斤以上，实现了谷物基本自给、口粮绝对安全，为有效应对各类风险考验增强了底气。不过，我国粮食紧平衡格局并未根本改变，确保国家粮食安全仍要紧盯着产量。这也是再次提出粮食年产量稳定在6 500亿公斤以上的原因之一。

党的十八大以来，在"创新、协调、绿色、开放、共享"新发展理念指引下，我国粮食生产不再单纯追求粮食产量增长，而是追求粮食产量质量效益并重的"绿色增产"。面对农药兽药残留、重金属污染、有毒有害物质超标和滥用抗生素等粮食质量安全问题，我国从转变农业生产方式入手，逐步改变拼资源、拼消耗的粗放式生产方式，发展资源节约高效利用的集约化生产，破解资源与环境两个"紧箍咒"，努力实现粮食增产与生态保护双赢。

除了紧盯粮食产量、追求"绿色增产"外，在当前消费升级的大形势下，人们对优质粮食的需求也在增加。为保障优质粮食供给，我国积极推动粮食产业高质量发展，构建更高层次的粮食安全保障体系，并深入推进优质粮食工程，实施粮食品种品质品牌提升行动，着力增品种、提品质、创品牌，从"产购储加销"各个环节提升品质,实现粮食绿色化、优质化、特色化、品牌化发展,增加优质粮食供给,满足多元化、个性化、定制化需求。

需要注意的是,当前我国不少消费者陷入"精米白面"的饮食误区,一些居民认为主食吃"精米白面"就是生活水平高。为了迎合这种消费需求,很多粮食加工企业过度加工,市场上"精米白面"占绝对主导地位,全谷物食品逐渐被边缘化,成为饮食中的"配角"。实际上,过度加工会导致谷物营养流失严重,有可能给身体带来某些健康风险。当前,亟须引导消费者走出"精米白面"的饮食消费理念误区,提倡科学膳食,倡导"粗细搭配",倒逼粮食加工企业由"保供"向"优供"转变,更好地促进居民营养全面和身体健康。

根据联合国粮农组织的定义,粮食安全就是让所有人在任何时候都能够获得足够安全和富有营养的粮食。保障粮食安全,就是要满足不同层次的消费需求。我国人多地少,保障粮食安全首先要确保"吃得饱""吃得安全",在此基础上再追求"吃得好""吃得营养""吃得健康",做到粮食数量安全、质量安全和营养安全。

构建更高水平粮食安全保障

粮食安全是"国之大者",关乎国家安全、社会稳定。在 2022 年 3 月全国两会上,粮食安全再次成为一个热门话题。2022 年以来,新冠疫情持续,汤加火山爆发、南美干旱、俄乌冲突等突发事件导致全球粮价持续震荡,引发全球性粮食供应担忧。构建更高水平的粮食安全保障体系,确保粮食稳定供应,才能有效防范和应对各种突发事件可能导致的粮食危机甚至社会危机。

党和政府历来高度重视粮食安全,依靠自身力量彻底解决了中国人民的吃饭问题,有力地回答了"谁来养活中国"的疑问。党的十八大以来,我国着力构建粮食安全保障体系,粮食产量连续 7 年稳定在 6 500 亿公斤以上,政府储备与企业社会责任储备互为补充,库存充裕,2021 年我国人均粮食占有量达到 483 公斤,比 2020 年的 474 公斤增加了 9 公斤,把中国人的饭碗牢牢端在自己手中,饭碗里装满了中国粮。无论国际形势如何变化,我国都有能力有信心保障"米袋子"安全,而且饭碗越端越稳,吃得也越来越好。

居安思危,有备无患。当前我国粮食供需形势总体较好,粮食供应有保障,但这并不等于说不存在问题,不等于说可以高枕无忧,各种突发事件造成的粮食不安全事件仍有可能发生。从中长期看,我国粮食供需紧平衡格局不会发生根本变化,粮食安全还面临着资源与环境的硬约束、种粮效益比较低、区域性供给不均衡及结构性矛盾比较突出等深层次问题。因此,在粮食安全问题上不能有丝毫麻痹大意,要始终紧绷粮食安全这根弦,始终保持粮食安全战略的定力,牢牢守住保障国家粮食安全的底线,把中国人的饭碗任何时候都要端在自己手中,决不能在吃饭这个基本生存问题上让别人卡住我们的脖子。

粮食生产是保障国家粮食安全最重要的基石。在粮食生产实现"十八连丰"的基础上，2022年我国再次把粮食生产目标确定为年产6 500亿公斤以上。只有全力以赴抓好粮食生产，才能稳住粮食安全这块"压舱石"，把饭碗牢牢端在自己手中。要稳定粮食播种面积，优化布局，稳口粮、稳玉米、扩大豆、扩油料，弥补结构性失衡问题。针对粮食生产效益偏低的问题，要加强政策供给，调动和保护农民种粮积极性和地方抓粮积极性，激发粮食生产的内生动力，严格落实藏粮于地、藏粮于技战略，抓住耕地和种子两个要害，持续增强粮食综合生产能力，最大限度地挖掘粮食供给潜力。

随着生活水平的提升，粮食消费需求从吃得饱向吃得好、吃得营养健康转型，居民食物消费结构发生重要变化，人均口粮消费需求下降，而肉蛋奶、蔬菜、水果等食物消费需求上升。要树立大食物观，在确保粮食安全的基础上，保障肉类、蔬菜、水果、水产品等各类食物有效供给。在保护生态环境的前提下，从有限的耕地资源向整个国土资源拓展，向耕地要粮食，也要向草原要食物，向森林要食物，向江河湖海要食物，全方位多途径开发食物资源。这些食物供给增加不仅能实现各类食物供求平衡，更好地满足人们日益多元化的食物消费需求，而且能直接或间接替代传统主粮，为粮食安全目标的实现提供有力支持。

保障粮食安全，不能只算经济账，也要算政治账。从经济角度看，粮食种植效益低，有的地方抓粮食生产、保粮食安全的积极性不高。各地要提高政治站位，全面落实党政同责，严格粮食安全责任考核，主产区、主销区、产销平衡区都有责任保面积、保产量，切实稳定和提高主销区粮食自给率，确保产销平衡区粮食基本自给。只要各方共同努力，就一定能更好地装满"米袋子"，充实"菜篮子""肉盘子""奶罐子"。

全方位夯实粮食安全根基

粮食事关国计民生,粮食安全是国家安全的重要基础。党的二十大报告提出"全方位夯实粮食安全根基",这为我国粮食政策指明了方向,给粮食安全提出了更高的要求。未来,要全方位系统性地审视和解决粮食安全面临的问题,锻长板、补短板、强弱项,构建更高水平的粮食安全保障体系,为经济社会发展筑牢底盘,为中国式现代化建设夯实基础。

党的十八大以来,我国全面加强粮食生产、储备、流通能力建设,有效保障了14亿多人的粮食安全,但风险和挑战仍在。从国际看,当前世界百年未有之大变局加速演进,世纪疫情影响深远,逆全球化思潮抬头,粮食保护主义明显上升,不确定难预料因素增多,各种"黑天鹅""灰犀牛"事件随时可能发生;从国内看,粮食生产还存在资源环境约束、结构性短缺、区域性不平衡等矛盾。必须增强忧患意识,坚持底线思维,做到居安思危、未雨绸缪,全方位系统性地解决粮食安全的问题,牢牢把握粮食安全主动权,有效应对重大风险考验。

中国要强,农业必须要强。加快农业强国建设,深化供给侧结构性改革,扎实推进质量兴农、绿色兴农、科技兴农,推动粮食生产从拼人力畜力、拼资源、拼环境、拼消耗的粗放式生产方式向可持续生产方式转变。加快推进农业现代化,突出抓好现代农业产业体系、生产体系和经营体系建设,补齐中国式现代化短板。全面落实粮食安全党政同责,突出抓住耕地和种子两个关键因素,健全种粮农民收益保障机制和主产区利益补偿机制,优化种植结构,加大南方生产地区粮食生产扶持力度,着力破解粮食生产结构性、区域性等矛盾,确保粮食产得出、供得上、供得优。在确保粮食安全的前提下,落实大食物观,构建多元化食物供给体系,更好地满足人民对美好生活的需要。

　　针对粮食生产效益低、竞争力不强等问题，应加快推进粮食产业高质量发展，加快粮食安全产业带建设，深入实施优质粮食工程，构建粮食产、购、储、加、销全产业链发展，形成大粮食、大产业、大市场、大流通的高质量发展格局。例如，黑龙江、河南、山东、安徽等主产区以"粮头食尾""农头工尾"为抓手，不断做大做强粮食产业，从"大粮仓"变身"大厨房"，从粮食生产大省迈向粮食经济强省，促进区域经济发展和乡村振兴，更好地保障国家粮食安全。

　　针对粮食市场频繁波动等情况，应强化粮食产、购、储、加、销协同保障，充分发挥储备和进口调节作用，增强粮食宏观调控能力。加快构建与大国地位相符的国家粮食储备体系，以储备的确定性来应对经济社会发展面临的不确定性和不稳定性。目前，我国推动形成了政府储备和企业社会责任储备有机结合、互为补充的粮食储备格局，储备实力不断增强，储备布局结构优化，严惩涉粮腐败，守护管好"大国粮仓"，确保平时备得足、储得好，关键时刻调得出、用得上。增强全球粮食产业链供应链风险管理能力，推动粮食进口来源地和品种多元化，确保粮食买得到、运得进。加强粮食宏观调控，充分发挥粮食储备"压舱石"和"稳定器"作用，确保粮食市场平稳运行，既要防止"谷贱伤农"，也要避免"米贵伤民"，真正做到"为耕者谋利，为食者造福"。

　　我国粮食安全的蓝图已经绘就。只要坚定信心、笃行不怠，党政同责、上下一心，撸起袖子加油干、风雨无阻向前行，全方位夯实粮食安全根基，才能把中国人的饭碗牢牢端在自己手中。

力争粮食产能再上新台阶

当前我国粮食安全问题已经从"吃得饱"转为"吃得好",从口粮安全问题转为饲料粮安全问题。要把中国人的饭碗牢牢端在自己手上,就要在高起点上再次推动粮食产量跃上新台阶。2022年12月15日至16日召开的中央经济工作会议提出"实施新一轮千亿斤粮食产能提升行动",这将有助于进一步挖掘粮食增产潜力,为保障粮食安全夯实基础。

持续提高粮食综合生产能力是保障国家粮食安全的重要基础。当前我国粮食安全形势总体是好的,粮食安全是有保障的,实现了谷物基本自给、口粮绝对安全,人均粮食占有量达到483公斤,高于人均粮食占有量400公斤的国际水平。然而,我国粮食安全仍然面临着风高浪急的国际形势、持续增长的国内需求,以及资源约束趋紧、种粮比较效益低、极端气候频发、结构性矛盾比较突出等潜在风险隐患。持续提升粮食综合生产能力,不断挖掘粮食增产潜力,能够更好地保障粮食安全。

粮食综合生产能力是指在一定时期、一定技术条件和生产要素投入下国内可以稳定达到的粮食产出能力,是衡量一个国家粮食安全的重要指标。我国一直高度重视提升粮食综合生产能力,粮食产量从1949年的11 318万吨提升至2022年的68 653万吨,70多年间增加到6倍以上,就是粮食产能提高的具体表现。2009年我国启动实施《全国新增1 000亿斤粮食生产能力规划(2009—2020年)》以来,粮食产量连续迈上了5 500亿公斤、6 000亿公斤、6 500亿公斤的台阶,粮食生产能力、潜力充分释放,粮食增产难度越来越大。自2015年以来,粮食产量已经连续8年稳定在6 500亿公斤以上。2022年全国31个省、自治区、直辖市中,有23个省份实现了增产,其中,除了河南恢复性增产24.5亿公斤,新疆、内蒙古、山东、山西、吉林粮食增产均超过4亿公斤，其他省份增产不多。因此，实施新一轮粮食产能提升行动势所必然。"十四五"规划首次将粮食综合生产能力作为安全保障类约束性指标，党的二十大报告提出要全方位夯实粮食安全根基，足见国家对提升粮食产能的重视。

实施新一轮千亿斤粮食产能提升行动，不能走以前那种资源消耗型的老路子，而是要走绿色发展、高质量发展的新路子，全方位夯实粮食安全根基，确保产得出、供得上、供得优。全面落实粮食安全党政同责，深入实施藏粮于地、藏粮于技战略。耕地是粮食生产的"命根子"，坚守18亿亩耕地红线，持续推进高标准农田建设，逐步把永久基本农田全部建成高标准农田。据评估，建成以后项目区的耕地粮食产能平均提高10%到20%。科技创新是粮食持续稳定增产的根本途径，目前我国农作物良种覆盖率在96%以上，良种对农业增产的贡献率达到45%。深入实施种业振兴行动，培育推广一批高产优质、多抗广适的突破性新品种，强化农业科技和装备支撑，推动良种、良法、良机与良田的有机结合，不断提升粮食单产水平。健全种粮农民收益保障机制和主产区利益补偿机制，充分调动农民种粮积极性和地方抓粮积极性，特别是主产区、主销区、产销平衡区都要保面积、保产量，持续提升粮食综合生产能力，共同扛起保障国家粮食安全的重任。

粮食综合产能提升是一个缓慢的过程，不可能一蹴而就。要坚持农业农村优先发展，把新一轮千亿斤粮食产能提升行动融入乡村振兴战略中，在干部配备、要素配置、资金投入和公共服务方面要优先考虑，不断完善粮食产能提高机制，加快农业农村现代化进程，努力推动粮食产能迈上新台阶，粮食产量在高基点上实现新突破。

创建吨粮田要下足绣花功夫

当前,确保粮食增产已经成为全社会的共识。面对粮食需求刚性增长和环境资源约束趋紧的突出矛盾,如何实现粮食增产,确保粮食稳定供应,是当前保障粮食安全面临的重要课题。2023年中央一号文件首次提出"开展吨粮田创建"。这意味着通过创建吨粮田,挖掘现有耕地潜力,继续主攻粮食单产,将是今后实现粮食增产的重要途径。

所谓"吨粮田",就是在一亩地上一年中一季或者多季生产一吨粮食的农田。早在20世纪七八十年代,一些地方就开始创建"吨粮田",经过多年的试验示范与推广,各地"吨粮田""吨半粮"面积不断扩大,吨粮玉米、吨粮稻、吨粮麦比比皆是,一些地方创建吨粮镇、吨粮县,开展"吨半粮"产能建设,但"吨粮田"并没有普及,粮食单产水平仍然偏低,特别是玉米和大豆单产水平远低于美国。从国家统计局发布的数据看,2022年小麦单产390.4公斤,玉米单产429.1公斤,稻谷单产472公斤,与"吨粮田"的单产水平差距甚远。

影响粮食单产提高的主要因素有耕地、种子、机械、栽培技术、化肥农药的投入等,创建吨粮田,一定要下足"绣花功夫",最大限度地挖掘粮食增产潜力。要强化藏粮于地、藏粮于技的物质基础,突出抓好良田、良种、良机、良法四个关键点。在良田方面,持续推进高标准农田建设,通过水、土、田、林、路的综合治理,把中低产田改造为丰产田、高产田、吨粮田。在良种方面,加快培育推广高产稳产、品质优良、多抗广适的粮食新品种。在良机方面,加快研发推广先进农机,提升粮食生产全程机械化水平,针对玉米机收、水稻机插等薄弱环节加快科研攻关和试验示范,同时加快研发复合型农机装备和适应丘陵山区作业的小型农机具。在良法方面,加快研发推广玉米高产密植栽培技术、小麦玉米连作高产栽培技术、稻麦连作高产栽培技术等高产高效栽培新技术。通过良田、良种、良机、良法的有机融合，提高粮食生产规模化、智能化、机械化、集约化水平，提高粮食单产水平。

创建吨粮田，须健全农民种粮收益保障机制和主产区利益补偿机制，让农民种粮有钱赚、主产区抓粮不吃亏。农民通过创建吨粮田能够实现增产增收，但要确保种粮农民有钱赚、不吃亏，还要进一步健全价格、补贴、保险"三位一体"的农业政策支持体系，稳定种粮预期，增加种粮信心，让农民一心一意发展粮食生产，在提高单产上下功夫。同时，要健全主产区利益补偿机制，增加产粮大县的奖励资金规模，让种粮大县在财政上不吃亏，充分调动地方创建吨粮田、吨粮镇、吨粮县的积极性。

绿色是农业的底色，生态是农业的底盘。创建吨粮田，要坚持产量产能、数量质量、生产生态一起抓。决不能走以前那种竭泽而渔、焚薮而田、大水大肥的资源消耗型老路子，而是要走资源节约、环境友好的绿色发展、高质量发展的新路子。要因地制宜，充分利用当地光、热、水、土资源，通过高产高效新品种、新技术，推进轮作倒茬，科学合理使用化肥和农药，既能生产出高产优质的粮食，又能守得住绿水青山，实现粮食生产可持续发展。

创建吨粮田是一项复杂的系统工程，需要中央、地方和广大农民共同努力。各级党委、政府把吨粮田建设摆在农业和农村工作的首位，加大财政扶持力度。要凝聚农业农村、自然资源、统计、科技、财政、供销合作、气象、生态环境等各个部门的智慧和力量，做到心往一处想、劲往一处使。要认真落实中央政策，引导鼓励农民创建吨粮田，多种粮、种好粮，把饭碗端得更稳、更好、更牢。

大豆生产支持政策只增不减

一年之计在于春，一年好景看春耕。2023年大豆生产能否稳定，大豆产量能否再创新高，是人们普遍关心的问题。3月国家出台稳定大豆生产一揽子支持政策措施，从补贴、保险、收储等方面全面发力，多措并举，综合施策，确保农民种豆有钱赚、主产区抓豆不吃亏，确保大豆种得好、卖得俏，促进大豆种、储、销良性循环，才能确保大豆扩种目标任务顺利完成。

我国大豆自给率低，成为保障国家粮食安全的短板。2022年国家实施大豆油料产能提升行动，大豆产量首次突破2 000万吨、自给率增加3.4个百分点，但通常大豆自给率只有18%左右，对外依存度依然很高。2023年中央一号文件提出，深入推进大豆和油料产能提升工程，加力扩种大豆油料。然而，继续扩种大豆还面临着大豆单产低、种豆比较效益低、产销衔接不顺畅等较大困难和挑战，国家必须采取超常超强措施，紧盯多个环节、运用多种工具，统筹解决。

扩种大豆要确保种豆农户取得合理收益、主产区抓豆不吃亏。针对大豆种植效益低于玉米的问题，完善大豆生产者补贴政策，增加补贴总额，东北四省区合理确定大豆补贴标准，调高大豆补贴标准，着力加大对高油高产大豆的支持，稳定东北大豆生产。加大大豆金融信贷支持，支持大豆完全成本保险和种植收入保险试点县扩大覆盖面，帮助农户解决"贷款难"问题，降低生产经营风险。对主产区辅之以利，加大产粮大县奖励力度，引导大豆主产区发展大豆生产，持续巩固和扩大稳粮扩豆成效。继续加大对农业产业融合发展项目支持，支持大豆主产区建设大豆国家现代农业产业园、产业集群、产业强镇，进一步推动延伸和拓展大产业链，增强市场竞争力和产业发展后劲，促进经营增效。

扩种大豆要从扩面积和提单产两方面着力。从扩面积看，在东北地区扩大耕地轮作实施面积，支持开展粮豆轮作，引导农民合理安排种植结构扩种大豆；在黄淮海、西南、长江中下游和西北地区扩大大豆玉米带状复合种植示范面积，鼓励地方探索发展幼龄果树、高粱等作物套种大豆种植模式。从提单产看，启动实施大豆大面积单产提升行动，对906个大豆生产县形成"一县一策"的综合性提单产解决方案，聚焦100个重点县整建制推进。引导家庭农场、农民合作社、农业企业等经营主体承担大豆生产，发展大豆生产托管服务，推动大豆生产规模化、机械化、集约化生产，实现降本增效。

扩种大豆还要解决好大豆增产后的销路问题，确保大豆产得好、卖得俏。大豆产销衔接不畅的主要原因是产销分离，全国80%以上的大豆加工企业分布在东部沿海和沿长江流域一带，黑龙江、内蒙古等主产区加工企业相对较少，大豆从产区到销区运距长、国产大豆含油率偏低、采购交易成本高，压榨企业收购国产大豆的积极性较低。做好大豆产销衔接，中储粮集团、中粮集团等国有大型企业以及规模以上大豆加工企业积极入市收购国产大豆，极大地提高了农民卖豆积极性，增强了农民扩种大豆信心。

扩种大豆是保障粮食安全的重要举措，不仅要算经济账，也要算政治账。各级党委和政府要树立大局意识，自觉承担起扩种大豆的生产责任。要压紧压实地方责任，明确2023年大豆生产目标，并纳入省级党委和政府落实耕地保护和粮食安全党政同责考核。通过发挥考核"指挥棒"的作用，督促地方党政一把手千方百计扩面积、提单产，落实增产增效关键技术，确保完成2023年大豆生产目标任务。

政策虽好，关键在落实。国家出台稳定大豆生产一揽子好政策，如果只是架在云端，再好的政策也会落空。各级农业农村部门一定要加快好政策落地落实，确保好政策给农民带来实实在在的好处，增强农民种豆信心，确保2023年大豆油料扩种取得新成效。

切实维护粮食产业安全

粮食安全不仅要有足够数量的粮食做前提,还要建立在粮食产业安全的基础上。2023年5月5日召开的二十届中央财经委员会第一次会议提出,要完善新发展阶段的产业政策,把维护产业安全作为重中之重,强化战略性领域顶层设计,增强产业政策协同性。从维护粮食产业安全角度看,要立足自身实现粮食基本自给,提高粮食产业链供应链掌控能力,为我国应对复杂多变的国际形势提供基础支撑。

一个国家的粮食产业安全是在对外开放的条件下保持持续生存和发展的能力,在国际竞争中保持独立的产业地位和产业竞争优势。我国一直高度重视粮食生产,谷物总产量稳居世界首位,实现了谷物基本自给、口粮绝对安全,依靠自身力量端牢端稳中国饭碗。但是,我国粮食供需仍然处于紧平衡,饲料粮短缺矛盾突出,粮食进口能够有效弥补国内粮食结构性短缺。近年来,我国粮食进口量持续攀升,连续3年保持在1.4亿吨以上。值得注意的是,玉米、小麦和大米三大主粮进口量均已突破进口配额。如果粮食安全过度依赖进口,容易受制于人,一旦国际环境恶化,粮食进口受阻,将会影响国内粮食稳定供应。低价粮进口会冲击国内粮食市场,影响农民种粮积极性,从根本上动摇粮食产业安全。维护国内粮食产业安全势在必行,要强化顶层设计,增强产业政策协同性。

耕地是维护粮食产业安全的基础。要坚守18亿亩耕地红线,持续推进高标准农田建设,加快耕地"非粮化"整治,让良田真正回归粮田。加快盐碱地改良,选育更多耐盐碱粮食品种,努力把15亿亩盐碱地变成"大粮仓"。构建多元化食物供给体系,在保护好生态环境的前提下,从耕地资源向整个国土资源拓展,深耕森林、草原、海洋资源,打造"森林粮仓""草地粮仓""海上粮仓"，多途径开发食物来源。

在人多地少的国情下，要更加重视藏粮于技，突破耕地等自然条件对农业生产的限制。目前，我国农业科技创新整体迈入了世界第一方阵，全国农业科技进步贡献率达到 62.4%，农作物耕种收综合机械化率达到 73%，良种对粮食增产的贡献率超 45%，形成了以农业科技为支撑的粮食增产体系，但部分核心种源、高端装备依然捏在别人手上，农业科技进步贡献率同世界先进水平相比还有不小的差距。要紧盯世界农业科技前沿，大力提升我国农业科技水平，特别要深入实施种业振兴行动，向科技要产能、要产量、要效益。

维护粮食产业安全，必须加大政策支持力度，充分调动农民种粮积极性和地方重农抓粮的积极性。健全"价格 + 保险 + 补贴"的种粮农民收益保障机制，让种粮农民不吃亏。在 2023 年春耕的关键时期，中央财政向实际种粮农民发放 100 亿元一次性补贴、下达第一批农业生产防灾救灾资金 12.51 亿元和小麦"一喷三防"补助资金 16 亿元，引导农民多种粮种好粮。健全主产区利益补偿机制，探索产销区多渠道利益补偿办法，让种粮大县在财政上不吃亏。

维护粮食产业安全，要建设现代粮食产业体系，持续推动粮食产业高质量发展。加快建设国家粮食安全产业带，深入实施优质粮食工程，引导粮食加工企业向主产区集聚，打造跨区域、全链条、竞争力强的粮食产业集群，推动主产区从"卖原粮"向"卖产品""卖品牌"转型，从"大粮仓"向"大厨房"转型，把粮食资源优势转化为产业优势和经济发展优势，促进乡村振兴和区域经济发展。不过，主产区发展粮食产业必须服务于国家粮食安全战略，决不能以牺牲粮食安全为代价换取经济效益。要在全球粮食大格局中谋划粮食产业经济发展，加快培育世界一流的粮食企业，提高我国在国际粮食市场上的议价能力。

维护粮食产业安全，要落实粮食安全党政同责，各级党委和政府务必要扛稳"米袋子"安全重任。要充分发挥考核"指挥棒"的作用，督促各地真正把责任扛起来，从产、购、储、加、销体系各个环节入手，推动各项重点任务落地，切实增强粮食安全综合保障能力。

下力气提升粮食安全保障能力

粮食安全是"压舱石",关系经济社会发展全局,关系国家安全。2023年7月24日,中共中央政治局召开会议,分析研究当前经济形势时作出"粮食能源安全得到有效保障"的判断,这为推动经济持续回升向好、加快构建新发展格局、着力推动高质量发展提供了有力支撑。当然,极端天气频发、地缘政治冲突持续等因素也给我国粮食稳定供应带来很多不确定性,我们要坚持底线思维,持续提升粮食安全保障能力,为实现全年经济社会发展目标打下良好基础,为社会大局稳定筑牢底盘。

粮食生产是保障粮食安全的核心基础。2023年夏粮再获丰收,全年粮食丰收基础较好,为保障粮食安全增添了信心。国家统计局数据显示,2023年夏粮产量1 461.5亿公斤,比上年减少12.75亿公斤,下降0.9%,产量居历史第二高位,早稻播种面积在7 100万亩以上,基本保持稳定。秋粮是全年粮食丰收的大头,秋粮播种面积稳中略增,超过13亿亩,长势与常年大体相当。大豆面积小幅增加,大豆玉米带状复合种植面积扩大到2 000万亩,比上年增加500万亩。冬油菜面积增加较多,产量创历史新高。但是2023年秋粮生产面临着极端恶劣天气和病虫害防治的严峻形势,各地政府应未雨绸缪、主动应对,做好防灾减灾工作,大面积提单产、增产量,最大限度地减轻灾害损失。

2023年夏粮尽管有小幅减产,但对粮食市场影响不大。2023年上半年,粮食供应充足、价格稳定,稻谷、小麦、玉米三大主粮价格总体平稳。分品种看,小麦年际间产需平衡有余,特别是2019年至2022年连续四年增产,库存充裕,市场供应预期趋稳,价格高位回落。稻谷连续多年产大于需,库存充足,价格小幅上涨;玉米下游消费逐步恢复,价格持平略涨。大豆油料产能提升工程开局良好,国内大豆、油菜籽增产,自给能力稳步提升。但受全球大豆油料供给宽松、美元持续加息等因素影响,2023 年以来国际油脂油料价格降幅较大,传导拉低国内市场价格。可以预见下半年,随着经济继续恢复向好,餐饮消费加快回升,粮食消费需求有可能好于上半年。要密切关注国内外粮食市场形势变化,聚焦保供稳价,做好市场调控,保持国内市场供应充足、运行平稳的良好态势。

保障粮食安全,关键是要保障粮食生产能力,确保需要时能产得出、供得上。要深入实施"藏粮于地、藏粮于技"战略,持续提高粮食综合生产能力。耕地是粮食生产的"命根子"。近年来,我国采取"长牙齿"的措施保护耕地,取得一些成效,但耕地"非粮化""非农化"问题依然突出,守住 18 亿亩耕地红线的基础尚不稳固,农田水利方面欠账还有很多。要充分调动农民和地方政府保护耕地的积极性,把耕地保护党政同责落到实处,确保 18 亿亩耕地严防死守,名副其实。全力提升耕地质量,结合农田建设、耕地整治,破解耕地细碎化难题,把小田变大田,把耕地特别是永久基本农田全部建成高标准农田。不断拓展农业生产空间,加强撂荒地治理,因地制宜地利用盐碱地,发展设施农业,向盐碱地要食物,向设施农业要空间。

保障粮食安全离不开法治护航。近年来,我国粮食安全保障能力不断提高,粮食连年丰收、库存充裕、供应充足,但耕地保护形势依然严峻、粮食质量安全状况堪忧、粮食产后损失浪费严重、贪污腐败高发等各种问题交织,粮食安全隐患重重。需要加速推进"粮食安全保障法"出台,推动粮食安全治理体系走向法治化、现代化。2023 年 6 月 26 日,《中华人民共和国粮食安全保障法(草案)》首次提请第十四届全国人大常委会第三次会议审议,标志着粮食安全领域的立法迈出关键步伐。草案坚持问题导向,聚焦耕地保护、粮食生产、粮食储备、粮食流通、粮食加工、粮食应急、粮食节约、监督管理等突出问题,旨在全方位夯实粮食安全根基,提高防范和抵御粮食安全风险能力,保障粮食有效供给。①

保障粮食安全,既要着眼于当下,确保全年粮食生产目标的实现;更要着眼于长远,加强耕地保护和质量提升,健全粮食安全保障制度,落实粮食安全保障立法走深走细,提高粮食安全保障治理水平,把中国人的饭碗端得更牢更稳。

---

① 2023 年 12 月 29 日,《中华人民共和国粮食安全保障法》已由第十四全国人大常委会第七次会议通过,自 2024 年 6 月 1 日起施行。

突破瓶颈实现粮食产量目标

　　粮食安全是国家安全的基础,经济高质量发展需要高水平粮食安全做保障。2023 年 12 月 19 日至 20 日召开的中央农村工作会议提出,确保 2024 年粮食产量保持在 6 500 亿公斤以上。这个预期目标的提出,有助于稳预期,提信心,端牢中国饭碗,增加有效应对风险挑战的底气,为有力有效促进乡村全面振兴、实现中国式现代化的宏伟蓝图提供坚实支撑。

　　确定粮食产量预期目标,努力就有了方向。我国粮食产量自 2015 年首次突破 6 500 亿公斤以来,连续保持 9 年,并且从 2015 年的 6 604.5 亿公斤增加到 2023 年的 6 954 亿公斤,9 年增加了 349.5 亿公斤。这也说明,我国粮食生产受耕地资源、水资源和生态环境等多重因素制约,增产难度越来越大,已进入瓶颈期。要实现预期目标并在产量上有所突破,还面临着各种各样的困难和挑战。例如,工业化、城镇化与粮食生产存在争地矛盾,粮经作物争地矛盾依然突出;农业科技支撑后劲不足,粮食作物的大田产量与试验田产量还存在较大差距;极端天气、病虫害等自然灾害的不确定性增强,应急防控、抗灾减灾能力有待加强;主产区与主销区经济发展水平差距越来越大,农民种粮收入增长乏力。须强化政策实施协同联动,放大组合效应,突破瓶颈问题,稳定产量,力争多增产。

　　全面落实粮食安全党政同责,坚持稳面积、增单产两手发力。2023 年粮食高位增产的关键,是播种面积增加和单产提升,有效对冲了极端天气给粮食生产带来的不利影响。2024 年,要持续强化政策供给,挖掘粮食增产潜力。在稳定粮食播种面积方面,加强耕地保护和建设,严禁耕地"非农化""非粮化",持续推进高标准农田建设。在增单产方面,支持农业科技创新平台建设,加快推进种业振兴行动,推动粮食作物品种更新换代。在 2023 年大面积单产提升行动取得明显成效的基础上，继续推动大面积提高粮食单产。

树立"减损就是增产"的理念，全面提升农业防灾减灾救灾能力。我国粮食生产还没有摆脱"靠天吃饭"的局面。近年来，高温、干旱、暴雨、洪涝等极端天气频发，严重威胁粮食生产。粮食作物灾情监测智能化、信息化程度不高，农业水利基础设施长期疏于管护、应急物资储备不足、灾害预警预报机制不健全不完善等问题，都是造成灾害损失扩大的重要原因。有关部门应时刻紧绷防灾减灾救灾这根弦，未雨绸缪。因地制宜，设计分区域、分灾种、分作物的防灾减灾预案，有效避灾、科学防灾、精准抗灾。加大农业防灾减灾救灾能力建设和投入力度，增强粮食作物灾情监测预警能力建设，推动粮食生产从"看天吃饭"向"知天而作"转变。修复农业水利基础设施，加强沟渠疏浚以及水库、泵站建设和管护，增强应对极端天气的能力。

健全完善主产区利益补偿机制，探索建立产销区省际横向补偿机制。主产区承担着保障国家粮食安全的重任，但经济发展水平落后，与主销区的经济发展差距扩大。产销区经济发展不平衡，会影响主产区重农抓粮积极性，还会抑制经济的整体健康发展。国家在不断完善中央对主产区纵向利益补偿机制的同时，要遵循"谁受益、谁补偿"的原则，积极探索产销区省际横向补偿机制，进一步缩小产销区经济发展差距。这样，主产区才能充分发挥比较优势，全心全意发展粮食生产。

面对种粮农民增收乏力问题，应实施农民增收促进行动，提高农民种粮积极性。我国已经构建起"价格＋补贴＋保险"三位一体的种粮农民收益保障机制，确保农民种粮不亏本、有钱赚。2023年秋粮上市以来，粮食价格呈下行态势，为了防止"谷贱伤农"，有关方面精心组织市场化收购，在黑龙江等地及时启动稻谷最低收购价收购，确保农民种粮卖得出、卖得好。支持主产区粮食产业高质量发展，努力引导粮食加工业、食品加工业和饲料加工业向主产区产粮大县聚集，完善"企业＋合作社＋农户"的联农带农机制，提高农民种粮收益，有序引导农民就近就地转移就业，增加工资性收入。

2024年，要始终保持奋发有为的精神状态，坚定信心，开拓奋进，努力实现粮食产量预期目标任务，进一步提高粮食安全保障水平，为强国建设、民族复兴伟业作出新的更大贡献。

政策大礼包让种粮更安心

粮食要靠农民种，种粮需要赚到钱。在 2024 年新春佳节即将来临之际，中央一号文件公布，针对农民群众所急所盼的问题，提出一批利好政策，保收益、促增收、夯基础、提升农村公共服务水平，确保粮食稳产增产、农民稳步增收，释放出保障国家粮食安全的强烈信号，必将进一步提振广大农民信心，调动农民种粮积极性，确保 6 500 亿公斤以上粮食产量目标实现。

保收益。粮食是弱质产业，比较效益低。中央一号文件提出"价格＋补贴＋保险"的一揽子支持政策，确保农民种粮有钱挣、能得利。在价格方面，适当提高小麦最低收购价，合理确定稻谷最低收购价，守住种粮卖得出的底线，防范"谷贱伤农"。在补贴方面，继续实施耕地地力保护补贴和玉米大豆生产者补贴、稻谷补贴政策；优化实施农机购置与应用补贴政策。除了一般性补贴外，还提出完善农资保供稳价应对机制，鼓励地方探索建立与农资价格上涨幅度挂钩的动态补贴办法，以便有效对冲农资价格上涨带来的生产成本上涨问题。在保险方面，充分发挥农业保险"防火墙"和"安全网"作用，扩大完全成本保险和种植收入保险政策实施范围，实现三大主粮全国覆盖、大豆有序扩面，鼓励地方发展特色农产品保险。针对农业保险理赔难问题，推进农业保险精准投保理赔，做到应赔尽赔。完善巨灾保险制度，通过市场化方式减少重大自然灾害带来的损失。

促增收。政策保本、经营增效，粮食加工业是兴县富民的重要产业。主产区粮食资源丰富，但粮食加工业总体规模小、就地加工转化率不高，影响区域经济发展和农民增收。要着力推动农产品加工业向主产区布局，支持粮食和重要农产品主产区建设加工产业园，打造食品和饲料产业集群，推动主产区从"大粮仓"向"大厨房"转型。鼓励引导农业产业化龙头企业构建"企业＋

合作社＋农民"的联农带农机制,促进小农户和现代农业发展有机衔接。这样不仅可以促进主产区粮食就地就近加工转化,把农民的"好收成"变成"好收益","好粮食"变成"好产品",还可以带动农民在家门口就业。

夯基础。加强农业基础设施特别是农田水利设施建设,可以改善农业生产条件,促进粮食稳产增产,是加快农业现代化建设的着力点。高标准农田是与现代农业生产、经营方式相适应的基本农田,要优先把东北黑土地区、平原地区、具备水利灌溉条件地区的耕地建成高标准农田,把有限的资金用在刀刃上;针对高标准农田投资标准偏低的问题,适当提高中央和省级投资补助水平,取消各地对产粮大县资金配套要求;强化高标准农田建设全过程监管,确保建一块、成一块。挖掘后备耕地资源,鼓励因地制宜利用撂荒地,分区分类开展盐碱耕地治理改良,把盐碱地变成"新粮仓"。水利是农业的命脉,要加强农田水利设施建设,把农田变"良田"。加强气象灾害短期预警和中长期趋势研判,推动粮食生产从"靠天吃饭"向"知天而作"转变。推进设施农业现代化提升行动,向戈壁荒滩、深远海等非耕地资源要农业发展空间。农业发展根本出路在科技,要加快推进种业振兴行动,实施农机装备补短板行动,发展智慧农业,为粮食稳产增产提供科技支撑。

提升农村公共服务水平。农村基础设施建设落后,教育、医疗、养老等公共服务供给不足、质量不高等问题,是导致农村青壮年劳动力大量流失的重要原因。要聚焦普惠性、基础性、兜底性民生建设,回应农民群众关切,强化对农村公共服务建设的投入力度,加快补齐教育、医疗、养老、住房、交通、人居环境、生态等公共服务短板,让广大农户真正过上"幼有所育、学有所教、病有所医、老有所养、住有所居、弱有所扶"的生活,提升农民获得感、幸福感和安全感,让农民种粮更安心。

中央一号文件是国家送给广大农民的新春政策"大礼包"。期待好政策尽快落地生根、开花结果,有力有效地推动乡村全面振兴,推动国家粮食安全保障水平向更高层次跃升。

"谁来种地"难题破解有方

"谁来种地"是保障国家粮食安全、推动乡村全面振兴亟待解决的问题。2024年中央一号文件提出构建现代农业经营体系,聚焦解决"谁来种地"问题,提出破题良方。要加快利好政策的落地见效,着力培育新型农业经营主体,提高农业社会化服务水平,为保障国家粮食安全提供支撑。

解决"谁来种地"问题,要摸清症结、对症下药。随着工业化、城镇化快速发展,农业经济效益低、农村就业机会少、基础设施落后以及公共服务水平发展不充分等问题越发明显。农村劳动力长期大量向城镇转移,出现农业兼业化、农村空心化、劳动力老龄化趋势,农村劳动力结构性短缺问题突出。年纪大的农民种不动地,"80后"不想种地,"90后"不懂种地,"00后"不问种地,"谁来种地"问题亟须破解。

农机化快速发展为解决这一难题提供了动力。我国农业生产已基本实现"机器换人",从主要依靠人力畜力转向主要依靠机械动力的新阶段。目前,全国农作物耕种收综合机械化率达73.1%。无人驾驶拖拉机、无人机等各种智能农机推广应用,正在推动农业生产进入信息化、智能化、无人化时代,扛着锄头"面朝黄土背朝天"的传统耕作方式逐渐成为历史。

"机器换人"必然引起生产力大发展,进而引发农业经营方式变革。在农机化的推动下,我国农业生产从一家一户的小农生产逐步向规模化、集约化发展,种粮大户、家庭农场、合作社、龙头企业等新型农业经营主体逐渐发展成为稳定"农业基本盘"和夯实"粮食压舱石"的中坚力量,服务带动效应持续增强。与传统家庭农户相比,新型农业经营主体懂经营、懂技术、懂市场,是新技术新品种的实践者,在稳粮保供中发挥着重要作用。

"大国小农"是我国的基本国情。虽然新型农业经营主体发展迅速,但农业生产仍面临着经营规模小、成本高、收益低，土地资源利用不合理，生产智能化转型困难等现实问题。各地还需要加大新型农业经营主体培育力度，发展多种形式的适度规模经营，发挥农民专业合作社服务带动作用，破解小农户生产难题。

农业规模化经营不仅包括土地规模化经营，还要实现服务规模化经营。土地规模化经营是通过流转土地而形成的规模化经营。在推动农业生产实现规模化、机械化的过程中，各地探索"小田并大田"，破解农村土地细碎化难题，加快建设土地平整、集中连片、设施完善、农田配套、土壤肥沃、生态良好的高标准农田，推进土地规模化经营。服务规模化经营则是通过为小农户提供全程托管式服务或者半托管式服务而形成的规模化经营。农业社会化服务可使小农户在不转让土地经营权的前提下实现经营规模化，更加符合我国农业生产的实际。

新型农业经营主体在现代农业发展中发挥着重要作用，也面临着农业基础设施滞后、生产规模扩大难、经营能力偏弱等问题。要以小农户为基础、新型农业经营主体为重点、社会化服务为支撑，加快打造适应现代农业发展的高素质生产经营队伍；提升家庭农场和农民合作社生产经营水平，增强服务带动小农户能力；加强农业社会化服务平台和标准体系建设，聚焦农业生产关键薄弱环节，拓展服务领域和模式。还要支持农村集体经济组织提供生产、劳务等居间服务，充分挖潜集体资源经济效益，促进集体增收与农民致富。

突破粮食生产周期瓶颈

国务院常务会议于 2024 年 3 月 12 日讨论通过了《新一轮千亿斤粮食产能提升行动方案（2024—2030 年）》。提高粮食综合生产能力，是突破农业生产周期瓶颈、确保粮食产量目标实现的重要因素。新一轮千亿斤粮食产能提升行动的实施，势必将推动粮食产能再上新台阶，在高起点上再创粮食产量新高，把粮食安全主动权牢牢抓在自己手中。

粮食生产存在"两丰两歉一平"的周期波动规律，这是中国人在几千年农耕生产过程中形成的认知。我国是世界上自然灾害较为严重的国家，粮食生产经常遭遇洪涝、干旱、高温等极端天气和严重病虫害的侵袭。历史上，我国粮食综合生产能力低下，应对自然灾害的能力较弱，粮食生产很容易受到自然灾害的影响，呈现出周期性波动规律。

打破农业生产周期规律，关键是提高粮食综合生产能力，增强农业防灾减灾能力，改变粮食生产"靠天吃饭"局面。改革开放以来，我国高度重视粮食生产，粮食综合生产能力持续提升，应对自然灾害能力显著提高，粮食生产实现"二十连丰"，粮食产量连续九年保持在 6 500 亿公斤以上，突破农业生产周期瓶颈，彻底解决了中国人千百年来吃不饱饭的历史问题。以 2023 年为例，我国粮食生产遭受"烂场雨"、洪涝灾害和干旱天气的轮番侵袭，通过强化农业发展支持政策，实施新一轮粮食产能提升行动，有力开展抗灾夺丰收，粮食生产再创新高，人均粮食占有量达到 493 公斤，继续高于国际公认的 400 公斤粮食安全线，保持了粮食供给充足、粮价稳定的良好局面。

粮食连年丰收为粮食安全提供了坚实基础，但粮食增产难度越来越大也是事实。持续提升粮食综合生产能力，增强农业防灾减灾能力，确保粮食稳产增产，才能满足人们日益增长的粮食需求。要全面实施新一轮千亿斤粮食产能提升行动，扎实推进"藏粮于地、藏粮于技"战略，落实分品种增产任务和分区域增产布局，谋划实施高标准农田建设、种业振兴等支撑性重大工程。高标准农田土地平整、集中连片、设施完善、土壤肥沃、生态良好、旱涝保收，是巩固和提高粮食生产能力的关键举措。目前，我国已累计建成 10 亿亩高标准农田，确保粮食产能 5 000 亿公斤以上，未来要逐步把永久基本农田全部建成高标准农田。

科技创新是提高粮食产能的根本途径。要强化农业科技支撑，加快推进种业振兴行动，加快选育推广生产急需的自主优良品种，研发一批高产优质、抗旱耐涝的粮食品种，增强粮食作物应对极端天气的能力。农机装备是农业科技集成和大规模应用的重要载体，是发展现代农业的重要基础。要大力实施农机装备补短板行动，推进智能农机装备与卫星遥感技术、AI 图像识别技术、大数据、云计算等智能技术推广应用，为保障粮食生产目标的实现提供装备支撑。

2024 年《政府工作报告》强调，加强粮食和重要农产品稳产保供，提出粮食产量的预期目标为 6 500 亿公斤以上。提高粮食综合生产能力，主要靠广大农民和主产区、产粮大县。针对种粮收益低、风险大的问题，要健全种粮农民收益保障机制。2024 年继续实施水稻和小麦最低收购价政策，并适当提高小麦最低收购价，每斤小麦最低收购价提高 1 分钱，既稳定农民种粮预期，又为市场化收购留出空间。继续实施耕地地力保护补贴和玉米大豆生产者补贴、稻谷补贴政策，完善农资保供稳价应对机制。在全国实施三大主粮生产成本和收入保险政策，推进农业保险精准投保理赔，做到应赔尽赔，增强农民应对自然灾害风险和市场波动风险的能力。13 个主产区、800 个产粮大县是确保粮食产量目标实现的主力军，但面临经济发展水平低的现实问题，要加大对产粮大县支持力度，完善主产区利益补偿机制，积极探索产销区横向利益补偿机制，确保主产区抓粮不吃亏。

春来万物生，春耕正由南向北徐徐展开。国家粮食安全好政策不断出台，是好事。当前，要把这些好政策尽快落地，让好政策的春风吹到广阔农村、吹进广大农民心坎，为春耕生产注入强大动力和无尽活力。

从大食物观出发　更好地满足人民需要

2022年3月6日,习近平总书记在看望参加全国政协十三届五次会议的农业界、社会福利和社会保障界委员时提出,要树立大食物观,从更好满足人民美好生活需要出发,掌握人民群众食物结构变化趋势,在确保粮食供给的同时,保障肉类、蔬菜、水果、水产品等各类食物有效供给,缺了哪样也不行。这一重要论断提示我们,审视粮食安全的视角要从粮食安全向食物安全转型,在确保粮食安全的基础上,全方位多途径开发食物资源。

民以食为天。从粮食安全观到大食物观的转变,是我国居民消费结构升级的大趋势使然。粮食安全是"国之大者"。一直以来,我国高度重视粮食安全,经过艰苦努力,实现了从1949年5亿多人吃不饱到今天14亿多人吃得好的历史性转变。随着生活水平的提升,我国居民消费需求正在从"吃得饱"向"吃得好""吃得营养""吃得健康"转型,科学合理的膳食观念正逐步深入人心,饮食更加多样化,食物消费结构呈现口粮需求下降而食用油、肉蛋奶以及蔬菜、水果等非主粮食物消费快速增长的趋势。传统的粮食安全概念已经不能适应当前食物消费需求升级的趋势,需要树立大食物观,构建食物安全保障体系,既要保障"米袋子"安全,也要保障"油瓶子""菜篮子""肉盘子""奶罐子"安全。

顾名思义,粮食安全和食物安全既是两个不同的概念,又有着紧密的联系。在我国,人们一直习惯将稻谷、小麦、玉米、豆类和薯类统称为粮食,而食物的概念比粮食的概念更加宽泛一些,包含粮油、肉蛋奶、蔬菜瓜果等一切可食用的食物。树立大食物观,并非不重视粮食安全,而是从传统的粮食消费观念中跳出来,树立科学的食物消费观念。必须明确的是,粮食安全是食物安全的基础,没有粮食安全就谈不上食物安全,要在保障粮食供给安全的前提下,保障其他食物的供给安全。

耕地是粮食生产的"命根子",是中华民族永续发展的根基。我国耕地资源有限,成为制约粮食生产的重要因素,但我国有着广袤的草原、丰富的森林和辽阔的江河湖海资源。树立大食物观,从耕地资源向整个国土资源拓展,既要向耕地要食物,也要向草原要食物,向森林要食物,向江河湖海要食物,向设施农业要食物,全方位挖掘食物供给潜力,开发丰富多样的食物品种,实现各类食物供求平衡,更好满足人民群众日益多元化的食物消费需求。

从耕地资源向整个国土资源拓展,全方位多用途开发食物资源,一定要做到食物开发与生态环境保护并重。要在保护生态环境的前提下,全面合理布局食物的生产体系,宜粮则粮、宜经则经、宜牧则牧、宜渔则渔、宜林则林,形成同市场需求相适应、同资源环境承载力相匹配的现代农业生产结构和区域布局。在获得丰富多样的食物资源的同时,切记不要掠夺性开发,要让耕地、草原、森林、江河湖海能够休养生息,这样才能为我们提供源源不断的食物。

向森林要粮不是毁林种田

走进郁郁葱葱的森林，人们可以呼吸清新的空气，聆听悦耳的鸟鸣，还可以采摘野菜、坚果等天然食物。继 2022 年 3 月 6 日全国两会期间提出"向森林要食物"的号召后，习近平总书记 3 月 30 日在参加首都义务植树活动时又指出森林是"粮库"，足见森林对于保障粮食安全的重要性。开发丰富多样的森林食物，可以拓宽食物生产和供给渠道，但一定要在严格保护生态环境的前提下进行，决不能走"开山种粮，越种越荒"毁林造田的老路。

经过长期不懈努力，我国以占世界 9% 的耕地、6% 的淡水资源养育了世界近五分之一的人口，实现了从吃不饱到吃得饱、进而到吃得好的历史性转变，正向吃得健康、吃得营养转变。然而，从中长期看，我国粮食供需仍将处于紧平衡，大豆和油料对外依存度较高的问题短期内难以改变。而且，受到资源与环境双重硬约束，粮食增产难度越来越大。树立大食物观，从有限的耕地资源向整个国土资源拓展，全方位、多途径开发食物资源和食物品种，就成为当前保障粮食安全的战略选择。

森林自古以来就是人类食物的宝库，为人类源源不断地提供粮食、蔬菜、水果、肉类等食物资源。我国山地辽阔，森林资源丰富，生物资源种类多样，蕴藏着丰富的农产品。包括香椿、鱼腥草、蘑菇、木耳等山野蔬菜，能代替粮食的大枣、柿子、板栗、榛子等森林粮食，能榨油的油茶、油桐、油橄榄、核桃等木本油料，苹果、蓝莓、荔枝、柚子等森林水果，金银花、咖啡、苦丁茶、甘草等森林饮料，花椒、胡椒、八角等森林香料，等等。

向森林要粮食，大力发展木本粮油产业，把森林建设成为"粮库""油田"，对保障国家粮油安全具有重要作用。根据《林草产业发展规划（2021—2025年）》，到 2025 年，我国经济林种植面积达 6.5 亿亩，各类经济林产品总产量稳定在 2 亿吨以上；木本油料种植面积达 2.7 亿亩左右，木本食用油年产量达 250 万吨，其中油茶种植面积达 9 000 万亩，茶油年产量达 200 万吨。发展木本油料产业，既可以避免粮油争地的矛盾，又可以大幅改善我国食用植物油自给能力不足的现状。

从目前来看，我国森林食物市场发展潜力巨大，但开发力度不足。如一些丘陵山区木本油料产业化程度低，尚未形成规模，再加上加工技术不足、产品附加值低，造成木本油料利用率偏低。要聚焦保障国家粮油安全，推进木本粮油生产基地建设，推进树种结构调整、品种改良和基地建设，做优做强特色果品、木本粮油、木本调料、林源饲料等产业。强化科技研发，让越来越多的森林蔬菜、森林粮食、森林食用油、森林水果走向消费者的餐桌，更好满足人民美好生活需要。

需要警醒的是，森林也是"水库""碳库"，能够涵养水源、保育土壤，对国家生态安全具有基础性、战略性作用。向森林要粮食，是开发森林资源，一定要摒弃毁林造田的狭隘思维。靠山吃山需要有底线意识，林地是农民重要的生产资料和生活保障，要在持续巩固提高森林覆盖率的前提下，按照生态产业化、产业生态化的发展思路，探索发展林下种植、养殖及相关产品采集加工。这样不仅可以从森林中获取食物，还可以不断提升林区农民收入，巩固拓展脱贫攻坚成果，守住不发生规模性返贫底线，助推乡村振兴，真正实现生态效益、经济效益和社会效益多赢。

拓宽小杂粮通向大产业之路

　　人们的一日三餐离不开五谷杂粮。小杂粮虽然播种面积小、产量少，却是食物重要来源和饲料工业原料。国务院 2024 年 4 月印发的《新一轮千亿斤粮食产能提升行动方案（2024—2030 年）》指出，在品种结构方面，按照"巩固提升口粮、主攻玉米大豆、兼顾薯类杂粮"的分品种增产的思路，因地制宜发展马铃薯、杂粮杂豆等品种。这有利于进一步做大做强杂粮产业，拓展食物多元化供给渠道，为保障粮食稳定供应提供更多可能性。

　　五谷杂粮，泛指粮食。根据《中华人民共和国粮食安全保障法》第七十三条规定，粮食是指小麦、稻谷、玉米、大豆、杂粮及其成品粮。杂粮包括谷子、高粱、大麦、荞麦、燕麦、青稞、绿豆、马铃薯、甘薯等。与水稻、小麦、玉米等粮食作物相比，杂粮产量虽然不高，但种类繁多、营养丰富，可以丰富食物来源，还可以作为饲料和工业原料。例如，荞麦、莜麦、燕麦等杂粮可以制作成荞麦面、莜麦面、燕麦片，这些都可以作为主食或配菜食用；高粱、大麦、燕麦等还可以替代玉米做饲料；糜子、荞麦等杂粮还可以酿造糜子酒、荞麦酒；高粱可以作为酒精和淀粉的原料，用于化工、医药行业；蚕豆可以作为蛋白质和淀粉的原料。

　　确保杂粮增产，是保障粮食安全、均衡膳食结构的重要举措。经过多年努力，我国粮食产量实现"二十连丰"，实现了谷物基本自给、口粮绝对安全的粮食安全目标，实现了从"吃不饱"到"吃得饱"的历史性转变。随着生活水平提升和消费结构升级，消费需求正从"吃得饱"向"吃得好""吃得营养健康"转型，消费者对健康营养更加关注，杂粮日益受到消费者追捧，销量呈逐年上升趋势。但杂粮生产规模小、产量低，供应量相对有限。支持扩大种类繁多的杂粮生产，增加杂粮产量，满足日益增长的消费需求，势所必然。

与主粮相比,杂粮对耕地和水等自然条件要求不高,主要分布在东北、华北、西北、青藏、西南五个区域,可以在田埂、沟边、沙地、山坡、旱地等瘠薄土地上种植,这些地方种植主粮作物产量低,种植杂粮可以获得相对较好的收益。在耕地资源有限、水资源缺乏的情况下,各地发展杂粮产业,可以突破资源制约,增加杂粮播种面积和产量,挖掘粮食增产潜力,拓宽食物供给来源,满足人们对美好生活的需要。

从目前来看,杂粮产业发展趋势稳步向好,但也面临着种植分散、产量低、效益差,企业布局分散、规模较小、产业链条短,规模化产业化还没有形成,品牌化发展不足等发展困境。国家应该加大对杂粮产业的支持力度,各地要强化对杂粮全产业链整合,培育产业化龙头企业,进一步强化扩大杂粮标准化种植基地建设,不断延长产业链,提升杂粮精深加工水平,促进一二三产业融合发展,形成集育种、种植、收购、加工、仓储、科研、销售、品牌于一体的全产业链经营模式,进一步创新优化联农带农机制,破解杂粮产业发展瓶颈,拓宽小杂粮通向大产业之路。

品牌化是杂粮产业高质高效发展的必由之路。针对杂粮产业品牌不强的问题,各地应加强杂粮品牌建设,高点谋划、系统推进,打好政策组合拳,着力打造杂粮区域公共品牌,形成省级、市级、县级不同层级区域公共品牌。山西小米、内蒙古乌兰察布燕麦、库伦荞麦和康保莜麦等一批省级、市级、县级杂粮区域公用品牌快速崛起,成为各地的"金字招牌",提高了杂粮的美誉度和知名度,打破了杂粮"养在深闺人未识"的困境,实现了质量效益双提升。

小杂粮,大产业。如今,各地持续做好小杂粮这篇大文章,加快推进杂粮产业深加工,变杂粮资源优势为产业优势、经济优势,真正把小杂粮培育成大产业,为农业增效、农民增收、产业振兴提供有力支撑。

践行大食物观　保障粮食安全

树立和践行大食物观，构建粮食安全新格局，实现食物结构多样化、来源多元化、发展持续化，提高食物产业链供应链韧性，能够更好保障"米袋子""油瓶子""肉盘子""奶罐子""果篮子"安全，把中国人的饭碗牢牢端在自己手中。树立和践行大食物观是新时代保障粮食安全的战略选择。

习近平同志在福建工作期间创造性地提出大食物观。他在《摆脱贫困》一书中写道："现在讲的粮食即食物，大粮食观念替代了以粮为纲的旧观念。"党的十八大以来，以习近平同志为核心的党中央高度重视树立和践行大食物观。2015年中央农村工作会议正式提出"树立大农业、大食物观念"，2016年把"树立大食物观"写入中央一号文件。习近平总书记在2022年全国两会期间强调要树立大食物观，在广东、湖南等地考察时也多次谈到要树立大食物观。

福建省率先探索践行大食物观。30多年来，福建立足农业资源多样性和气候适宜优势，"靠山吃山唱山歌，靠海吃海念海经"。在稳定粮食生产、保障粮食安全的基础上，福建建设海上牧场，开发森林粮库，在四荒地、盐碱地上发展现代设施农业。如今，福建践行大食物观取得显著成效，粮食单产提高的同时，食物供给更加丰富多元，畜禽肉类产量大幅增长，水产养殖快速发展，食用菌产业从无到有，成为全国7个"南菜北运"生产大省之一和主要蔬菜出口省份。

从福建经验看，树立和践行大食物观，拓展传统粮食生产边界，优化食物供给结构，满足了消费者多元化的食物消费需求。从"以粮为纲"到树立"大食物观"，粮食概念从狭隘的谷物范畴向广义的食物拓展，食物供给途径从耕地向整个国土资源拓展，大食物观内容越来越丰富，发展路径越来越清晰。

　　树立和践行大食物观,要充分发挥农业资源比较优势。我国耕地资源有限,但草地、林地和海洋河湖资源丰富,还有很多荒地和盐碱地。在保护生态环境的前提下,各地应结合自身实际,发展优势特色农产品,实现各类食物供求平衡。解决吃饭问题,根本出路在科技。各地应强化科技和装备支撑,加快突破育种育苗、机械装备研制等核心技术,挖掘食物供给潜力。加强农产品质量全程监管,保障人民群众吃得安全、吃得放心。

　　树立和践行大食物观,要坚持市场导向,围绕需求推进产、供、销协同发展,拓展农产品市场空间。农产品要种得好,也要卖得好。我国是农业大国,农产品丰富多样,但每到农产品销售季节,滞销问题就比较突出。各地应因地制宜发展特色农业和农产品加工业,提升农业产业化水平。要配套建设现代农产品物流体系,加快建设全国统一大市场,推动形成北粮南运、南菜北运、南糖北运、西果东运、西杂东运等农产品流通格局,把农产品直接从产地卖到销售端甚至消费者手中,逐渐打破农产品销售难问题,解决地方发展区域特色农业的后顾之忧。

夯实粮食基础　做大食物盘子

一日三餐,承载着老百姓对美好生活的期待。树立和践行大食物观,可以拓展传统的以粮食为主的食物边界,老百姓餐桌上的美食更丰富,营养搭配也更加科学合理。但也要清醒地认识到,践行大食物观,粮食仍然是基础,绝不能放松粮食生产,要在确保粮食稳产增产基础上,靠山吃山,靠水吃水,唱好"林草经",念好"山海经",开发非粮食、非耕地食物,做大食物这个"大盘子",更好地保障粮食安全。

大食物观建立在粮食安全基础上。中华人民共和国成立初期,粮食生产方式相对落后,粮食供应不足,为了解决温饱问题,"以粮为纲"生产粮食,不断提高粮食自给率。1978年改革开放以后,我国始终高度重视粮食生产,粮食综合生产能力不断提升,粮食产量持续创新高,实现了从"吃不饱"到"吃得饱"的根本性转变,基本实现了"吃得好",正在向"吃得营养""吃得健康"的目标迈进。从中长期看,我国粮食供需紧平衡格局并未改变,大豆油料自给率不高,饲料粮供给偏紧,粮食安全面临结构性短缺矛盾。

从食物消费看,随着生活水平提升和消费结构升级,老百姓更加关注健康饮食、营养搭配,更加追求食物多元化、品质化、营养化,食物消费从"以粮食为主"向"以多元化食物为主"转变,食物消费结构呈现主食减少、食用油增加和肉蛋奶以及蔬菜瓜果增加的趋势。受人口刚性增长和饮食习惯等因素影响,我国食用植物油消费和肉类消费大幅增长,人均消费量远超中国居民膳食指南推荐标准,带动油料和饲料粮需求大幅增加。这也是造成我国油料和饲料粮供给偏紧的主要原因。

树立和践行大食物观,要牢牢守住粮食这个基本盘,始终把粮食和重要农产品生产作为头等大事来抓。面对粮食增产难度越来越大的问题,启动实施新一轮千亿斤粮食产能提升行动，拓展粮食增产空间。为确保实现 2024 年粮食稳产增产目标，有关部门重点围绕"稳面积、提单产、抓防灾"三个方面有序推进粮食生产。千方百计扩大粮食播种面积，据农业农村部农情调度显示，2024 年粮食意向种植面积 17.8 亿亩以上，比上年有所增加。在全国开展主要粮油作物大面积单产提升行动，力争大豆油料和玉米单产提升有所突破。面对极端自然灾害多发频发态势，中央接连出台政策，提高农业防灾减灾救灾能力。继下达农业防灾减灾和水利救灾资金支持浙江、福建、江西、湖南、广东、广西、贵州 7 省份全力做好洪涝救灾等相关工作后，又将三大粮食作物完全成本保险和种植收入保险的实施范围从产粮大县扩大至全国，进一步稳定种粮农民信心。

在确保粮食供给的同时，还要保障肉类、蔬菜、水果、水产品等各类食物有效供给。我国耕地资源有限，粮食生产受资源环境制约，但草地、森林、海洋河湖、荒地、盐碱地资源丰富。大食物观打破"以耕地为主要食物来源"的传统思维模式，从耕地向整个国土资源拓展，充分利用草地资源发展畜牧业，利用森林资源开发森林食品、发展木本油料，利用海洋河湖资源发展水产养殖，在荒地和盐碱地上发展现代设施农业，全方位多途径开发食物资源以及丰富多样的食物品种，优化食物供给结构，实现各类食物供求平衡，更好满足人民群众日益多元的食物消费需求。

践行大食物观，要坚持农业生产与生态保护两手抓，防止资源过度开发破坏生态平衡。以前，一些地方为了多生产粮食，不惜毁林开荒、开垦草原、围湖造田、围海造田，把大片草原、森林、海洋河湖变为单一的农田，破坏了生态环境。在大食物观科学引领下，各地要更好贯彻"绿水青山就是金山银山"理念，在保护好生态环境的前提下，充分利用农业资源比较优势，因地制宜发展农业生产，宜粮则粮、宜经则经、宜牧则牧、宜渔则渔、宜林则林，形成同市场需求相适应、同资源环境承载力相匹配的现代农业生产结构和区域布局，实现农业绿色可持续发展。

第二章

粮食保供稳价

理性看待当前粮食价格上涨

民以食为天，粮价稳人心稳。2020年以来，在新冠疫情阴霾之下，国际粮食市场风云变化，国内粮食价格受到影响，从期货市场蔓延至现货市场，"金玉米""金豆粕"引发投资者纷纷进入粮食市场掘金，东北地区出现抢购玉米、大豆现象，这引发了社会的焦虑与不安。确保粮价稳定，对于稳定民心、保障国家粮食安全至关重要。

在粮食收储市场化条件下，粮食价格涨涨跌跌是市场波动的正常现象。2020年粮食价格上涨是多种因素叠加作用的结果。首先，新冠疫情在全球蔓延、国际经贸摩擦不断，以及蝗虫和草地贪夜蛾肆虐等因素引发了国际市场对粮食安全问题的担忧，推动国际粮价上涨，并传导至国内，影响了国内粮价走势。其次，国内政策性玉米去库存周期基本结束，玉米供需趋于紧平衡，玉米涨价预期明显。第三，国际国内流动性过剩，热钱炒作粮价，对粮价上涨起到了推波助澜的作用。最后，国内养殖业逐步恢复，带动饲用玉米和大豆需求大幅增长。

粮价是百价之基，粮价上涨是一把"双刃剑"。一方面，谷贱伤农。当前，粮价上涨是连续多年粮食价格下跌之后的恢复性上涨，既有利于增加农民收入，也有利于调动农民种粮积极性，从而带动粮食种植面积和产量增加，更好地保障国家粮食安全。另一方面，米贵伤民。粮价上涨不仅会影响低收入困难群众的食物安全，而且会增加粮食加工企业、饲料企业、养殖企业等用粮企业的生产成本。令人担忧的是，粮价上涨有可能会影响带动猪肉、大蒜、生姜等其他农产品价格上涨，从"金玉米""金豆粕"发展到"猪坚强""蒜你狠""姜你军"，从而拉动CPI上涨，增加通货膨胀管理难度。

值得关注的是，随着国内粮价上涨，特别是东北玉米价格持续上涨，国内粮食市场"两个倒挂"问题更加严重。一个是国内外粮价倒挂持续，进口成本优势明显，大量进口玉米及替代品陆续到港。另一个是产销区玉米价格持续倒挂，东北地区玉米价格接近华北甚至南方销区玉米价格，近期北方港存玉米已是 2019 年同期的 3 倍，逼近历史高位。这两个倒挂说明南方企业对北方玉米需求减少，对进口玉米及其替代品需求增加。由于国内玉米价格持续高位运行，市场风险正在逐步积累，国内企业一定要理性看待当前玉米行情，做到心中有数，控制好经营风险。

目前来看，我国粮食连年丰收，库存充实，储备充足，供给充裕，粮价上涨势头难以持续，后期玉米价格上涨也缺乏支撑。2020 年我国粮食生产在经历了疫情、洪灾、台风、雪灾、草地贪夜蛾等一系列考验之后再次获得丰收，为满足国内市场供应奠定了坚实的物质基础。同时，粮食库存处于历史高位，虽然政策性库存有所下降，但企业商品库存和农户存粮数量均有不同程度增加，增强了保障粮食安全的韧性。当下，国际粮食供需仍延续宽松格局，玉米及高粱、大麦等替代品大量进口，有效填补了国内供需缺口。

为保障国家粮食安全，在充分发挥市场在资源配置中起决定性作用的同时，要更好地发挥政府作用，推进有效市场与有为政府的结合，增强国家粮食宏观调控能力，多措并举综合施策。要坚持底线思维，在全力抓好秋粮收购的同时，继续组织好政策性粮食销售，根据市场形势和调控需要，及时灵活调整投放品种、数量和节奏，优化粮源安排，保障市场供应。截至目前，国家有关部门已通过国家粮食交易平台累计销售政策性粮食超过 1 亿吨，其中政策性玉米 7 000 多万吨，有效保障了市场供应。必要时，国家有关部门会加大政策性小麦和稻谷库存投放力度，满足饲用替代消费需求。要进一步强化预期管理，强化粮食市场预警和监测，及时主动发布粮油供求和价格等信息，稳定市场预期。持续加大监管力度，加强粮食流通监督检查，严厉查处各类违法违规行为，严防投机商囤积居奇，切实维护市场秩序。

谨防"人畜争粮"影响口粮安全

俗话说,猪粮安天下。养猪业的快速发展和临储玉米见底,使得玉米产需缺口由隐性转为显性,2020年玉米价格快速上涨。一些饲料企业和养殖企业为了降低成本,开始采购稻谷和小麦替代玉米做饲料,使得"人畜争粮"矛盾加剧。必须多管齐下解决矛盾,谨防"人畜争粮"影响14亿多人的口粮安全。

稻谷、小麦和玉米等粮食品种之间具有替代性,价格联动性强。从经验来看,小麦价格被认为是玉米价格的"天花板",玉米价格上涨会受到小麦价格的制约,小麦饲用量增加会抑制玉米价格上涨。让很多人意外的是,目前玉米价格已经捅破了小麦价格"天花板",带动小麦价格一起上涨,形成玉米、小麦、稻谷价格联动上涨局面。

为了缓解玉米供需趋紧的问题,有关部门持续投放国家政策性小麦,2020年在秋粮收购季节重启国家政策性稻谷竞价销售。玉米价格上涨进一步刺激替代需求,饲料企业考虑到小麦与玉米的性价比,更愿意用小麦替代玉米做饲料,参与竞买政策性小麦比较积极。从2021年1月国家粮食交易中心组织的3次政策性小麦竞价交易结果看,政策性小麦拍卖出现量价齐升的局面,小麦成交率和溢价幅度均创历史新高。为稳定市场预期,有关部门调整交易规则,增加保证金额度、预付货款、缩短货款缴纳期限,抑制投机资本参与竞拍,对小麦市场起到明显降温作用。

那么,用稻谷和小麦替代玉米做饲料,是否会影响口粮安全?我国稻谷和小麦生产连续多年丰收,库存处于高位,口粮自给率超过100%,实现了谷物基本自给、口粮绝对安全的粮食安全目标。稻谷和小麦不仅够吃,还面临去库存的压力。在确保口粮绝对安全的基础上,用库存稻谷和小麦替代玉米做饲料，既能缓解饲料粮短缺矛盾，又有利于减轻去库存压力。但不可忽视的是，玉米与水稻存在争地关系。有关部门明确表示，2021年要在东北地区、华北黄淮地区等主产区增加玉米种植面积，有可能会挤压水稻种植面积。

因此，用稻谷和小麦替代玉米做饲料，终非长久之策。要解决饲料粮短缺问题，既要关注眼前，又要关注长远，从国家粮食安全的高度解决"人畜争粮"问题。要充分利用国内国际两个市场、两种资源，以国内市场供给的稳定性应对国际市场的不确定性。

要立足国内，深入实施"藏粮于地、藏粮于技"战略，持续提高粮食综合生产能力。一方面，要在确保口粮绝对安全的基础上，增加玉米种植面积，稳定大豆种植面积，扩大饲料粮供应，严格限制玉米燃料乙醇发展；另一方面，要适度调整"六畜猪为首"的畜牧业发展思路，大力发展饲草型畜牧业，减少饲料粮使用，扭转"人畜争粮"尴尬局面。

要面向世界，适度进口玉米、大麦、高粱等饲料粮。因新冠疫情全球肆虐、出口国粮食产量和政策的变化、大国之间博弈日益剧烈，给粮食进口带来更大的不确定性。近期，美国大幅下调2020年玉米产量，阿根廷全面取消玉米出口限制，对国内玉米市场造成的联动效应有目共睹。从长期来看，需要不断拓展粮食进口多元化渠道，增强国际市场粮食供应链管理能力，确保粮食进口的稳定性。

加强粮食市场预期管理

近期,全球粮食价格和食品价格涨幅较大,这主要是由新冠疫情带来的粮价上涨预期,并叠加全球流动性过剩和地缘政治冲突引发的,并非因粮食供求基本面发生变化所致。对我国而言,当前最要紧的是加强粮食市场预期管理,积极有效引导预期,维护粮食市场稳定,避免国际粮价上涨带来的输入性通胀风险。

从经济学理论来看,粮食供求关系是影响粮价波动的最重要因素,政策因素、自然灾害、心理预期、投机炒作、流动性过剩等因素也会诱发粮食价格上涨。从目前来看,全球粮食生产连续多年丰收,口粮、饲料粮等传统需求没有出现异常增长,粮食供需格局没有发生根本性变化。但是,新冠疫情在全球蔓延,改变了粮食生产者、经营者和消费者的市场预期。

市场预期实际上是市场主体对未来经济行为的判断或者事前预估。市场预期粮价上涨或者下跌,会直接影响投资行为和消费行为,进而影响粮食市场的走势。在理想的状态下,粮食生产者、经营者或者消费者作决定时会基于"理性预期"。但是,当投机者预期粮价上涨,在追求利益最大化时,投资行为往往会丧失理性。业已形成的涨价预期,导致市场出现投机者囤积粮食、消费者超前购买、生产者惜售等情况,市场粮食交易量减少,造成粮食市场供不应求的假象。

就国内而言,我国粮食生产连年丰收、库存充足,粮食供应有保障,粮食供需基本面良好。但是,2020年新冠疫情暴发后,在生猪产业快速恢复、玉米产需缺口扩大、临储玉米见底的情况下,市场预期粮价上涨,出现粮食企业囤积粮食、农民惜售的问题,大豆、玉米、小麦、稻谷乃至食用油价格全面上涨,玉米价格涨幅超过50%。

粮食价格波动是常态,但粮食价格剧烈波动会影响粮食市场走势,进而会影响粮食安全。因此,必须加强市场风险预期管理,构建对粮食市场的良好预期,避免非理性预期带来市场非理性波动,对冲当前国际市场的不确定性,防止市场供应断档、价格上涨,影响低收入者食物安全,预防下一轮粮食超量供给带来销售和收储压力。

做好市场预期管理已经成为我国实施粮食宏观调控、维护粮食市场稳定的重要手段之一。2020年以来,针对国内粮食价格上涨的情况,有关部门不断强化粮食市场预期管理,通过多种方式加强与市场沟通,合理引导市场预期,避免市场误读和扰动,有效防止粮价上涨引发的恐慌情绪蔓延,在稳供给、稳市场、稳预期方面取得良好效果。例如,强化粮食市场预警和监测,强化粮油市场供求形势和价格走势分析研判,及时发现苗头性、倾向性、潜在性问题,并采取措施妥善处置。主动发布粮油供求和价格等信息,严厉打击以次充好、囤积居奇、操纵价格、造谣传谣等违法违规行为,维护公开透明、规范有序的粮食流通环境。

强化粮食市场预期管理,根本解决之道在于练好内功,确保粮食生产稳定,确保粮食稳定供应。我国通过稳政策、稳面积、稳产量,确保粮食稳产增产,2021年粮食产量保持在6 500亿公斤以上。不断完善粮食储备制度,优化储备粮品种结构,管理好"大国粮仓",确保储粮安全。还要加强与粮食出口国合作,开辟多元化进口渠道,增强国际市场粮食供应链管理能力,确保粮食进口安全。

警惕玉米价格频繁波动影响产业链

　　继 2020 年玉米价格大幅上涨之后，2021 年一季度玉米价格经历一个集中调整并逐步回落的过程，3 月份玉米价格高位回落，进入 4 月份，玉米价格波动频繁。

　　有人认为，近期玉米价格频繁波动是投机资本蓄意炒作粮价造成的。应该说，当前玉米价格频繁波动更多是多空博弈的结果。为了稳定玉米价格，2021 年以来国家相关部门打出一系列宏观调控"组合拳"，一方面大量进口玉米及其替代品，另一方面大量投放超期储存稻谷和小麦替代饲料，一定程度上改变了市场看涨预期。再加上 3 月份气温回升，农民和贸易商手中余粮加快出货，玉米价格高位回落。玉米价格快速下跌，导致贸易商惜售，华北地区用粮企业收购数量下降，玉米价格随之反弹。

　　玉米价格在合理范围内涨涨跌跌是一种正常的市场现象。玉米价格上涨，农民是直接受益者，春节前东北主产区农民储存的玉米 80% 在价格高位时卖掉了，玉米价格下跌对多数农民种植收益影响并不大。不过，春播前玉米价格下跌有可能会影响农民种植预期，国家有必要强化政策保障，稳定农民种植预期。对于下游养殖企业来说，玉米价格回落会进一步降低养殖企业生产成本，最终会惠及终端消费者；反之，玉米价格上涨会增加下游生产企业成本，推动猪肉价格上涨，增加食品通胀压力。而囤粮的贸易商和投机资本则希望从玉米价格上涨中获利。因此，玉米价格不理性的暴涨暴跌，不利于农业稳定平衡发展，不利于行业健康发展，不利于调动农民种粮积极性，还会增加国家粮食宏观调控难度。

　　总的来看，经过市场自身调整和国家政策干预，目前国内玉米供需趋于基本平衡，市场预期最复杂最狂热的阶段已经过去，玉米价格暴涨暴跌的可能性不大。我国完全有能力利用国内国际两个市场、两种资源确保国内玉米充足供应,国内饲料粮供应有充足保障。

从供给侧看,临储玉米去库存完成,玉米供应端进入全新格局。一是有关部门明确 2021 年东北地区和黄淮海地区争取增加玉米种植面积 1 000 万亩以上,农民种植玉米积极性较高,玉米增产有望;二是国内外玉米价差不断扩大,预计 2021 年玉米及其替代品进口有望增加;三是库存稻谷和小麦面临去库存压力,国家加大投放库存稻谷和小麦替代玉米做饲料,饲料粮市场粮源充足。

从需求侧看,2021 年生猪产能有望完全恢复,饲用需求稳定增长,但随着猪肉价格下降,养殖户养猪积极性有一定回调,在客观上会减少一定的饲料需求;家禽和生猪养殖会出现"跷跷板"的情况;有关部门出台政策推动减少饲料配方中玉米使用量,用稻谷、小麦、杂粮等原料替代玉米;而且,玉米价格高位运行,难免对玉米消费形成一定抑制。

从长期来看,饲料用玉米和加工用玉米需求刚性增长,国内玉米紧平衡局面将长期存在。为了保障饲料安全,国家严格控制玉米加工业特别是燃料乙醇加工产能扩张,确保玉米加工业发展"不与人争粮,不与粮争地"。未来饲料需求增长将成为推动玉米价格上涨的主要动力。

面对复杂的国内外粮食市场形势,我国一定要保持粮食调控战略定力,冷静观察,精准出招。充分利用好国内国际两个市场、两种资源,确保国内粮食生产稳定,统筹用好库存粮食,合理利用玉米及其替代品进口,多措并举解决饲料粮供应问题。但是,一定要谨防"人畜争粮"影响口粮安全,谨防玉米大量进口影响国内玉米产业安全。

粮价稳有助物价稳

粮价是影响居民消费价格指数(CPI)的重要因素。2021年10月,我国CPI同比上涨1.5%,整体涨幅比较温和,而食品价格下降2.4%,这说明我国粮价稳定对于稳物价、抑通胀起到了重要作用。

当下,国内粮食价格走势出现分化,玉米、小麦市场价格高位运行,稻谷价格持续低迷,跌破最低收购价水平。玉米、小麦价格上涨,是因为饲料供需关系偏紧、国际粮价大幅上涨以及国内种粮成本持续走高等多种因素叠加导致承压上涨。而中晚稻价格弱势运行,是因为水稻连续多年产大于需,稻谷库存较高,在中晚稻收购高峰期,新稻谷集中大量上市导致价格有所降低。

粮价过高或过低都不利于粮食安全,过高会"米贵伤民",过低会"谷贱伤农"。为了保障粮价的稳定性,2021年有关部门采取措施引导粮价在合理区间运行。一方面,综合采用支持粮食生产、储备投放、扩大进口等一揽子政策,遏制粮价不合理上涨,防止"米贵伤民";另一方面,针对秋粮收购高峰期中晚稻价格过低的问题,江西、湖南、湖北、黑龙江等水稻主产区及时启动水稻最低收购价收购,防止"谷贱伤农"。

目前来看,2021年粮食产量有望高位增产、粮食库存充足,粮食进口规模不断扩大,国内粮食供应充足,粮价保持稳定有着扎实的基础。但也需要清醒地认识到,当前我国粮食结构性短缺矛盾依然存在,玉米产不足需、供需偏紧的格局尚未得到根本扭转。玉米和小麦、稻谷的替代性较强,2020年以来,小麦大量替代玉米做饲料,导致小麦需求上升。当前,稻谷与小麦、玉米比价下降,稻谷库存高,有可能刺激稻谷在饲料用粮方面的需求,减轻玉米和小麦的供给压力。

但小麦、稻谷替代玉米作饲料并非长久之策,稳定粮价仍面临较大压力。

从国内市场看，受极端天气影响，2021年秋季我国北方遭遇持续阴雨天气，冬季有可能出现"拉尼娜"现象，给小麦正常播种和安全越冬带来不利影响，稳定小麦生产的难度加大。需要从经济社会发展大局出发，保持粮食丰收的好形势，保障粮食稳定供应。要树立"防灾就是增产、减损就是增粮"的理念，尽最大可能减少农业自然灾害损失。与此同时，还要持续加大政策支持力度，完善主产区利益机制，加大对产粮大县奖励资金投入，强化农业补贴，充分调动地方抓粮和农民种粮积极性。地方要落实粮食安全党政同责，共同扛起粮食安全重任，在确保粮食种植面积和粮食安全的前提下调整种植结构，稳定小麦种植面积。

从国际市场看，当前国内外粮食市场深度融合，对国际粮价大幅上涨给国内市场带来的潜在风险要保持高度警惕。我国不同粮食品种对外依赖程度不同，受国际粮价影响的程度也有所不同。稻谷和小麦两大口粮完全实现自给自足，少量进口用来调剂余缺，受国际粮价影响较小。2021年玉米及其替代品高粱、大麦进口量增加，受国际市场影响相对较大。大豆市场对外依赖程度高，国际大豆价格上涨很容易传导至国内。要努力推动进口来源地和进口品种多元化，增强应对全球粮食供应链能力。

手中有粮，心中不慌。应综合运用多种调控手段，维护国内粮食市场稳定，抵御国际粮价上涨冲击国内市场。

谨防国际粮价高位波动传至国内

粮价关乎国计民生,关乎经济社会稳定大局。2022年以来,受地缘政治冲突等因素影响,国际粮价持续大幅上涨,创出历史新高。相比之下,国内粮价总体保持稳定,国家统计局数据显示,2022年一季度全国居民消费价格(CPI)同比上涨1.1%,其中,粮食价格上涨1.7%。从目前国际形势看,俄乌冲突的蝴蝶效应还在蔓延,未来全球粮价高位波动的可能性较大。我国要坚持综合施策、精准调控,阻断国际粮价高涨向国内传导通道,确保国内粮食市场平稳运行。

粮食稳产增产是保障粮食稳定供应的"压舱石"。面对复杂严峻的外部环境,要牢牢稳住农业基本盘,以国内供给的稳定性应对国际环境的不确定性。当前,正值春耕春管关键时刻,新冠疫情在国内多点散发造成不利影响。中央高度重视粮食生产,中央财政综合实施补贴、奖励、金融等一揽子支持粮食生产政策,精准发力,确保粮食稳产增产目标的实现。要坚持地方党政同责,以高度的政治责任感做好疫情防控和春耕生产"两手抓、两不误",打通堵点卡点,开设农资物流绿色通道,确保农资及时到村到店到户,确保春耕生产有序推进。

充足的库存是保障粮食市场平稳运行的"稳定器"和"调节器",管好用好库存粮食是稳定粮价的重要举措。我国粮食库存充足,库存结构优化,36个大中城市主城区及市场易波动地区的地方成品粮油储备达到15天及以上,全国形成都市区"1小时"、周边城市"3小时"、城市群"5小时"的"全国粮食135应急保障圈",市场调控和供应保障能力持续增强。2022年以来,有关部门根据市场形势和调控需要,精准安排政策性粮食销售,有效满足市场需求。这为我国应对全球粮食危机风险,保障国家粮食安全提供了坚实基础和有利条件。

进口粮食是调节国内余缺、解决国内结构性短缺的重要手段。2022年以来，受疫情、极端天气和地缘政治冲突等多重因素影响，全球粮食产业链供应链受损，也给我国进口粮食带来不利影响。海关总署最新发布的数据显示，2022年一季度，我国粮食进口总量略有下降。从进口结构看，玉米、高粱、大麦、小麦等四大谷物进口量同比增长3%；大豆累计进口量同比减少4.2%；食用油累计进口量同比下降62.8%。需要注意的是，受国际粮价大幅上涨的影响，我国粮食进口成本大幅上涨。一季度我国粮食进口量下降，但进口金额同比增长20%。

在全球粮价高涨的情况下，我国虽然暂时确保了国内粮价平稳运行，但我国钾肥对外依赖程度较高。俄罗斯是全球最大的钾肥出口国之一，俄乌冲突加剧了全球钾肥供应紧张的局面，全球化肥价格持续上涨。国际国内原油、煤炭能源价格大幅上涨，再加上国内疫情多点散发，导致化肥生产、运输成本上涨，抬高了粮食生产成本，有可能进一步推高粮食价格。有关部门通过投放储备化肥、引导重点钾肥生产企业增产增供、积极组织扩大钾肥进口、畅通钾肥国内运输、降低铁路运输成本等措施，正全力推动钾肥保供稳价。

粮价是百价之基。国际形势仍存在很多不稳定不确定因素，形势更趋复杂严峻，国际资本炒作对粮价上涨起到推波助澜的作用。管控好粮食价格波动风险，仍然面临诸多挑战。要强化底线思维，增强风险意识，毫不松懈抓好粮食保供稳价工作，稳住"田里的粮"，管好用好"库里的粮"，加大对投机资本的打击力度，保持粮食量足价稳，为全年物价调控目标的实现奠定坚实基础。

稳粮价需扛住双重成本压力

印度禁止小麦出口，引发了全球粮食价格新一轮上涨，国内市场情绪受到一定影响。从近期国家统计局发布的数据看，2022 年 4 月份，在我国居民消费价格指数食品烟酒分类项中，粮食价格同比上涨 2.7%，仍处于合理运行区间。在全球粮价上涨叠加新冠疫情因素影响之下，国内粮食供应充足，为稳定宏观经济大盘奠定了基础。不过，国内粮价稳定仍然面临粮食生产成本与进口成本上涨的双重压力，保供稳价任务十分艰巨。

2022 年以来，在新冠疫情全球蔓延、俄乌冲突、极端天气叠加影响下，粮食金融化、能源化、武器化趋势明显，全球粮食供求关系紧张，粮食价格持续高位运行。粮食是食品的重要原材料，全球粮价上涨推高了各种食品的成本，2022 年全球食品价格上涨过快。目前，越来越多的国家采取限制或者禁止粮食出口管制措施，进一步推动全球粮价与全球食品消费价格指数上涨，全球粮食贸易陷入困境。

受国际粮价高位波动的影响，国内除稻谷价格一直比较稳定，玉米、小麦、大豆价格跟涨明显。不过，与国际相比，国内粮价涨幅明显低于国际粮价涨幅，总体稳定可控。从国家统计局最新发布的数据看，2022 年 4 月，我国居民消费价格同比上涨 2.1%。主要食品价格由上月的下降 1.5% 转为上涨 1.9%，影响 CPI 上涨 0.35 个百分点。粮食价格上涨对 CPI 的直接影响有限，但作为食品和饲料的重要原料，粮食价格上涨对 CPI 间接影响较大。

粮食等重要农产品生产供应稳定，对食品价格乃至物价稳定具有"压舱石"作用。我国粮食生产连续 7 年稳定在 6 500 亿公斤以上，库存充足，稻谷、小麦两大口粮实现绝对安全。2022 年以来，我国克服疫情多发的不利影响，加大对农业生产支持力度，粮食生产形势持续转好，粮价稳定基础较好。值得注意的是,在国际粮价上涨的影响下,国内粮价仍然面临输入性上涨压力。

从国际看,全球粮价维持升势,我国粮食进口成本不断上涨。2022年我国克服俄乌冲突、粮食贸易保护主义以及国际粮价上涨等不利因素影响,尽可能确保粮食进口稳定性。从中国海关总署最新发布的数据看,2022年1月至4月,我国累计进口粮食5 060.6万吨,同比略减0.3%,进口金额同比增加21.5%。粮食进口量较之去年同期略有下降,但粮食进口成本增势明显。从进口结构看,我国稻谷和小麦进口量较小,受国际粮价影响较小,但大豆和玉米等饲料原料进口量较大,受国际市场影响较大。

从国内来看,国内粮价面临成本推动型上涨压力。2022年,受人工成本、农机作业费用、农资价格上涨等不利因素影响,种粮成本居高不下,严重挤压农民种粮收益空间,影响农民种粮积极性。党中央、国务院高度重视粮食生产,实施最低收购价、粮食生产补贴、三大粮食作物完全成本保险和种植收入保险主产省份产粮大县全覆盖等一系列粮食生产扶持政策,确保农民种粮有收益、有钱赚。针对农资价格过快上涨的问题,中央财政下达资金对实际种粮农民发放一次性补贴,并采取农资保供稳价举措,一定程度上缓解了农资价格上涨带来的不利影响。

未来,要不断提高粮食自给率,稳定粮食播种面积和产量,保持粮食量足价稳,把中国人的饭碗牢牢端在自己手中,切实守住国家粮食安全底线。夏粮收购在即,有关部门应持续加强市场监管,严厉打击捏造散布涨价信息、囤积居奇、哄抬价格等违法违规行为,维护国内粮食市场平稳运行。

国内外粮价涨幅为什么差距大

2023年春节将至，正是粮油消费旺季，做好粮食保供稳价工作意义重大。从目前看，各地粮油货源充足、品类齐全、价格平稳，能够保障春节期间广大城乡居民采购需要。

粮价稳定关系物价稳定，关系民生保障，关系经济社会发展大局。2022年国内外粮价波动频繁，国际粮价涨幅明显高于国内粮价。根据国家有关部门发布的数据，2022年国际小麦、玉米价格月度同比涨幅最高达到74%和36%，而我国小麦、玉米价格走势较为平稳，成品粮零售价格更为稳定，全年36个大中城市大米零售价比上年下降1%，面粉零售价比上年上升3%。我国采取的一系列扎实有效粮食保供稳价措施，是2022年国内粮价平稳运行的根本原因。

任凭风吹雨打，我自岿然不动。正是由于我国粮食自给率高，粮食市场独立性较高，国内粮价受国际粮价影响较小，市场波动较小。面对风高浪急的国际环境，我国始终保持粮食安全战略定力，坚持稳字当头、稳中求进，笃定前行，加大粮食生产扶持力度，特别是自2004年以来一直实行稻谷和小麦最低收购价政策，对粮食市场起到托市作用，稳定粮价，保护种粮农民收益。2022年我国粮食实现"十九连丰"，把中国人的饭碗牢牢端在自己手上。

我国粮食储备充裕，为粮食市场调控提供了坚实的物质基础。为了有效应对国内外粮食供给冲击，有关部门采取定向调控、相机调控、精准调控措施。认真组织好粮食市场化收购和政策性收购，通过优粮优价确保农民合理种粮收益，通过最低收购价牢牢守住农民"种粮卖得出"底线。不断完善粮食市场监测预警体系，密切监测国内外粮食市场运行态势，围绕稳增长、稳就业、稳物价加强风险预判和战略预置，充分估计国际上可能出现的粮食安全极端情况,制定多场景应对预案。合理把握政策性粮食销售节奏和力度,根据调控要求适时做好储备投放,增加市场有效供应,维护产业链供应链稳定。加强政策信息发布,及时释放调控信号,引导市场预期。

适度粮食进口是我国粮食安全战略的重要组成部分,是保持国内粮食稳定供应的重要手段。2022年我国粮食进口量达1.4亿吨,与2020年相当,有效填补了国内结构性短缺。为了避免粮食过量进口冲击国内市场,多年来我国对三大主粮实行进口配额管理,配额内进口征收1%关税,配额外进口征收65%的关税,这相当于为国内粮食市场筑起了一道保护墙。2020年以来,玉米、小麦、大米三大主粮进口量均已突破进口配额,但并未改变我国粮食供需基本平衡的局面,也未对全球粮食市场产生明显影响。

从目前来看,我国粮食保供稳价体系进一步健全,完全有能力、有条件保障粮食价格总体稳定,但粮食安全的基础仍有待进一步稳固。从国内看,由于粮食刚性需求增加,特别是饲料用粮和工业用粮需求增加较快,粮食供需仍是紧平衡格局,总量问题和结构性矛盾并存。从国际看,全球粮食供需形势虽然相对宽松,但地缘政治冲突、贸易保护主义、极端天气等各种因素冲击全球粮食供应链稳定,我国粮食进口面临很大不确定性。

2023年国际粮价有可能高位波动,输入性通胀压力仍然存在。要减少国际粮价对国内粮价的影响,就要进一步增强粮食安全保供稳价能力。应全方位夯实粮食安全根基,加强粮食生产、储备、流通能力建设,不断拓展粮食进口来源地多元化,增强我国在国际粮食贸易中的话语权。有关部门在2023年春节期间仍应加强市场和价格监管,严厉打击囤积居奇、哄抬价格等违法违规行为,维护正常价格秩序,守好粮食安全底线。

粮价稳不稳关键看生产

俗话说:一粮带百价。粮食是人们生活的必需品,粮食价格是其他商品价格的基础,粮食价格波动会影响其他商品价格涨跌,从而影响物价稳定。国家统计局最新发布的数据显示,2023年一季度居民消费价格指数(CPI)同比上涨1.3%,属温和上涨。粮食和重要农产品价格总体稳定,粮食生产保持平稳发展态势,为物价水平保持基本稳定奠定了坚实基础。

粮价是影响CPI的重要因素之一。在CPI的统计"篮子"中,粮价的权重已经下降至2%左右,但粮价以及受其影响的食品价格权重加起来仍然接近20%。粮食价格波动频繁,粮价上涨可以直接推动CPI上涨,也可以通过影响产业链下游工业品价格、通胀预期等间接方式推动CPI变动。追溯历史,居民消费价格运行比较平稳的时期,粮食等食品价格往往发挥了重要的"稳定器"作用。从国家统计局发布的数据看,2023年一季度,食品价格同比上涨3.7%,影响CPI上涨约0.68个百分点;前三个月猪肉价格环比下降,但因2022年同期基数较低,一季度猪肉价格同比上涨8.5%,影响CPI上涨约0.11个百分点。

粮食供应充足为粮价整体平稳运行提供了坚实支撑。2022年我国粮食高位增产,产量连续8年稳定在6 500亿公斤以上,为2023年粮食保供稳价提供了有力保障。粮食库存充足,稻谷、小麦两大口粮库存总量大、分布广、比重高,玉米政策性库存进一步充实,粮食库存结构更加优化,市场调控和供给能力稳步增强。2023年一季度累计投放政策性粮食245.7万吨,成交166.6万吨,成交率67.8%,有效满足了市场消费需求。实施粮食进口多元化战略,确保进口的稳定性,2023年一季度累计进口粮食3 872.7万吨,同比增长4.7%。在粮食供应充足的情况下,2023年以来稻谷、小麦、玉米、大豆等粮食品种价格呈下行态势，但仍然高于 2022 年同期水平。值得一提的是，玉米、豆粕等饲料原料价格稳中回落，有利于降低养殖成本。这也是 2023 年一季度猪肉价格环比下降的一个重要因素。

市场稳不稳，关键看生产。粮价稳定的首要因素是粮食生产稳定。春耕生产是全年粮食丰收的基础，目前春耕生产形势较好，全年粮食意向种植面积在 17.7 亿亩以上，连续 4 年增加，为粮食保供稳价奠定了坚实基础。夏粮夏油是全年粮食生产的第一季，涉及口粮安全和"油瓶子"安全。从农业农村部的农情调度来看，小麦、油菜等夏收作物长势较好，夏粮丰收基础较好。在国家持续提高早稻最低收购价政策的带动下，南方产区农户种植早稻积极性相对较高。为了调动农户种植大豆积极性，国家出台大豆生产一揽子扶持政策措施，全国大豆种植意向面积稳中略增。

粮食生产成本是影响粮价稳定的重要因素。2023 年以来，化肥、农药、种子等农资价格居高不下，导致粮食生产成本不断增加，挤压种粮收益空间，影响农民投资粮食生产的积极性。为了确保春耕生产顺利进行，有关部门一方面从产、供、储、销、用等环节入手实施一系列农资保供稳价政策措施，切实保障农资市场量足价稳；另一方面中央财政加大补贴力度，缓解农资价格上涨带来的增支影响。2023 年 4 月，中央财政继下达 100 亿元资金补贴实际种粮农民之后，又下达了第一批农业生产防灾救灾资金 12.51 亿元，主要用于支持黑龙江、山东、河南、广东等相关省（区、市）购置小麦、水稻、玉米等农作物重大病虫害防控所需农药、药械等物资，并对统防统治作业服务等给予适当补助，这有助于进一步调动农民种粮积极性，为春耕生产提供有力支持。

从目前来看，我国粮食供应充足，调控手段丰富，粮价平稳运行有充足保障，但粮价上涨的因素仍然存在。例如，粮食生产仍然面临着农资价格上涨、病虫害、自然灾害等诸多挑战，外部环境还面临很多不稳定、不确定因素，国内需求正在逐步恢复。一定要牢牢守住防止"谷贱伤农"和"米贵伤民"两条底线，确保粮价运行在合理区间，为全年物价水平保持基本稳定夯实基础。

增强粮食全链条协同保障能力

10月16日，2023年世界粮食日和全国粮食安全宣传周主会场活动在江苏南京正式启动。本年世界粮食日的主题为："水是生命之源，水是粮食之本。不让任何人掉队。"粮食安全宣传周的主题是"践行大食物观 保障粮食安全"。在极端天气频发、洪涝灾害层出不穷、地区冲突不断、世界粮食安全状况遭遇严重冲击的情况下，中国正在践行大食物观，更好地保障粮食安全，把14亿多中国人的饭碗牢牢端在手中，切实做到"不让任何人掉队"，为维护世界粮食安全作出贡献。

民为国基，谷为民命。粮食从生产到收购、储存、加工、消费，全产业链任何一个环节出现问题，都可能引发粮食市场波动，影响粮食安全。党的十八大以来，我国全面落实国家粮食安全战略，深入实施藏粮于地、藏粮于技战略，全面加强粮食生产、储备、流通能力建设，针对粮食产业发展的薄弱环节和瓶颈问题，深入推进优质粮食工程，实施粮食绿色仓储、粮食品种品质品牌、粮食质量追溯、粮机装备加工、粮食应急能力以及粮食节约减损健康消费提升行动，锻长板、补短板，从粮食产出端安全向全链条系统安全转变，增强产、购、储、加、销协同保障，使得我国能够有效应对国内外各类风险挑战。

在生产环节，抓住耕地和种子两个关键因素，珍惜和用好水这个"生命之源""粮食之本"，不断提高粮食综合生产能力。全国粮食总产量连续8年保持在6 500亿公斤以上，人均粮食占有量达486.1公斤。2023年我国克服烂场雨、干旱和暴雨洪灾等不利气候条件，夏粮丰收、早稻增产，秋粮有望再获丰收，为保障粮食安全奠定坚实基础。基于此，要树立大食物观，全方位、多途径开发食物资源，保障多元化食物有效供给，丰富广大人民群众的"米袋子""菜篮子""奶瓶子""果盘子"。

粮食流通是保障国家粮食安全的关键，涉及收购、储运、加工、销售等诸多环节。面对国内粮食供需长期紧平衡、区域供给不平衡、粮油加工业不强以及个别品种对外依赖程度高等问题，不断强化粮食流通能力，确保"供好粮"。在收购端，通过统筹市场化收购和最低收购价，引导农民多种粮、种好粮，确保农民种粮有合理收益，避免"谷贱伤农"悲剧重演。在储存端，通过绿色储粮技术的推广应用和精细化管理，管好"大国粮仓"，确保储备粮数量真实、质量良好，确保国家急需时调得动、用得上。在加工端，充分发挥粮食加工企业引擎作用，引领行业"产好粮"。在进口环节，以共建"一带一路"国家和地区为重点，积极支持粮食企业"走出去"和"引进来"，拓展多元化粮食来源市场，降低粮食进口安全风险。

消费是粮食产业链的终端环节。吃优质粮，吃品牌粮，已经成为当前粮油消费大趋势，但优质粮油供给不足，无法满足消费升级需要。为满足人民群众日益增长的美好生活需要，我国实施品种品质品牌提升行动，确保消费者"吃好粮"。目前，全国涌现出"水韵苏米""齐鲁粮油""皖美粮油""山西小米""天府菜油""广西香米""吉林大米"等一大批区域公用品牌和 2 000 多个地方好粮油产品，并遴选出 456 个"中国好粮油"产品，增加优质粮食供给5 000 多万吨，粮油消费正加快由"吃得饱"向"吃得好""吃得营养健康"转变。

解决 14 亿多人的吃饭问题，根本出路在科技。科技是粮食产业高质量发展的发动机，是产品增值的助推器。要加快粮食全产业链各个环节的协同作战和持续创新，为粮食产业高质量发展注入强劲动力，为开发节粮减损这块"有形良田"赋能，为加快构建更高层次、更高质量、更有效率、更可持续的重要农产品保障体系提供有力支撑。

重视气候变化对粮食安全的影响

近期,受厄尔尼诺现象带来的极端气候影响,2023 年世界主要水稻生产国生产受到影响,全球大米价格持续攀升,达到 11 年来历史高点,国内稻谷价格也呈现同步上升趋势。我国是世界重要的水稻生产和消费大国,厄尔尼诺现象会不会影响国内大米稳定供应,成为当前人们普遍关心的问题。

南方是我国水稻主产区,水稻播种面积占全国 94% 左右,南方水稻生产能否丰收直接关系国家粮食安全。2023 年 6 月中下旬以来,南方多地遭遇持续强降雨天气,使处于抽穗扬花和灌浆结实期的早稻面临"雨洗禾花"的高风险,有可能影响早稻产量和品质。而且,高温高湿天气非常容易发生病虫害,易引发稻飞虱、稻纵卷叶螟以及稻瘟病的出现。当前,南方多地进入早稻集中收获期、中稻病虫害防治关键期,晚稻播栽加快推进。各地正全力以赴做好早稻抢收、中稻病虫害防治和晚稻抢插工作,确保水稻丰收,为全年粮食丰收打下基础。

厄尔尼诺现象引发的暴雨高温天气给我国水稻生产带来了不利影响,引发稻谷价格波动,但并未影响稻谷稳定供应。我国稻谷供应能力强,水稻生产连续多年产大于需,库存充足,调控有力,能有效满足市场需求,水稻价格一直保持平稳运行,成为国内粮食市场的"稳定器"。当前,我国稻谷市场面临的主要矛盾不是供应不足,而是供应过剩。

稻谷饲用消费增加有可能成为化解供给过剩的重要途径。稻谷、小麦和玉米具有替代性,在比价关系合理时,稻谷可替代玉米做饲料。长期以来,我国稻谷价格处于三大主粮顶端,小麦价格次之,玉米价格最低。但 2020 年下半年以来,受新冠疫情、极端气候、地区冲突等各种因素叠加影响,粮食价格剧烈波动,三大主粮比价关系发生颠覆性变化。玉米产需缺口较大、价格大幅上涨,稻谷小麦产大于需、价格涨幅较小,玉米价格甚至超过小麦和稻谷价格,成为三大主粮中价格最高的粮食品种。玉米和稻谷比价关系剧变,推动稻谷替代玉米做饲料,刺激稻谷需求增加,有助于缓解稻米供大于求的矛盾,同时也会推动稻米价格上涨。

值得注意的是,2022年我国稻谷播种面积、产量和单产均出现下降。主要是因为玉米种植收益明显好于水稻,农民主动调整种植结构,东北地区再次出现水田改旱田现象。从短期看,"水改旱"有助于缓解玉米供应不足和稻谷供大于求的矛盾;从长期看,还要做好种植结构调整的工作,防范玉米"一家独大"局面再现。

大米进出口是调剂国内稻谷供求的重要手段。我国是世界水稻生产大国,也是世界第一大米进口国。2022年,我国大米进口量达到619万吨,首次突破532万吨的进口配额,其中,碎米进口量占比超过50%。大米进口来源地主要是越南、印度、泰国、巴基斯坦和柬埔寨等东南亚国家,进口品种主要有碎米、精米和糙米。进口碎米主要用作饲料原料和工业原料,进口成品大米用于品种调剂,对国内大米市场影响不大。

从2023年前5个月进口数据看,我国进口大米164万吨,同比下降43.9%。这是因为,受厄尔尼诺现象影响,印度、越南等水稻主产国水稻生产受到影响,市场预期不乐观,大米出口价格持续上涨,我国进口大米价格优势不再明显,大米进口量下降也在预料之中。但在我国稻谷连续多年产大于需、库存充足的情况下,大米进口量下降对国内大米市场影响有限。

强化粮食产业链供应链韧性

2023年7月底8月初以来,北京、河北、黑龙江、吉林等多地遭受有历史记录以来最大暴雨袭击,部分地区洪涝灾害严重。秋粮生产是否受到影响,粮食能否稳定供应,成为社会普遍关心的问题。这些年,我国粮食生产能力、储备能力和国际粮食资源掌控能力持续增强,粮食供应链在应对重大风险方面显示出较强韧性,有能力保障"米袋子"安全。

确保粮食稳定供应,关键要保粮食生产能力,确保需要时产得出、供得上。2023年,极端天气给粮食生产带来严重影响,不过,近年来我国全面提升农业综合生产能力,抵御极端灾害天气的能力不断增强。夏粮生产克服"烂场雨"的影响,产量略减,仍居历史第二高位;早稻生产克服连续阴雨天气、高温干旱天气的轮番"蹂躏",有望获得丰产丰收。秋粮在产量形成的重要时期遭遇极端高温、暴雨洪涝灾害侵袭,再加上2023年第6号台风"卡努"可能进入我国东北地区,农业防汛救灾形势严峻。农业农村部启动100天夺秋粮丰收行动,派出400多名干部和专家分赴27个秋粮生产省份指导防灾减灾、单产提升、秋粮田管。财政部、农业农村部两次下达农业生产防灾救灾资金合计11.64亿元,支持受灾地区抓紧开展农业防汛救灾及灾后农业生产恢复等相关工作。这些措施有助于最大限度地减少灾害损失,确保秋粮丰收。

要提高粮食储备能力,确保国家在关键时刻调得动、用得上。我国已经建立起与大国地位相符的粮食储备体系,防范和化解风险挑战的能力不断提升。政府储备粮规模、结构、布局持续优化,36个大中城市主城区和市场易波动地区成品粮油储备达到15天以上;各类粮食企业库存处于较高水平,部分企业商品库存较前些年明显增加;城乡居民忧患意识增强,家庭储粮水平不断提升。从目前来看,全社会储粮层次更加丰富,国家粮食调控基础更加坚实,保障供应更加有力。

要增强粮食应急保供能力,确保在极端情况下依靠国内产能和储备能吃得饱、挺得过。近年来,我国不断加强粮食应急供应保障能力建设,国家、省、市、县四级粮食应急预案体系不断完善,应急保障中心和粮食应急保障企业数量持续增长,应急储运、加工、配送、供应能力稳步提升,有能力确保重大突发紧急事件发生时的粮油供应。在多地发生洪涝灾害后,国家粮食和物资储备局军粮供应办公室迅速启动应急保障机制,北京、河北、黑龙江、吉林等省份军粮系统第一时间启动应急预案,确保救灾部队和灾区群众粮食应急保障。

要不断增强全球粮食供应链管理能力,确保粮食买得到、运得进。当前,黑海粮食运输协议搁浅、印度禁止大米出口政策给全球粮食供应带来严峻挑战,难免影响我国粮食进口稳定性。我国一直致力于推动粮食进口来源地和品种多元化,降低粮食进口过于集中带来的安全风险。我国粮食进口以饲料粮为主,玉米、小麦和大米主要用作饲料。从来源地看,以前我国玉米进口主要来自美国和乌克兰,现在开辟了巴西、南非的渠道,特别是从巴西进口玉米大幅增加,进一步降低对美国、乌克兰的依赖。从进口品种看,受全球大米价格上涨以及印度禁止大米出口政策影响,2023 年我国大米进口量大幅下降,但小麦大幅增加,能够有效对冲大米进口量下降给饲料市场带来的不利影响。

粮食稳定供应涉及产、购、储、加、销各个环节,从田间到餐桌,从国内到国外,任何一个环节出现纰漏都会影响粮食稳定供应。我国应坚持底线意识,未雨绸缪,以底线思维应对小概率事件,围绕各个环节综合施策,推动全链条协同保障,强化粮食产业链供应链韧性,确保粮食面积、产量不掉下来,粮食供给、市场不出问题,牢牢守住粮食安全底线。

中国大米以稳定供给应对不确定性

2023年8月初以来,黑龙江五常水稻遭受洪涝灾害影响面临减产风险,叠加全球大米价格大幅上涨、国内大米进口大幅下降等问题。国内大米会不会涨价,大米够不够吃,成为社会关注的热点。可以说,我国大米连年丰收,库存充裕,稻谷自给率超过100%。国内大米供应充足,完全能够满足市场需求,大米市场保持平稳运行有坚实基础。

2023年5月随着厄尔尼诺现象周期性再现,我国多地水稻主产区遭遇高温干旱、洪涝灾害等极端天气,水稻生产受到不同程度影响,特别是黑龙江五常市水稻大面积受灾。根据初步统计,2023年五常市水稻种植面积约为250万亩,其中受灾面积超过100万亩。五常市水稻播种面积占黑龙江省的十分之一、哈尔滨市的四分之一,水稻产量常年在100万吨以上。五常大米是全国知名的高端大米品牌,减产有可能导致供应紧张、价格上涨。不过,从全国看,我国高端大米种类繁多,完全能够满足人们对高端大米的需求。五常水稻播种面积和产量在全国占比极少,减产不会影响全国大米供需基本面。

水稻是我国重要的口粮之一,确保口粮绝对安全是我国粮食安全的战略目标。多年来,我国高度重视粮食生产,水稻播种面积常年保持在3亿亩以上。其中,南方水稻播种面积占全国94%左右,水稻产量常年保持在2亿吨以上,并且多年产大于需,库存充裕,调控有力,能够满足国内消费需求,水稻价格一直保持平稳运行。

从进口看,我国大米实现高度自给,对外依赖程度不高,全球大米市场波动对国内市场影响有限,但对进口量影响较大。进口大米价格低于国内大米价格,成为近年来我国大米进口增加的主要驱动因素。2022年,我国大米进口量达619万吨,同比增长24.8%,首次突破进口配额。2023年受印度大米出口禁令、极端天气等各种因素叠加影响，全球大米价格飙升，再加上人民币对美元汇率持续贬值，进口大米失去价格优势，我国大米进口量大幅下降。根据海关数据，2023年1月份至7月份，我国累计进口大米189万吨，同比下降53.3%。其中，7月份大米进口量为10万吨，同比下降79.8%。

进口大米主要用于品种调剂和饲料需求，特别是碎米主要用于饲料原料和工业原料。我国饲料粮供求形势偏紧，大米进口量减少，有可能会影响饲料粮供应安全。我国通过推动进口来源地和品种多元化，确保饲料粮进口的稳定性。从来源地看，自2022年10月份开始，我国逐步减少印度大米进口，2023年来源地主要为越南、缅甸、泰国、印度等国家。其中，1月份至7月份，印度进口大米占比为11.9%，低于越南、缅甸和泰国，退居第4位。从进口品种看，小麦、大麦可以替代进口碎米做饲料原料，故减少大米进口，增加小麦和大麦进口。从海关数据看，2023年1月份至7月份，小麦进口861.5万吨，同比增加52.4%；大麦进口581.7万吨，同比增加53%。小麦和大麦进口量大幅增加，能够有效对冲大米进口量下降对饲料市场造成的影响。

面对多国大米出口禁令给全球粮食安全带来的影响，我国应更加重视国内粮食生产，以国内供给的稳定性应对外部环境的不确定性。2023年夏粮再获丰收，早稻增产0.8%，给全年粮食丰收奠定基础。秋粮生产虽然遭遇极端天气侵袭，局部地区水稻受灾严重，但中晚稻整体形势良好。中央持续加大财政支持力度，支持受灾地区开展农业生产恢复相关工作。各地要做好农业防灾减灾工作，最大限度地减少农业损失，保障国家粮食安全。

辩证看待当前粮食价格下降

在春耕备耕有序推进之际,国家统计局日前发布的数据显示,2024 年一季度,小麦价格下降 2.8%,稻谷价格上涨 3.5%,玉米价格下降 11.9%,大豆价格下降 4.1%,薯类价格下降 11.5%。粮食价格下降,虽然对降低消费者生活成本和一些企业的经营成本有利,但对增加农民收入不利,影响农民种粮积极性,还可能给全年粮食稳产保供带来不利影响。国家有关部门应精准施策,稳定粮价,避免"谷贱伤农"。

当前,我国粮食价格下行是市场供求规律作用下的阶段性波动。在国内粮食生产连年丰收的情况下,消费、进口等环节形势变化,都会对国内粮价走势产生明显影响。从消费看,2024 年一季度,我国经济持续恢复向好,粮食消费处于恢复过程中,但暂时还未达到预期水平,饲料消费需求因为养殖业不景气下滑严重,粮食供大于求、价格下跌。从进口看,2024 年一季度累计进口粮食 3 842 万吨,同比增长 5.1%。受全球粮食供需阶段性宽松等因素影响,国际粮食价格自 2022 年下半年以来持续大幅回落,大量低价粮食进口,一定程度上消减了国内粮食价格上升的动力。

从国家统计局数据看,在三大主粮中,稻米是唯一保持价格上涨的粮食品种。稻米价格上涨是国内外各种因素综合作用的结果。作为全球最大的水稻生产国和消费国,我国水稻多年产大于需,库存充足,供强需弱的基本面没有改变,稻米市场总体表现平稳。我国也进口大米,主要用作饲料。自 2022 年以来,印度限制大米出口,全球大米价格持续十几个月飙升,创下历史新高。联合国粮农组织的数据表明,2023 年国际大米价格指数上涨了 21%。有国际机构预计,在印度大米出口限制仍然有效的情况下,2024 年国际大米价格仍将保持高位。在国内外大米价差快速缩小甚至出现倒挂的情况下,我国大米进口持续减少。这在一定程度上减轻了国内稻米市场的供应压力，有利于稻米市场走强。

粮食是特殊商品，一头连着消费者，一头连着农民，粮食价格过高或过低都会影响粮食安全。必须持续做好粮食保供稳价，确保粮食价格在合理区间运行，牢牢守住"谷贱伤农"和"米贵伤民"两条底线，防止粮食价格大幅波动影响农民种粮收入，影响人民群众生活、物价稳定以及经济社会发展大局。

针对当前粮食价格低位运行问题，有关部门及时采取增加玉米收储规模、促进粮食加工转化等一系列措施，促进粮食价格平稳运行，稳定农民收益预期。目前，这些措施已经取得一些成效，降价幅度较大的玉米价格近期有所企稳。从今后一个时期看，随着各项宏观政策组合落地见效，经济会延续恢复向好态势，餐饮消费也继续加快恢复向好，粮食消费将不断回暖，市场预期也会进一步改善，粮食价格总体有望逐步企稳回升并保持在合理区间。

在粮食价格下降、成本高涨的两难困境之下，农民仅靠种粮增收仍然乏力。我国应加快实施农民增收促进行动，让农民种粮能致富，过上体面生活。完善"价格＋补贴＋保险"三位一体的农民种粮利益补偿机制，让农民种粮有钱赚、不吃亏。推进粮食产业高质量发展，促进一二三产业融合发展，延长产业链、提升价值链、完善利益链，让农民分享粮食全产业链增值收益，增加经营性收入、工资性收入、财产性收入和转移性收入。全面提升农村公共服务能力，加强农村公共服务设施建设，尽快提高农民养老金待遇，提升农民获得感、幸福感和安全感，让农民种粮更安心，种粮更有积极性。

粮食保供稳价要牢牢守住底线思维

粮价是百价之基，粮价稳则物价稳，物价稳则民心稳。粮价一头连着生产者，一头连着消费者，关系着人民群众的切身利益。保持粮价合理水平，要兼顾粮食生产者和消费者利益。战国时期著名政治家李悝说：籴甚贵伤民，甚贱伤农；民伤则离散，农伤则国贫。粮食供应过剩、价格过低会导致"谷贱伤农"，影响农民种粮积极性；粮食供应短缺、价格大幅上涨会导致"米贵伤民"，影响低收入群众的粮食安全，增加下游粮食加工企业生产成本，继而有可能引发危机。粮食保供稳价，必须坚持底线思维，牢牢守住"谷贱伤农"和"米贵伤民"两条底线，防止粮食价格大幅波动影响人民群众生活，影响物价稳定，影响经济社会发展大局。

一、做好粮食保供稳价，防止"米贵伤民"

近年来，受新冠疫情、地缘政治冲突、极端天气等各种因素叠加影响，国际粮价持续高位波动，对国内一些粮食品种价格产生了一定影响。粮食价格上涨一旦超过消费者承受能力，会影响低收入群众的粮食安全，直接或者间接影响居民消费价格指数（CPI）。只有全力做好粮食保供稳价，着力化解粮食供应不足和价格上涨对人民群众生活的影响，确保粮食供应量足价稳，才能让老百姓吃得上、吃得起、吃得好。

做好粮食保供稳价的关键是要坚持发挥市场在资源配置中的决定性作用，更好发挥政府作用，确保粮食稳定供应、价格平稳。首先要充分发挥市场在配置粮食资源中的决定性作用，但在自然灾害、公共卫生事件等突发重大事件打破市场粮食供需平衡、引发粮食价格大幅波动时，要更好地发挥政府作用,综合运用一系列调控手段促进粮食供需平衡,防止粮价过快上涨造成"米贵伤民"。

粮食保供稳价的根基是粮食供应能力。近年来,我国不断加强粮食生产、流通、储备能力建设,粮食稳定供应能力进一步提升。一是我国持续加大对粮食生产的支持力度,粮食生产实现"十九连丰",粮食产量连续 8 年稳定在 6 500 亿公斤以上,把中国人的饭碗牢牢端在自己手上,为粮食保供稳价奠定了扎实基础。二是持续深化粮食收储市场化改革,确保粮食收购平稳有序。三是强化储备和进口调节作用,一方面合理安排政策性粮食销售,及时调整销售品种、数量和节奏,有效满足企业用粮需求;另一方面适度进口粮食,有效补充国内市场供应。四是粮食物流和应急保障能力显著提升,应对重大自然灾害和公共突发事件的能力持续提高。五是深入实施粮食节约行动,推进粮食全产业链节粮减损,增加粮食有效供给,为进一步保障国家粮食安全开辟重要途径。

总体上看,当前我国粮食安全形势整体较好,粮食供应充足、价格稳定。从 2022 年情况看,国内粮食市场供应能够满足市场需求,成功应对各类超预期因素冲击,市场总体运行平稳,国内粮食价格波动幅度明显低于国际粮价。根据国家有关部门发布的数据,2022 年国际小麦、玉米价格月度同比涨幅最高达到 74% 和 36%,而我国小麦、玉米价格走势较为平稳,成品粮零售价格更为稳定。粮价稳定为 2022 年居民消费价格指数(CPI)保持在较低水平发挥了重要作用。根据国家统计局数据显示,2022 年我国居民消费价格指数(CPI)上涨 2%,顺利完成全年物价调控目标。

二、健全种粮农民收益保障机制,防止"谷贱伤农"

农民是粮食生产的主力军,农民种不种粮,关键看农民种粮是否能获得好的收益。要做好粮食保供稳价,一定要守住"谷贱伤农"这条底线,让种粮农民有钱赚。习近平总书记特别强调:"稳定发展粮食生产,一定要让农民种粮有利可图、让主产区抓粮有积极性。这方面,既要发挥市场机制作用,也要加强政府支持保护。"党的二十大报告专门提出要健全种粮农民收益保障机制。

粮价上涨有利于农民获得更多收益,但粮食生产受价格"天花板"和成本

"地板"双重挤压。首先,在国家保供稳价政策之下,粮价上涨空间有限,而人工成本、土地租金以及化肥、农药、燃油等生产资料价格居高不下导致粮食生产成本刚性上涨,挤压种粮收益空间,不利于调动农民种粮积极性。其次,我国粮食生产相对而言组织化程度较低、生产经营规模较小,受市场风险和自然灾害风险影响大,容易造成粮食生产和价格波动,影响农民种粮积极性。因此,要充分发挥市场在配置资源中的决定性作用,更好发挥政府作用,实现政策保本、经营增效。

经过多年探索和实践,我国已经构建起价格、补贴、保险"三位一体"的政策支持体系,合理保障农民种粮收益,稳定种粮农民收入。一是完善粮食价格形成机制和收储制度,2004 年以来,国家持续实行稻谷、小麦最低收购价政策,稳定农民收益预期,防止"谷贱伤农"。二是完善农业补贴制度,除了发放良种补贴、农机购置补贴、耕地地力补贴等,还发放玉米、大豆生产者补贴以及稻谷补贴,并针对近几年农资价格上涨带来的不利影响,2021 年、2022 年多次发放一次性农资补贴,确保农民不亏本。三是完善农业保险政策,在实施政策性农业保险的基础上,在主产区实现稻谷、小麦、玉米三大主粮完全成本保险和种植收入保险全覆盖,在黑龙江、内蒙古实施大豆完全成本保险和种植收入保险试点,降低粮食生产经营风险。

让农民获得更好的收益,还要充分运用市场化手段。持续提升粮食生产规模化、机械化、集约化经营水平,实现降本增效。继续实施优质粮食工程,通过优质优价引导农民多产粮、产好粮;通过引导粮食产业向主产区、产粮大县聚集,高质量发展粮食产业,延长产业链、稳定供应链、提升价值链,引导农民从卖原粮向卖产品、卖品牌转型,提高粮食增值收益。创新种养融合新模式,通过发展稻虾共生、稻蟹共生、稻鸭共生等复合种养模式,以及在适宜地区推广大豆玉米带状复合种植技术,实现粮食增产增收。

三、以粮食供应充足、价格稳定为基本目标,加快完善粮食保供稳价机制

"备豫不虞,为国常道"。粮食保供稳价是关系国计民生的大事。2023 年

是全面贯彻落实党的二十大精神的开局之年，中央经济工作会议、中央农村工作会议对大力提升粮食安全保障能力作出重要部署。必须要增强忧患意识，坚持底线思维，认清形势，坚持稳中求进工作总基调，着力补短板、强弱项，以粮食供应充足、价格稳定为基本目标加快完善粮食保供稳价机制，围绕粮食产、购、储、加、销各环节综合施策，切实发挥好粮食在中国式现代化进程中稳经济、稳社会、稳全局的重要作用。

要坚持底线思维，认清当前我国粮食保供稳价面临的新形势。解决好 14 亿多人的吃饭问题，始终是治国理政的头等大事。近年来，我国粮食安全保障能力不断提升，粮食保供稳价的基础不断夯实，但仍有短板弱项。受国内粮食供求变化、自然灾害频发、外部环境动荡不安以及粮食武器化、金融化、能源化等因素影响，国内粮食保供稳价面临诸多风险和挑战。从中长期看，我国粮食供需紧平衡格局未变，诸多深层矛盾叠加，如粮食刚性需求增长与资源环境约束矛盾加剧，粮食结构性、区域性矛盾突出，种粮收益与成本刚性的矛盾突出，个别品种外采率高与国际贸易风险的矛盾突出，粮食增产难度增大与粮食损失浪费严重的矛盾等，对我国粮食保供稳价目标的实现构成不可低估的压力。必须要增强忧患意识、危机意识，始终紧绷粮食安全这根弦，全方位夯实粮食安全根基，有效化解影响我国粮食安全的中长期矛盾。

要坚持底线思维，进一步提高粮食保供稳价能力。要重点强化生产能力、收储调控能力和全球粮食产业链供应链能力建设，逐步建立更高层次、更高质量、更有效率、更可持续的粮食安全保障体系，为粮食保供稳价夯实基础。

首先，全力抓好粮食生产能力建设。实施新一轮千亿斤粮食产能提升行动，强化藏粮于地、藏粮于技战略，开展吨粮田创建，实施玉米单产提升工程，深入推进大豆和油料产能提升工程，充分挖掘粮食增产空间和潜力。健全农民种粮挣钱得利、地方抓粮担责尽义务的机制保障。健全主产区利益补偿机制，增加产粮大县奖励资金规模，充分调动地方重农抓粮积极性。树立大食物观，在确保口粮绝对安全、谷物基本自给的基础上，构建多元化食物供给体系，全方位多途径开发食物资源。

其次，进一步增强粮食收储调控能力。要以粮食保供稳价为目标，建立从生产到消费全流程监测预警体系、宏观调控和应急管理机制，不断提高粮食调控水平和防范化解重大风险的能力。完善新型预警监测体系,密切监测国内外粮食市场运行态势,加强市场预期引导,确保粮食市场平稳运行。要加强粮食储备能力建设,构建与大国地位相符的粮食储备体系和应急保障体系,完善储备市场调节机制,加强定向调控、相机调控、精准调控,统筹做好政策性粮食投放,充分发挥储备轮换吞吐调节作用。

最后,增强全球粮食产业链供应链管理能力。我国粮食进口来源地集中,随着世界政治经济环境变化,逆全球化趋势加剧,单边主义、贸易保护主义盛行,全球粮食产业链供应链不确定性风险增加,增加了我国粮食进口安全的风险。我国必须着眼于长远,树立底线思维,增强全球粮食供应链管理能力。以"一带一路"沿线国家和地区为重点稳步扩大国际合作,积极支持粮食企业"走出去""引进来",全面参与全球粮食产业链、价值链、供应链重构,拓展多元化进口渠道,降低进口渠道集中度过高带来的风险,确保粮食进口安全。

第三章

粮食生产

稳粮增产还须唤醒沉睡的撂荒地

　　人勤春来早，春耕备耕忙。目前一些地方正在全力推进农村撂荒地整治工作，补足粮食安全的"短板"。我国人多地少，耕地资源有限。在遏制耕地"非农化"、严防耕地"非粮化"的同时，统筹利用撂荒地，稳定并提高粮食种植面积，是提高粮食产量的有效途径。

　　耕地是粮食生产的"命根子"，是确保粮食安全的根本。党的十八大以来，我国不断强化耕地保护，加快推进高标准农田建设，稳步提升粮食综合生产能力，为保障国家粮食安全提供有力支撑。但受粮食比较效益偏低、农村劳动力外出务工、农业生产条件差等因素影响，一些地方出现了不同程度的耕地撂荒现象，造成土地资源浪费，影响粮食稳定供给，给国家粮食安全带来一些隐患。

　　党中央、国务院高度重视耕地保护问题，提出要守住基本农田红线，扎紧耕地保护的"篱笆"。2020年底召开的中央经济工作会议、中央农村工作会议都强调要实施"藏粮于地"战略，解决好耕地问题。保护好耕地资源，不仅要严防耕地"非粮化"，还要从保障粮食安全大局出发，确保农业生产不撂荒，耕地资源不浪费。目前，一些地方把恢复撂荒耕地生产作为当前春耕生产和乡村振兴的一项重要任务来抓，采取切实有效措施，唤醒沉睡的耕地资源，把撂荒地变为"良田"，确保应播尽播、应种尽种，为实现粮食产量稳定增长奠定坚实基础。

　　整治撂荒地，一定要完善农村基础设施，让种地不艰难。撂荒地大多是丘陵山区坡地或细碎地块，设施条件较差。要着力改善耕作条件，具备条件的撂荒地可纳入高标准农田建设范围，加大投入力度，配套完善灌排水、输配电、田间道路、农田防护等基础设施，提升宜机作业水平，拖拉机、旋耕机、收割机等各种农机具都能直接开到田里，让偏远的土地不再沉睡。

整治撂荒地，一定要坚持效益优先的原则，让种粮农户有信心。要发挥政策导向作用，支持农户复耕撂荒地。要给予农户政策、资金、技术、信息等方面的倾斜扶持，全面落实种粮补贴和农业保险政策，全力保护种粮农民利益，让农民复耕撂荒地有账算、有钱赚。合作社、种粮大户等新型农业经营主体可以通过土地托管或者土地流转，实现粮食标准化生产、机械化耕作、规模化经营，降低生产成本，提高种粮收益。

整治撂荒地，各地要切实担负起主体责任。要落实粮食安全党政同责要求，完善粮食安全省长责任制，层层压实责任，把耕地资源用足用好，有效遏制耕地撂荒，守住国家粮食安全底线。开展所辖区域耕地撂荒基本情况调查，逐村逐户摸清底数，建立信息台账，制定统筹利用撂荒地具体方案。加强宣传引导，提高遏制耕地撂荒的自觉性。宣传国家耕地保护法律法规和强农惠农富农政策，营造全社会遏制耕地撂荒的浓厚氛围。

稳产增产是端牢中国饭碗底气所在

　　农时不等人。眼下,春耕生产从南到北陆续展开,田园里一派繁忙景象。2021年《政府工作报告》明确提出"粮食产量保持在1.3万亿斤以上"的目标。农业农村部也立下"军令状",确保2021年粮食产量稳定在1.3万亿斤以上,力争稳中有增。锚定粮食稳产增产的目标,全力以赴抓好粮食生产,夯实粮食安全的"压舱石",是应对国内外各种风险挑战的底气所在。

　　粮食生产、储备和进口是保障粮食安全的三大途径。2020年,我国创造了粮食"十七连丰"的奇迹,粮食产量连续6年稳定在6500亿公斤以上,储备充足,为稳定经济社会发展大局提供坚实支撑。然而,粮食结构性矛盾日益凸显,玉米、大豆等饲料原料产需缺口扩大,进口量持续增加,价格处于历史高位。适度进口饲料原料,能够有效填补国内粮食产需缺口,但粮食进口容易受突发疫情、经贸摩擦、局部冲突等诸多因素影响,市场风险和不确定性较多。面对国内外日益复杂的政治经济形势,必须始终紧绷粮食安全这根弦,切实稳定粮食生产,保持粮食稳产增产,以国内粮食生产的稳定性应对国际市场的不确定性,牢牢把住粮食安全的主动权。

　　提高粮食综合生产能力是确保粮食稳产增产的前提。《中华人民共和国国民经济和社会发展第十四个五年规划和2035年远景目标纲要》把"粮食综合生产能力"作为维护粮食安全的约束性指标,这对粮食稳产增产具有约束性作用。经验表明,土地、水、劳动力、农业技术、农药、化肥、农机、农业支持政策等任何一个生产要素的变化都会影响粮食产能。经过多年不懈努力,我国粮食综合生产能力显著提升,形成了比较稳定的粮食生产体系和完备的农业农村政策体系,能够抵御重大旱灾、洪涝灾害、雪灾、台风、病虫害等自然灾害以及政策变动造成的粮食产量大幅波动。不过,在土地、水资源和环境的硬约束下,粮食增产难度越来越大。

实现粮食稳产增产目标,必须持续不断提高粮食综合生产能力,释放活力,激发动力,挖掘潜力。一是稳面积。严守耕地红线,用好用足耕地资源,提高高标准农田建设标准和质量,强化耕地保护。二是强科技。优良品种和装备技术是粮食稳产增产的关键。打好种业"翻身仗",培育具有自主知识产权的优良品种,通过提升育种技术实现粮食产量稳中有增。提升农业装备水平,推动粮食生产机械化、智能化。三是稳政策。建设国家粮食安全产业带和农业现代化示范区,完善农业灌溉设施,巩固提升粮食生产能力。稳定种粮农民补贴,适度提高稻谷、小麦最低收购价,扩大三大粮食作物完全成本保险和种植收入保险试点范围,调动农民种粮积极性和主动性,有助于恢复撂荒地耕种,提高粮食复种指数,提高粮食产量。

一年之计在于春。春耕生产是全年粮食生产的关键环节,对于实现全年粮食稳产增产目标至关重要。地方各级党委和政府要扛起粮食安全的政治责任,实行党政同责,抓好春耕生产。强化组织领导、强化政策落实,确保农资及时到村到店到户。抓好田间管理,推进科学防灾减灾,加强病虫害防控和自然灾害防治,推进粮食生产环节减损。紧盯关键农时,强化监测预警,加强粮食作物生产进度和苗情墒情调度,确保全面完成全年粮食稳产增产目标。

合力打赢"虫口夺粮"保卫战

人生病要治疗,庄稼有病虫害了,也需要治。小麦条锈病与赤霉病、水稻"两迁"害虫、草地贪夜蛾、黏虫、玉米螟、红蚂蚁……2021年受气候条件和境外虫源入侵等因素影响,农作物病虫害呈重发态势。有专家估算,我国农作物常年发生的病虫草鼠害种类达1 600余种,其中可造成严重危害的有100多种,每年因病虫害导致粮食损失1 400万吨。

减少粮食病虫害损失,对于2021年我国实现"粮食产量保持在1.3万亿斤以上"稳产增产的目标意义重大。目前,"虫口夺粮"保卫战已经打响,这是一场只能赢不能输的战争。我国病虫害存在类型较多、破坏性强、周期长等特点,防治难度大;而且,一家一户小农生产仍然占据主导地位,农村劳动力短缺、土地经营规模小、机械化水平低等问题的存在,使得病虫害防治难上加难。谁去防虫治病? 这是当前我国粮食植保过程中必须面对的问题。

近年来,我国探索统防统治、联防联控的病虫害防治模式,积极引导和扶持病虫害防治专业服务公司、专业合作社等新型植保社会化服务组织,开展社会化、规模化、集约化病虫害防治,应用生物、生态、物理、化学等多种防治措施,使用高效、低毒、环境友好型农药,提高施药技术,提高农药利用率,实现粮食降本增效,推动了粮食生产绿色发展。目前,我国农作物病虫害专业化统防统治发展如火如荼,一大批病虫害防治专业服务公司、专业合作社等新型植保社会化服务组织做得风生水起。据统计,2020年全国专业化统防统治服务组织达9.3万个,三大粮食作物病虫害统防统治覆盖率达41.9%。

如今,新型植保社会化服务组织逐渐发展成为我国病虫害科学防治、绿色防治的主力军,有效解决了病虫害防治中存在的难点和痛点。一是解决了"谁去防虫治病"的难题。二是解决了"一家一户"小规模经营防治难度大、用药成本高的问题。有的植保社会化服务组织一年作业面积达十几万亩甚至几十万亩,通过与农药制造企业加强合作,能够获得直供直销的大包装农药。三是提高了粮食植保机械化水平。我国粮食耕种收机械化水平虽然达到80%以上,但受到地理条件限制,植保机械化水平仍然很低。在利益考量下,植保社会化服务组织大量采用高效植保机械和农用无人机作业,一台植保机械一天作业面积50亩左右,一架农用无人机一天作业面积500亩左右,而一个劳动力一天作业面积最多5亩左右。四是通过推广使用精准施药技术和绿色防控技术,有效减少个人施肥打药"跑冒滴漏",实现农药减量化目标。实践中,有的农户用药意识淡薄,在打药过程中存在"多打药""乱打药""打保险药"等现象,会造成农药污染和超标残留。

随着农业现代化水平的不断提升,我国逐步构建起现代植保防灾减灾体系,形成一整套成熟的应对方案,能够做到"全国一盘棋"防控病虫害。然而,一些地方仍然存在农民传统防治观念浓厚、药物机械不配套、防治质量存在纠纷、防治服务费欠账等问题,影响病虫害有效防治。

各地只有积极扶持植保社会化服务组织做大做强,不断提升专业化统防统治覆盖率,打好小麦"两病一虫"防控突击战,打好水稻"两虫两病"防控攻坚战,打好玉米草地贪夜蛾防控阻击战,千方百计保持粮食发展好势头,才能赢得全年粮食丰收主动权。

提高国产大农机质量势在必行

2021 年 7 月，笔者在东北调研时发现，大型农机装备因为作业效率高，深受种粮农民欢迎，市场需求强劲。东北地区是"中华大粮仓"，也是国内外大型农机必争之地。然而，部分国产大农机性能不稳定，影响作业效率和质量，难讨得用户欢心。国产大农机亟须提高产品质量和性能，更好赢得用户信任，稳固自身市场地位。

随着城镇化的推进，我国农村劳动力减少，"谁来种地"的问题日益突出。提高农业机械化水平，有助于问题缓解。2020 年，我国农业耕种收综合机械化水平超过 70%，小麦、水稻和玉米耕种收综合机械率分别超过 95%、85% 和 90% 以上，为粮食连年丰收提供了有力支撑。但是，双季稻栽植、粮食产地烘干等环节和丘陵山区机械化尚有不少短板，限制了粮食生产全程全面机械化的高质量发展。

在土地规模化加速发展的大趋势下，合作社、家庭农场等新型农业经营主体，纷纷采用大型农机作业实现降本增效，提高粮食种植效益。大型农机作业效率高，1 台六行大型播种机比 1 台两行播种机机械作业效率能提高 3 倍，相当于节省 2 个农机手、2 台拖拉机和 2 台播种机。如果 1 个农机手一天的工资 300 元，那么，减少 2 个农机手，一天就能节省劳动力成本 600 元。如果按照一年农机作业时间 30 天算，1 台六行播种机比 1 台两行播种机节省劳动力成本 1.8 万元。

从实践看，农机购置补贴政策对农机市场具有导向作用。2018 年以来，国家加大对高端机具、智能装备包括粮食等主要农产品生产所需机具，以及深松整地、秸秆还田离田等绿色高效装备的农机购置补贴力度，对大型农机推广起到了助推作用。而且，国家明确把进口农机纳入补贴范围，这有利于促进国内外农机公平竞争，让农民得到真正的实惠。

在市场需求带动和农机购置补贴政策的双重作用下，国产大农机在研发制造技术、质量、外观设计等方面取得不俗的成绩，在大型高端农机市场争得一席之地，改变了进口农机长期垄断高端农机市场的局面。但与进口农机相比，大型国产农机核心技术特别是发动机、变速箱、电液系统、车桥、驾驶室等核心技术和关键零部件仍然依赖进口，机具的可靠性、适用性有待进一步提升。

产品质量是决定市场竞争胜负的关键。从用户体验看，他们更看重农机质量好不好，性能稳定不稳定。然而，国内一些农机制造企业习惯于使用低价竞争手段抢占市场，对产品质量重视程度不够。一些新的农机产品投放市场以后，即使暂时赢得了市场，如果质量不过关，性能不稳定，最终会失了口碑、丢了市场。当前国内农机制造企业要做的，就是脚踏实地做好产品，用产品质量赢得市场，让农民买得放心、用得安心。

提高农机质量并非一日之功，也不是喊喊口号就能解决的。国家需要保持战略定力，做好农机产业规划，加强大型农机研发投入，为农机产业发展指明方向。农机制造企业和科研机构要不断提高农机研发水平和制造能力，争取早日全面掌握发动机、变速箱等农机核心装置和整机可靠性技术，提高大农机产品质量和性能稳定性，并利用信息化、智能化技术提升农机制造水平。

提高国产大农机质量是一个系统工程，如果农机和农艺融合不够，品种选育、栽培制度、产后加工与机械化生产的适应性差，或者适宜机械化的基础条件建设滞后，都会影响大型农机作业质量。这需要政府部门、企业和科研单位加强合作协调，推进农机农艺融合，机械化信息化融合，推进土地规模化经营，加强高标准农田建设，提高农机作业质量，推动农机装备产业向高质量发展迈进。

守住全年粮食丰收基本盘

眼下正值秋粮生产关键期。秋粮丰收到手,还可能会遭遇洪涝、干旱、台风等气象灾害,以及农作物病虫害等连番考验。2021年7月30日召开的中共中央政治局会议强调,要"抓好秋粮生产,确保口粮安全"。我们要绷紧粮食安全这根弦,坚决守住全年粮食生产基本盘,赢得全年粮食丰收主动权。

全球气候变暖已对我国农业生产和粮食安全造成不利影响,导致我国主要粮食作物生产潜力下降,不稳定性增加。2021年我国区域性、阶段性洪涝灾害程度重于常年,河南特大暴雨、南方台风"烟花"登陆形成内涝,给秋粮生产造成不同程度损害。有关部门预计,2021年玉米水稻病虫害偏重发生,如果田间管理不及时,会一定程度上影响粮食生产。

事实上,2021年夏天全球多地发生高温、干旱、强降雨等极端天气,美国、加拿大等国家遭遇严重干旱,俄罗斯出现罕见高温,欧洲不少地方出现暴雨和洪水,印度因强降雨引发严重洪涝灾害,全球粮食减产风险显著增加。再加上航运价格上涨、全球流动性过剩等因素,全球粮价持续高位运行。这不仅会增加我国粮食进口成本,还会给国内带来输入性通胀压力,增加我国市场保供稳价压力。

当前全球新冠疫情仍在持续演变,外部环境严峻复杂,国内经济恢复向好,但仍存在不稳固、不均衡风险。粮食安全是国家安全的重要基础,是我国经济社会发展的"压舱石",是应对国内外各种风险挑战的"定海神针"。经过多年发展,我国基本实现了"谷物基本自给、口粮绝对安全"的粮食安全战略目标,粮食生产连年丰收,库存充足,谷物自给率超过95%,口粮自给率超过100%,把饭碗牢牢端在了自己手中,粮食安全形势总体向好。不过,我国粮食紧平衡状态并没有得到根本改变,粮食生产"靠天吃饭"的局面没有完全改观，抵御干旱、洪灾、台风、病虫害等自然灾害的能力仍然不够强，难以真正做到旱涝保收。

近一段时间，国内有些地方相继出现境外新冠病例关联的本地疫情，防汛抗旱工作也进入"七下八上"关键期。在做好疫情防控的基础上，争分夺秒全力以赴抓好防灾减灾，不误农时抓好田间管理。农业农村、应急、水利、气象等相关部门应加强沟通，做好分析研判，及时发布预警，强化应急值守，做到预判在前、防控在前，真正做到防患于未然。

从长期看，国家要持续加大投入，提高粮食综合生产能力，提高抵御极端天气等自然灾害的能力和防治病虫害的能力。加快旱涝保收、高产稳产高标准农田建设，开展土壤培肥改良、病虫害防治等工作，大力推广节水灌溉、旱作农业、抗旱保墒与保护性耕作等适应技术，加强培育高光效、耐高温和抗寒抗旱作物品种，逐渐改变粮食生产"靠天吃饭"的局面。

还应更好发挥农业科技的力量。我国正在建立健全农业灾害预警与防治体系，今后应充分利用云计算、人工智能、5G、大数据等新兴技术，加强极端天气预报预警服务，提升农作物病虫害监测预警与防控能力，用科技力量提升改进传统农业生产方式，为粮食丰收注入更多科技含量。

粮食"十八连丰"仍有潜力可挖

国家统计局近日公布的数据显示,2021年全国粮食总产量6 828.5亿公斤,比上年增加133.5亿公斤,增长2.0%,全年粮食产量再创新高,产量连续7年保持在6 500亿公斤以上。我国粮食生产克服了洪涝灾害、持续阴雨天气等不利影响,创造了"十八连丰"的奇迹,在高起点高基数的基础上实现了年初确定的粮食增产目标,下一步需总结经验、再接再厉,把饭碗牢牢端在自己手上。

在2021年国际粮价持续高位运行的情况下,国内粮价能够始终保持平稳运行,是因为粮食增产为粮食安全夯实了底气,为稳定物价奠定了基础,为保障经济社会稳定发展提供了重要支撑。近年来,我国小麦、稻谷两大口粮产量稳步增加,小麦产需平衡略有结余,稻谷连续多年产大于需,但玉米从阶段性过剩变为产不足需,供需关系较为紧张,成为2020年以来粮价上涨的主要原因。2021年我国稻谷、小麦、玉米三大主粮均实现增产,其中玉米产量增加较多,比上年增加119亿公斤,使得玉米供需形势持续好转,确保了谷物基本自给、口粮绝对安全。

值得注意的是,2021年玉米产量大幅增加,而大豆产量比上年减少32亿公斤,下降幅度达16.4%。这在一定程度上是玉米与大豆争地的必然结果。2020年以来,在玉米价格大幅上涨的刺激下,农民种植玉米的积极性明显提高,2021年玉米比上年增加3 090万亩,而大豆种植面积减少2 200万亩。在人多地少的国情粮情下,增加玉米种植面积,难免会挤占大豆种植面积,这也是在新的粮食安全形势下不得不作出的一种取舍。

2021年粮食增产主要是播种面积增加和单产提高的结果。耕地是粮食生产的"命根子",种子是农业的"芯片",2021年各地抓住耕地和种子两个要害,持续提升粮食综合生产能力。在耕地方面,各地层层压实粮食生产责任,落实最严格的耕地保护制度,坚决遏制耕地"非农化"、防止"非粮化",进一步加大粮食生产扶持力度,鼓励和支持农民复垦撂荒地,开发冬闲田,全国粮食播种面积比上年增加1 295万亩;在种子方面,不断提高育种水平,扩大高产作物玉米播种面积,促进粮食单产增加。

然而,受到资源、环境以及育种技术研发水平等多重因素制约,我国粮食持续增产的难度越来越大,2015年粮食产量首次突破6 500亿公斤后,粮食增产趋势明显放缓,连续7年保持在6 500亿公斤以上。值得高兴的是,2021年我国水稻、小麦和玉米试验田产量不断创新高,说明我国粮食单产的峰值尚未到来,粮食产量还没有到达"天花板"。有关方面需要加大粮食科技研发力度,全面推广精耕细作技术,不断挖掘粮食增产潜力。

当前种粮效益较低,是我国粮食持续增产面临的一大挑战。农民种粮是否有积极性,关键还是要看种粮赚不赚钱。2021年在我国粮食保供稳价政策之下,粮食价格总体保持平稳,但化肥、农药价格大幅上涨,粮食生产成本不断上升,农民种粮收益相应减少。在粮食增产的高起点上实现粮食持续增产,还需千方百计提高农民种粮收益。一方面,要加大粮食生产扶持力度,通过政策杠杆调动农民种粮积极性,并且要推动现代农业发展,全面提升粮食生产规模化、标准化、机械化水平,实现降本增效;另一方面,要培育壮大农业产业化龙头企业,构建"产购储加销"一体化的全产业链发展模式,建立"龙头企业＋合作社＋农户"的利益联结机制,让种粮农民分享粮食全产业链发展的增值收益。

播种是基础,管理是关键。受秋季持续阴雨天气和冷冬天气影响,2021年秋播冬种延迟,明年粮食稳产增产的难度增大。这需要做好麦田冬季管理,确保小麦安全过冬,为明年夏粮丰收奠定好基础。

精准发力确保粮食稳产增产

2022年以来,国际市场风云变幻,国际粮价持续飙升,国内粮价水涨船高,小麦、玉米、豆粕、食用油价格不断创新高,输入性通胀担忧加剧。对此,国家高度关注粮食安全,保障粮食安全的措施密集出台,中央支持粮食生产的一揽子政策近日落地,精准发力确保实现2022年粮食稳产增产目标,筑牢粮食安全屏障。

我国一直高度重视粮食生产,粮食生产连年丰收,粮食产量连续七年稳定在6 500亿公斤以上,从世界排名来看,我国粮食产量连续多年位居世界第一。目前我国粮食库存充足,库存水平远高于国际粮食安全警戒线,有能力、有手段保障粮食稳定供应。然而,我国粮食安全的短板也比较明显,粮食供需长期处于紧平衡,玉米供需偏紧,大豆、油料高度依赖进口,受国际市场冲击较大,与国际市场共振现象明显。这也是近期国内豆粕、玉米、油料以及食用油价格涨幅较大的重要原因。

充足的粮食供应是保障粮食安全的"压舱石",是有效应对国际市场冲击的"定海神针"。我国要立足国内稳粮增产补强短板,保障14亿多人的"米袋子""菜篮子",以国内供给的稳定性应对外部环境的不确定性。目前来看,2022年我国粮食生产目标和路径已经明确,确保粮食年产量稳定在6 500亿公斤以上,并针对粮油供需不平衡的问题,调整农业种植结构,在稳定稻谷、小麦和玉米三大主粮的基础上,实施大豆提升工程和油料提升工程,采取强硬措施增加大豆种植面积,因地制宜扩大油料作物生产。

耕地是粮食生产的"命根子"。在耕地资源有限的情况下,实现扩大豆、扩油料的目标,须遵循不与粮争地的原则,尽可能实现粮豆、粮油兼容发展。同时,要拓宽传统的粮食边界,以大食物观统筹粮食和食物安全,在保护好生态环境的前提下，从有限的耕地资源向整个国土资源拓展，向草地、森林、江河湖海要食物，全方位多途径开发丰富多样的食物品种，更好满足人民群众日益多元化的食物消费需求。

农业是弱质产业，不仅效益不高，还容易受自然风险和市场风险的影响，对传统农业进行保护与补贴是各国通行做法。多年来，我国一直加大对粮食生产的扶持力度，从 2022 年中央支持粮食生产的一揽子政策看，保持了政策的连续性和稳定性，补贴范围更广，标准更高，涵盖耕地地力保护、农资补贴、农机补贴、玉米大豆生产者补贴和稻谷补贴、玉米大豆带状复合种植补贴等，并提高中西部和东北地区粮食种植保险保费补贴比例，扩大产粮大县奖励力度等。这些政策的落地实施，有助于提高粮食综合生产能力，有助于调动和保护农民种粮和主产区抓粮积极性，有助于促进农业种植结构调整。

值得关注的是，在 2021 年支持粮食主产省份新创建 5 个粮食国家现代农业产业园和 5 个粮食产业集群的基础上，2022 年国家将支持建设一批粮食油料产业园和产业集群，推动粮油产业"生产 + 加工 + 科技 + 营销"一体化发展。实践证明，粮食产业越发达，粮食抗风险能力越强。推动粮食产业集群集聚发展，不仅可以让小农户分享粮食产业链增值收益，也有利于主产区把粮食资源优势转化为经济发展优势，逐步走出"高产穷县"的财政困境。

挖掘丘陵山区粮食增产潜力

"高田如楼梯，平田如棋局。白鹭忽飞来，点破秧针绿。"我国丘陵山区耕地面积占全国耕地面积的三分之一，生长着粮食、蔬果茶以及油茶等成百上千种农作物，但丘陵山区农业机械化水平不足 50%，远低于全国农机化 72% 的水平。提高丘陵山区农业机械化作业水平，充分挖掘丘陵山区粮食增产潜力，对保障粮食安全意义重大。

挖掘丘陵山区增产潜力，要从国家粮食安全大局着眼。2022 年受世纪疫情、俄乌冲突等各种因素叠加影响，全球粮食供需严重失衡，全球粮价持续高位运行。受国际因素的影响，国内粮食价格有所上涨，但幅度明显低于国际水平。这得益于 2022 年以来我国继续采取加大粮食生产支持力度、推动粮食进口来源多元化、持续投放政策性粮食、严厉打击资本恶意炒作粮价等一系列粮食保供稳价措施，确保全国粮价能够保持整体平稳。2022 年夏粮丰收已成定局，为全年粮食稳产打下了基础，为稳物价保民生、稳定经济大盘提供基本支撑。但是，我国人多地少，粮食增产难度大，保障粮食安全仍然面临较大压力。

丘陵山区机械化水平低，也是粮食增产的潜力所在。我国丘陵山区耕地条件较差，坡高路陡，上山下田难，地块细碎，巴掌田、鸡窝田、斗笠田到处可见，机械化作业面临无路可走、无机可用和无好机用的问题。现在，一些丘陵山区仍然保留着牛耕人犁、人背马驮的原始农业生产方式，粮食产量低、生产成本高，效益低下，农民种田积极性不高。随着城镇化的快速推进，农村青年劳动力大量外出，丘陵山区农业从业人口年龄普遍在 50 岁以上，农业生产后继无人，存在耕地撂荒风险。

农业机械化关系"国之大者"，应该重点关注丘陵山区农机化水平低这个短板,重点投入。短期要加强适宜丘陵山区作业的小型轻便的多功能农机具的研发制造和应用,逐步解决无机可用、无好机用的问题;长期要结合高标准农田建设因地制宜推进农田宜机化改造,把小而散、田形复杂、坡度较大的"望天田",改造成旱能浇、涝能排、田成方、道路畅的良田,解决农机无路可走、下田作业难的问题。对农田宜机化改造,要以建设百年工程、千年工程的心态来做,急不得。

丘陵山区要发展粮食生产,还要帮助农民找到持续致富的门路。一些地方利用古老的梯田积极探索发展乡村产业,促进一二三产业融合发展,把梯田变成"致富田",实现了粮食增产农民增收。如浙江遂昌利用古老的梯田发展休闲旅游农业,吸引城里人来体验插秧、收割水稻的乐趣,把美丽的风景、传统的农耕方式转变为经济优势。云南红河县利用已有 1 300 多年历史的哈尼梯田发展稻渔综合种养,实现粮食增产农民增收。

丘陵山区要粮食,也要生态环境,要在保护生态环境的前提下发展粮食生产。那些留存至今的云南哈尼梯田、广西龙脊梯田、河北石堰梯田等,是世世代代居住在当地的农民,为了解决吃饱饭的问题,充分利用当地气候条件、自然环境依山而建的农田建设工程,是农业发展与生态环境保护相结合的典范。2022 年 5 月被联合国粮食及农业组织正式认定为全球重要农业文化遗产的河北涉县旱作石堰梯田系统,是北方旱作地生态循环可持续农业的样板。石堰梯田里种植核桃、花椒、小米、玉米、大豆等农作物,还有蓄积雨水的水窖,既能浇灌庄稼,又防范水土流失。

丘陵山区生态环境优美,是农民辛苦劳作的农田,是游人眼中美丽的风景。发展粮食生产要立足乡村振兴,把丘陵山区建设成宜居宜业宜游的美丽乡村,建设成能望得见山、看得见水、记得住乡愁的家园。

谨防高温干旱影响粮食丰收

俗话说：春旱不算旱，秋旱减一半。当前我国大部地区秋收作物处于产量形成的关键期。但全国20多个省份高温干旱已持续一月有余，一些地方温度高达40℃以上，特别是南方水稻主产区秋旱严重，一些水库山塘蓄水位持续走低、蓄水严重偏少，部分地块严重干旱甚至龟裂，灌区末端、丘陵岗地和"望天田"已经出现部分禾苗枯萎情况，水稻生产形势严峻。必须千方百计预防和避免高温热害，否则，可能会严重影响产量。眼下，各地要强化监测预警，及时采取抗击秋旱的措施，努力减少灾害影响和损失，为确保全年粮食丰收赢得主动。

秋粮作物是全年粮食生产的大头，占全年粮食产量的四分之三，是粮食安全的重中之重。2022年我国加大农业政策供给力度，夏粮实现高位增产，各地的早稻陆续完成收获。秋粮面积较上年增加，目前在田作物长势总体较好，但一场席卷全国持续高温干旱天气还是给秋粮生产带来严峻挑战。在秋粮作物中，南方中晚稻受高温干旱影响较大。水稻是我国最大的口粮作物，南方主产区在水稻生产中占有重要地位，播种面积和产量都占全国的近八成。现在距秋粮收获还有50天左右，气象灾害、病虫害等不确定性仍然较大。各地始终紧绷防灾减灾这根弦，抓紧抓细防灾减灾工作。

农业是"靠天吃饭"的产业，特别是粮食生产受天气影响很大。我国自然灾害频发，粮食生产过程实际上就是与自然灾害作斗争的过程。近年来我国深入实施藏粮于地、藏粮于技战略，加快高标准农田建设和农田水利设施建设，不断提高抗旱能力；实行种业振兴行动，提升粮食育种水平，研发耐旱耐高温的高产粮食品种，持续提升粮食综合生产能力，农民抗灾减灾能力不断提高，逐渐改变"靠天吃饭"的局面，粮食生产实现"十八连丰"，打破了"两丰一平一歉"的农业生产周期规律。

从目前来看,我国粮食供应充足,36 个大中城市主城区及市场易波动地区的地方成品粮油储备达到 15 天及以上,防范市场风险能力明显增强。稻谷连年丰收,持续多年产大于需,库存充裕,供应充足,稻米市场持续疲软。2022 年早籼稻已大量上市,国家每周常规投放最低收购价稻谷,地方各级储备稻谷进一步加快轮出进度,市场供应压力加大,成交价持续下降。但南方地区持续高温干旱,水稻减产预期增强,部分地区稻谷价格有上涨迹象。

有句话说得好：遇到伏旱,光靠老天,收成减半;遇到伏旱,赶紧浇灌。减损就是增产。各地正在全力以赴战高温、抗干旱,组织群众开展生产自救,采取清淤、抽水、打井及寻找水源等方式,最大限度地扩大灌溉面积,努力做到重灾区少减产、轻灾区能稳产、无灾区多增产。加强节约用水制度,强化水资源的统一管理和调度,杜绝浪费水资源,提高水资源的利用率。同时,抓住有利天气适时组织开展人工增雨作业,有效缓解了部分乡镇的旱情。而且,干旱易生虫。各地要盯紧草地贪夜蛾、水稻"两迁"害虫、稻瘟病、大豆"症青"等,实现"虫口夺粮"。

从长期来看,要不断提升粮食生产防灾减灾能力。深入落实藏粮于地、藏粮于技战略,持续推进高标准农田建设,提升土地和水资源利用水平,持续提升粮食育种研发水平,不断研发耐高温耐干旱新品种。强化农业生产气象保障服务,运用卫星遥感技术提升灾害天气预警、病虫害预警,提升防灾减灾气象服务水平,提高田间管理水平,真正实现从"看天吃饭"到"知天而作"的转变,进一步提升粮食安全保障水平。

巩固粮食安全的坚实支撑

"春种一粒粟，秋收万颗子。"眼下秋粮收获进入高峰期，大江南北，一派繁忙景象。2022 年，我国粮食生产克服了上一年北方罕见秋雨秋汛、冬小麦大面积晚播、局地发生新冠疫情以及南方局部地区遭遇严重高温干旱等各种挑战，夏粮、早稻实现增产，秋粮有望再获丰收。这为保障粮食安全注入了信心、增添了底气，为稳住经济大盘、有效应对风险挑战提供了坚实支撑。

粮食安全的逻辑在于以确定性应对不确定性。粮食生产是保障粮食安全的核心基础，粮食流通和储备是建立在粮食生产基础之上的，只有粮食丰收了，才能有粮可运、有粮可储。2022 年我国粮食丰收来之不易，不仅面临着结构性短缺、区域性供给不平衡、资源环境刚性约束趋紧、农村劳动力流失严重等深层次问题，还面临着国际地缘政治冲突、极端天气、粮价波动等各种不确定性因素挑战。我国始终紧绷粮食安全这根弦，千方百计抓好粮食生产，突破粮食生产的瓶颈，深挖粮食增产潜力，以国内的确定性应对国际环境的不确定性。

突破粮食生产周期瓶颈，是我国粮食生产连年实现丰收的重要因素。我国是世界上自然灾害较为严重的国家，给粮食生产带来不利影响。党的十八大以来，我国高度重视粮食生产，深入实施藏粮于地、藏粮于技战略，持续推进高标准农田建设，提升种业自主创新水平，创新粮食生产经营模式，增强粮食综合生产能力。我国应对气候灾害和重大病虫害的能力显著提高，打破了"两丰两歉一平"的周期性波动规律，粮食产量连续七年稳定在 6 500 亿公斤以上，把饭碗牢牢端在中国人自己手里，筑牢经济社会发展的底盘。

面对大豆和油料对外依存度过高的结构性短缺问题，2022 年我国在稳定水稻、小麦和玉米三大主粮的基础上，实施大豆和油料产能提升工程，千方百计挖掘大豆、油料增产潜力，能多种一亩是一亩，能多收一斤是一斤，尽可能提高大豆、油料自给率。从目前来看，大豆油料扩种成效明显。有关部门初步预计，2022年油菜面积超过1亿亩，产量增加明显；大豆玉米复合种植面积达到1 500多万亩，大豆面积增加较多。但也应该认识到，结构性短缺问题是长期存在的问题，很难在短期内解决。

面对粮食主产区逐渐向东北地区、黄淮海地区和长江中下游集中造成的区域供给不平衡问题，2022年我国大力加强南方省份粮食生产，进一步充实"大国粮仓"。粮食安全事关经济社会发展大局，实现全年稳产增产的目标，不能只盯着主产区，南方省份也要坚决承担重任。要充分利用光热条件好、水资源充沛、土地类型和物种资源多样等有利条件，巩固粮食生产恢复的良好态势。随着南方省份粮食生产能力进一步加强，我们更有底气端稳"中国饭碗"。

农民是保障粮食安全的主力军，增加农民种粮收入是关键。2022年国家持续实施小麦、水稻最低收购价政策，玉米、大豆生产补贴政策，三大粮食作物完全成本保险和种植收入保险主产省产粮大县全覆盖等一系列含金量极高的强农惠农富农政策，增强了农民种粮的底气和信心。在春耕、夏收、秋粮生产的关键时期，中央财政三次向实际种粮农民共计发放400亿元一次性农资补贴，缓解了农资价格上涨带来的种粮增支影响，进一步调动农民种粮积极性。同时，要持续推动粮食产业高质量发展，完善粮食生产者利益补偿机制，探索建立农民收入增加的长效机制，真正让种粮农民的腰包鼓起来。

四季轮回，岁月流转，接续耕耘，生生不息。在各方共同努力下，我国粮食生产持续稳步迈上新台阶，"米袋子""菜篮子"更加充实，更好地满足人民群众对美好生活的需要。

做好粮食增减取舍大文章

又到了年底晒粮食生产成绩单的时候,有的地方增产,有的地方减产。国家统计局最新发布的资料显示,2022年全国粮食总产量6 865.3亿公斤,比上年增加36.8亿公斤,增长0.5%,再次高位增收,粮食产量连续8年稳定在6 500亿公斤以上。全国31个省、自治区、直辖市中,有23个省份实现粮食增产,其中,河南恢复性增产24.5亿公斤,新疆、内蒙古、山东、山西、吉林粮食增产均超过4亿公斤。值得注意的是,黑龙江粮食产量虽然位居全国第一位,但比上一年略有减产,这是黑龙江从国家粮食安全大局出发调整优化种植结构得到的结果。

2022年粮食高位增产丰收的成绩来之不易。2021年秋冬北方罕见秋汛、夏季长江流域高温干旱、东北地区南部农田渍涝灾害偏重,对粮食生产造成一定影响。中央财政紧急安排农业生产和水利救灾资金,各地全力抗旱救灾,强化田间管理。比如,四川、重庆等受灾较重地区改种扩种晚秋作物,增加播种面积。近年来,我国持续推进高标准农田建设,到2022年底累计建成10亿亩高标准农田,良田、良种、良机、良技有机结合,能够实现旱涝保收、高产稳产,在抗灾救灾中发挥重要作用。

2022年粮食增产是中央、地方和2.3亿农户共同努力的结果。中央加大政策供给力度,建立健全农民种粮收益保障机制和粮食主产区利益补偿机制,让种粮农民有钱挣、让主产区得实惠,充分调动农民种粮积极性和地方抓粮积极性。对农民辅之以"利",在主产区继续实施并提高小麦、稻谷最低收购价,稳定了农民种植预期;稳定玉米、大豆生产者补贴和稻谷补贴政策,加大轮作补贴规模和大豆玉米复合种植补贴,引导农民调整种植结构;在13个主产区产粮大县实现三大主粮完全成本保险和种植收入保险全覆盖,在内蒙古和黑龙江推行大豆完全成本保险和种植收入保险,给种粮农民吃下"定心丸",引导农民多种粮种好粮。

针对农资价格上涨的问题,2022年中央连续三次向实际种粮农民发放一次性农资补贴合计400亿元,进一步调动农民种粮积极性。对地方辅之以"利"和"义",加大对产粮大县奖励力度,全面落实粮食安全党政同责,严格粮食安全责任制考核,推动主产区、主销区、产销平衡区都要共同扛起粮食安全重任。

为实现粮食稳产增产的目标,各地千方百计保面积、保产量。在我国的粮食版图中,有13个主产区、7个主销区和11个产销平衡区。2022年13个主产区粮食产量占全国粮食总产量的78%以上,稳稳地扛起了国家粮食安全重任。全国23个省份实现粮食增产,包括河北、内蒙古、吉林、江苏、安徽、山东、河南等主产区,北京、天津、上海、浙江、福建、广东和海南等主销,以及山西、宁夏、甘肃、西藏、云南、贵州、陕西、广西和新疆等产销平衡区。

如果说四川、重庆等个别省份粮食减产是气候灾害等不可抗力因素所致,那么,黑龙江粮食减产是调整种植结构导致的减产。我国大豆对外依存度高,成为保障国家粮食安全的潜在隐患。2022年国家为了提高大豆自给率,调整优化种植结构,在稳口粮、稳玉米的基础上,实施大豆产能提升工程。作为大豆生产核心区,黑龙江为了实现国家大豆增产目标,大力调整种植结构,减少玉米播种面积、增加大豆播种面积1 000万亩以上。2022年大豆单产132公斤,远低于玉米单产429.1公斤,这是造成黑龙江粮食减产的重要原因。

舍得舍得,有舍才有得。黑龙江在增产与减产取舍之间,牺牲粮食增产,实现大豆增产,有助于缓解我国大豆短缺难题,更高质量保障国家粮食安全,是为得。

加快推动农机智能化进程

当前,我国农村劳动力老龄化问题日益凸显,成为影响粮食安全的潜在隐患。2022 年 12 月 23 日至 24 日召开的中央农村工作会议提出要建设农业强国,保障粮食和重要农产品稳定安全供给始终是建设农业强国的头等大事。要聚焦关键农机装备,加快补齐农机装备短板,探索智能化与农机农艺融合新路径,真正实现"机器换人",有效破解"谁来种地、怎样种地"的世纪之问,推动粮食生产高质量发展。

农业机械化是现代农业发展的必由之路。近年来,我国大力推进农业机械化、智能化发展,粮食生产进入机械化主导的新阶段,2022 年农作物耕种收综合机械化率超过 72%,各主要粮食作物耕种收综合机械化率均超过 80%,其中,小麦、玉米、水稻三大粮食作物耕种收综合机械化率分别超过 97%、90% 和 85%,除了部分环节还依靠人力完成外,粮食生产基本完成了"机器换人"的历史性转变。

实践证明,农业机械化作业对粮食增产贡献率显著提高。与传统的人工种田相比,农机的应用有利于贯彻科学种田的理念,采用标准化作业,可以有效减少粮食播种环节的种子浪费、降低收割环节的损失率,保证粮食有较高的产量。更为重要的是,农业机械作业效率高,能够有效抢抓农时,增强粮食生产抵御自然灾害的能力,保证粮食稳产高产。2022 年我国粮食能够克服北方罕见秋汛导致的冬小麦晚播、局部发生新冠疫情和南方持续高温干旱等不利因素影响而获得增产丰收,离不开农机装备的助力。

丘陵山区机械化是我国农机化发展的"洼地"。在我国 18 亿亩耕地中,有1/3 以上的耕地在丘陵山区,丘陵山区农业综合机械化率低于全国平均水平20 个百分点。这是因为,我国丘陵山区自然条件差,地块小而分散,到处都是

"巴掌田""鸡窝地"，种植结构复杂、品种多，粮食、经济作物的间套作普遍，适应丘陵山区作业的小型农机短缺，一些地方面临无机可用、无好机可用的问题。丘陵山区基础设施落后，田间道路狭窄、崎岖且不平、道路通过性差，导致农机下田难、作业难、转运难，有机器用不了，用机器更麻烦。各地要加快丘陵山区高标准农田建设，对耕地进行宜机化改造，加快适应丘陵山区农机研发制造，全方位提升丘陵山区粮食生产机械化水平，挖掘丘陵山区粮食增产潜力。

智能化、无人化是未来我国农机化发展的方向。我国智慧农业方兴未艾，无人农场、农机小镇在各地四处开花，农机深松作业监测、农业无人机植保、农机无人驾驶、收获产量监测、农机管理信息系统等智能化装备在农业生产中大量应用，农民从"会种田"变为"慧种田"，"面朝黄土背朝天"的农民，如今"拿着手机搞田管"。与传统农机相比，智能化农机真正解放了人力，农民足不出户，只需要按下遥控器启动开关，无人驾驶拖拉机、插秧机、联合收割机和植保无人机就可以按照提前设定的作业路线整地、种植、施肥、喷药、收割，可以 24 小时全程无人自主作业，极大地降低了人力成本和时间成本，提高了农业生产效率。

当前，我国农机化正处于从机械化向智能化发展阶段，还面临着智能农机研发滞后、偏远地区网络信号不覆盖、智能化人才短缺等问题。要加快智能农机装备研发制造，加快农村信息基础设施建设，使网络信息无死角、全天候、低成本覆盖，充分运用农业物联网、大数据、云计算等现代农业技术，提高粮食生产智能化作业水平，为粮食生产插上"科技翅膀"，把中国人的饭碗牢牢端在自己手中。

向科技创新要兴粮稳产

面对粮食紧平衡和资源环境刚性约束日益趋紧的矛盾,解决我国 14 亿多人的吃饭问题,根本出路在科技。要强化科技驱动,加快种业、农机等科技创新和推广应用,进一步提升粮食综合产能,实现粮食增产提质降本增效,提高农业防灾减灾能力,向科技要产能要产量,为确保实现 2023 年 6 500 亿公斤以上的粮食生产目标提供有力支撑。

实施藏粮于技战略是我国保障粮食安全的重要手段。近年来我国农业科技创新成就举世瞩目,核心种源和新品种培育、底盘技术、丘陵农机等领域都取得了阶段性突破,是我国粮食产能稳定提升、粮食产量连续 8 年稳定在 6 500 亿公斤以上背后的"科技密码"。2022 年全国农业科技进步贡献率达到 62.4%,农作物耕种收综合机械化率达到 73%,我国农业科技创新整体迈进了世界第一方阵,但部分核心种源、高端装备依然捏在别人手上,农业科技进步贡献率同世界先进水平相比还有不小的差距。

种子是农业的"芯片",粮食生产的源头。在诸多农业科技中,良种是粮食增产的主导因素,对粮食增产的贡献率超过 45%,居所有农业科技之首。一粒种子可以改变一个世界,一项技术能够创造一个奇迹。袁隆平培育的杂交水稻,是我国粮食科技发展史上具有里程碑意义的事件,使我国水稻平均亩产提高 20% 以上,为国家乃至世界粮食安全作出重要贡献。李振声的小麦远缘杂交育种、李登海的紧凑型杂交玉米、谢华安推广的再生稻以及朱有勇的旱地水稻种植技术等农业科技的突破,也对我国粮食增产起到了积极作用。

我国要建设农业强国,全方位夯实粮食安全根基,实施新一轮千亿斤粮食产能提升行动,农业科技进步是不可或缺的力量。确保粮食安全,要强化科技驱动,向科技要产能要产量。要紧盯世界农业科技前沿,以产业急需为导向，聚焦底盘技术、核心种源、关键农机装备、合成药物、耕地质量、农业节水等领域，增强创新整体效能，加快农业关键核心技术攻关；深入实施种业振兴行动，全面实施生物育种重大项目，加快培育高产高油大豆、短生育期油菜、耐盐碱作物等新品种；加紧大型智能农机装备、丘陵山区适用小型机械和园艺机械等先进农机的研发，加快提升农业机械化水平。要构建梯次分明、分工协作、适度竞争的农业科技创新体系，充分发挥有效市场和有为政府作用，既要突出企业科技创新主体地位，推动产学研深度融合发展，又要发挥新型举国体制优势，发挥好政府在关键核心技术攻关中的组织作用。国家要舍得下力气、增投入，对农业科技研发给予长期稳定的支持。要出台金融、税收等扶持政策，鼓励引导涉农企业加大农业科研投资力度，推动形成稳定多元的农业创新投入机制。

农业科技成果转化率低始终是一个问题。要充分发挥基层农技推广部门、农技服务组织和农业科研人员在农业科技推广中的作用。针对基层农业技术推广人才断层、后备力量不足的问题，各级政府应加大基层公益性农技推广队伍建设力度，加强基层紧缺农技人才的培训，提高农技人员的薪酬标准，让基层农技队伍稳下来。要鼓励发展各类社会化农业科技服务组织，创新市场化农技推广模式，打通科技进村入户"最后一公里"。农业科研人员是农业科技创新的主力军，也是农业科技推广的重要力量，要在实验室搞科研，也要到田间地头搞科研，把论文写在大地上。

农民科技素质决定了农业科技成果转化率的高低。粮食种植比较效益低，农民应用农业科技积极性不高。国家要加大扶持力度，健全种粮农民收益保障机制，引导农民多种粮种好粮。要做给农民看，带着农民干，通过新品种的试验示范、新技术的集成展示，让农民认识到科学技术的重要性，积极拥抱新品种、新技术、新农机，为粮食增产赋能添智，为粮食产能提升插上科技的翅膀。

补上粮食产地烘干机械化短板

每年 5 月份是夏粮收获启动的时间。新收获的粮食水分大,如果不能及时干燥,大量堆放可能会造成霉变、品质下降,卖不上好价,最终导致农户丰产不丰收。当前我国各主要粮食作物耕种收综合机械化率超过 80%,粮食产地烘干机械化水平仍然很低,成为粮食生产全程机械化的突出短板。推进粮食产地烘干能力建设,加快补上粮食烘干设施装备短板,对于进一步提高粮食生产防灾减灾能力、促进农民增产增收意义重大。

我国粮食连年丰收,粮食产量越来越多,传统的人工晾晒方法已经无法适应粮食生产新形势的需要。这是因为与粮食烘干相比,传统晾晒方法时间长、损失大,还面临着用工成本高、晾晒场地不足等问题,再加上夏收和秋收季节,一旦遇上阴雨连绵的天气,如果不能及时晾晒,粮食很容易发生霉变。粮食烘干机械化可以解决粮食晾晒损失大、人工成本高、场地不足、"靠天吃饭"等问题,最大限度地降低粮食干燥环节损失,是保障粮食品质、减少粮食产后损失、确保粮食丰收到手的重要环节和关键措施。

为了补上粮食烘干机械化短板,近年来国家大力推动粮食烘干机械化,加大粮食烘干机购置补贴力度,引导农民专业合作社、家庭农场、农业企业、种粮大户、农民等购置和使用谷物粮食烘干机。深入实施优质粮食工程,在全国建成 5 000 多个粮食产后服务中心,实现产粮大县全覆盖,为农户提供代清理、代干燥、代收储、代加工、代销售等服务,推动农户存粮从"路边晾晒、自然风干"逐步向专业化、科学化、社会化服务转变。目前,我国粮食产地烘干能力建设取得了长足发展,但不同地区不同程度存在设施装备不足、技术水平不高、装备与设施不配套等问题,烘干服务还不能满足粮食生产需要。大力增强粮食产地烘干能力,要突出解决筹资难、用地难、用电难等问题。

筹资难。粮食烘干设施建设一次性投资大、回报率低。如果没有相应政策和资金支持，大部分农业农机合作社和农机农业种植大户投资不起。国家应该加强政策支持引导，统筹资金对粮食烘干中心（点）建设、烘干成套设施装备配置进行支持，将粮食烘干成套设施装备纳入农机新产品补贴试点范围。针对投资回报低的问题，应探索灾害天气下烘干作业政府购买服务模式，引导烘干主体从粮食烘干作业服务向油菜等经济作物扩展，提升设备共享与服务能力。

用地难。无地可用成为粮食烘干机械化发展中越来越重要的问题。粮食烘干和储存用地性质为建设用地，政策支持力度小，用地审批困难，造成烘干中心用地落实难、产地烘干能力相对不足，给种植大户粮食烘干带来不便。应将粮食干燥与储存用地按设施农业用地管理，减少审批环节，缩短审批时间。充分利用农村荒山荒坡、滩涂等未利用地和低效闲置的土地建设粮食烘干设施。优化区域烘干能力科学布局，将烘干设施建设纳入全面推进乡村振兴的战略规划中统筹考虑，有效避免重复建设和能力闲置。

用电难。粮食烘干主要集中在夏收和秋收两季，企业集中作业，用电量大，增加了运行成本，粮食企业办理用电增容也比较困难。国家应把粮食烘干用电统一按农用标准管理，减少粮食烘干用电费用。提高烘干设施技术水平，高质量新增和改造烘干中心，实现烘干处理自动精量控制和信息化管理，大幅提高粮食烘干设施节能增效水平。传统粮食烘干机热源以煤为主，在国家环保政策压力下，鼓励产粮大县推进环保烘干设施应用，加大绿色热源烘干设备推广力度，用天然气、空气能热泵、生物质颗粒、蒸汽等新的绿色热源取代污染较为严重的煤。

建设粮食烘干设施是一个系统工程，涉及农业农村、金融监管、自然资源、电力监管、城乡建设等众多部门，一定要加强组织领导，各部门协调推动，统筹做好金融贷款、用电、用地、建设等方面的协调，帮助农户解决在建设应用过程中面临的筹资难、用地难、用电难等诸多问题，增强粮食产地烘干能力，为农业增效和农民增收提供有力支撑。

做好农业社会化服务

农业社会化服务是解决"谁来种地""怎么种好地"的有效途径。在春耕备耕的关键时期,习近平总书记于 2024 年 3 月 19 日在湖南省常德市鼎城区谢家铺镇粮食生产万亩综合示范片区考察时,强调要强化农业社会化服务。进一步推动农业社会化服务加速发展,为小农户提供更加专业化、科学化、高效化的服务,不仅会助力春耕生产,还将为粮食增产和农民增收提供源源不竭的动力和坚实保障。

当前,我国处于传统农业向现代农业转型过程中,农业生产仍然以一家一户小农生产为主。一方面,随着工业化城镇化的快速发展,农村青壮年劳动力大量外出务工,农村劳动力严重短缺,很多村庄变成了空心村、老人村,种粮副业化、老龄化、兼业化现象突出,"谁来种地"成为亟待解决的难题。另一方面,小农户生产面临土地细碎化、管理粗放、生产经营成本高、质量差、效益低等问题,防控生产风险、自然风险、经营风险能力较弱,成为制约现代农业发展、农民增收的最大障碍,"怎么种好地"也须予以足够重视。

强化农业社会化服务,重构小农生产方式,把小农户引入现代农业发展轨道,"谁来种地""怎么种好地"等问题就会迎刃而解。

农业社会化服务能有效解决"谁来种地"问题。从已有的实践看,农业社会化服务组织可以为农户提供全程托管或者半托管服务。所谓全程托管服务,就是为小农户提供"耕、种、管、防、收、金融、保险"全产业链服务。所谓半托管服务,就是在充分保障农民经营自主权的前提下,为农户提供代耕代种、喷药灌溉施肥、机械收割等单环节托管、多环节托管、关键环节综合托管等多种模式服务。与土地规模化经营不同,农业社会化服务是在不改变土地经营权的前提下,广大农户实践探索出的一种农业规模化经营形式,既解决了农

107

村劳动力不足的问题，还能让广大农户"离乡不丢地、不种保收益"，符合当前我国农业农村发展的实际。

农业社会化服务能有效解决"怎么种好地"问题。小农户基本上会种地，其中不乏种地"老把式"，但生产管理粗放、生产效率较低、组织化程度低，难以跟上现代农业发展的步伐。与小农户相比，农业社会化服务组织的经营者分工精细，懂经营、懂管理、懂合作、懂产业、懂技术、懂市场、懂金融，还是新品种、新技术、新农机、新模式的推动者和实践者，能为小农户提供更加科学、专业、精细的服务，帮助小农户提升生产经营水平、增强抗风险能力，多种地、种好地。

农业社会化服务能有效解决土地细碎化问题。在广大农村，每家每户的耕地被分割在不同的地块中，东一块、西一块，无法集中连片生产，无法大规模机械化作业，无法大面积推广新品种、新技术、新模式，无法集中进行病虫害统一防治，无法集约化经营、标准化生产，导致农产品标准化程度低，难以保持农产品质量稳定性，难以打造农产品统一品牌。农业社会化服务可以在不改变农民土地承包权的前提下，把土地集中起来统一耕种、管理、收获、销售，实行标准化生产，打造农产品品牌，提高农业质量、效益和竞争力。

农业社会化服务可以有效帮助小农户降本增效。小农户生产规模小、分散经营，难以形成规模优势，不易通过大规模机械化作业降低机械作业成本。小农户对接"大市场"的交易成本较高，无法形成价格优势，在购买种子、农药、化肥等农资和销售农产品时议价能力不高，买啥啥贵、卖啥啥贱，导致种植成本上涨、收益下降。农业社会化服务组织有比较强的资源整合能力，产前通过集中采购农资提高议价能力，降低农资采购价格；产中通过提供规模化、集约化、机械化服务，减少种子、农药、化肥使用量，降低机械作业成本，实现降本增效；产后通过提供专业化的清理、烘干、储存、销售等服务，减少产后损失，适时适价售粮，助农减损增收。

农时不等人，春日胜黄金。各地应不断提高农业社会化服务水平，用服务助农促春耕，用技术强农助春耕，有序推进春耕备耕，为全年粮食丰收奠定坚实基础。

抓好春耕为粮食增产开好头

2024 年 3 月 19 日,习近平总书记来到湖南省常德市鼎城区谢家铺镇港中坪村,走进当地粮食生产万亩综合示范片区,察看秧苗培育和春耕备耕进展情况。

春耕备耕是全年粮食生产的重要一环。春播粮食面积占全年一半以上、产量占全年六成左右,春管粮食产量占主要口粮近四成,抓好春耕备耕,对于确保粮食丰产和粮食安全至关重要。在党中央的高度重视下,我国粮食生产连年丰收,粮食产量连续 9 年保持在 6 500 亿公斤以上。但当前国际形势存在各种不确定性,国内粮食安全仍面临各种挑战。要牢牢把住粮食安全主动权,始终把粮食和重要农产品稳定供给作为头等大事来抓。

抓好春耕备耕生产要做好农资保障工作。农资的优劣,直接关系农民的收成。当前正是农资采购高峰期,种子、农药、化肥等农资产品供应充足,基本可以满足春耕生产需要。要狠抓农资打假工作,切实净化农资市场,确保农民群众用上放心种、放心肥、放心药。严厉打击囤积居奇、哄抬价格、散布涨价信息等行为,维护农资市场平稳运行。

抓好春耕备耕生产要从稳面积和提单产两方面发力。各地区各部门要压实责任,确保春播面积。坚守耕地红线,提高耕地质量,务实推进高标准农田建设管护,完善标准体系,落实管护责任,严格工程质量和资金监管,确保建一块、成一块。在耕地面积有限的情况下,要把粮食增产的重点放在大面积提高单产上,强化农业社会化服务,不误农时做好春季田间管理,加强技术集成推广和协同创新,有针对性地开展指导服务,在良种良法良机良田深度融合上下功夫,实现粮食生产稳面积、增单产、提效益目标。

春耕备耕期间,时常会遭遇倒春寒、连阴雨、低温寡照,以及大风沙尘、干旱等极端天气和病虫害侵袭。要加强农业防灾减灾救灾，强化监测预警，健全部门联合会商和应急响应机制，掌握抗灾夺丰收主动权。为了进一步增强防灾减灾救灾能力，中央财政日前下达农业生产防灾救灾资金 8.3 亿元，支持江苏、安徽、河南、湖北、湖南等 12 个省份加快做好农作物改种补种、农业及畜牧渔业设施灾损修复等相关工作。

农民是农业生产的主力军，要落实好系列强农惠农政策，充分调动农民种粮积极性。实施耕地地力保护补贴、玉米大豆生产者补贴和稻谷补贴政策，优化实施农机购置与应用补贴政策，完善农资保供稳价应对机制，确保农民种粮不吃亏。充分发挥农业保险"防火墙"和"安全网"作用，扩大完全成本保险和种植收入保险政策实施范围，实现三大主粮全国全面覆盖、大豆有序扩面，鼓励地方发展特色农产品保险，推进农业保险精准投保理赔，完善巨灾保险制度，增强农民应对市场风险和自然灾害风险的能力，让广大农民种粮更安心踏实。

农机防灾减灾作用不可小觑

农机是粮食生产和应急救灾的主力军,在农业防灾减灾救灾方面的作用不可小觑。据气象部门预计,2024年我国气象年景总体偏差,极端天气气候事件偏多,涝重于旱,区域性阶段性洪涝灾害明显,主要农作物稳产保供面临较为复杂的防灾减灾形势。要进一步增强农机防灾减灾救灾能力,帮助农民有效应对极端天气,为全年粮食抗灾夺丰收提供装备支撑。

农机是现代农艺技术集成应用规模推广的重要载体,是传统农业向现代农业转型的关键因素。2023年,我国农作物耕种收综合机械化率超过73%,其中,小麦、玉米、水稻耕种收综合机械化率分别超过97%、90%、85%,农机防灾减灾救灾能力体现在粮食生产的每一个环节。

在播种插秧环节,东北地区适于实施保护性耕作的高性能免耕播种机播种,西北省区重点推广的小麦免耕播种、宽幅沟播,以及玉米、大豆覆膜播种等高性能播种机播种,可增强土壤抗旱保水、蓄水保墒能力;高速插秧机插秧具有抗病虫害、抗倒伏性好、用药少等优点,可提高水稻抗灾抗倒伏能力。

在植保环节,农用无人飞机、喷杆式喷雾机等应用北斗导航自动作业,精准开展"一喷三防""一喷多促"作业,起到防病虫害、防干热风、防早衰的效果。

在收获干燥环节,收获机械收得快,烘干机及时烘干,能有效减少极端天气对粮食造成的损失。

在应急救灾中,农机更是大显身手。洪涝灾害发生时,农机可以用来抽水排涝,履带式收割机即使在泥泞地里也能高效作业,及时让粮食颗粒归仓;应对旱情,灌溉机械可以有效利用有限的水资源浇灌,保障作物生长。智能农机装备的推广应用,为农户提供更加精准高效的解决方案,帮助农户更好适应气候变化所带来的不确定性,提高粮食生产的稳定性和可持续性。

防范大于救灾，防范做得好，就能使大灾化小、小灾化无。当前关键是要进一步强化自然灾害风险防范意识，克服麻痹大意的思想，时刻关注异常天气对农业生产的影响，预判可能出现的灾害情况，提早准备，及时应对。有关部门应加强沟通协调，及时掌握农情、水情、天气发展趋势等方面的情况，进一步完善农机防灾减灾应急作业工作预案，定期组织应急作业培训，开展农机应急作业演练，熟悉农机应急救灾工作流程，加强气象监测预警机制，确保灾情发生时指挥顺畅、响应及时、机具充足、安全高效。

做好救灾农机具储备，确保急需时"调得出、用得上"。各地应根据本地气候、地块、作物特点，列出本地应急作业所需机具清单，及时了解农机防汛抗旱机械设备资源分布状况，按照"缺什么补什么"的原则，加快农机装备产业链建设，确保应急农机装备和零部件有效供给。有关部门应建立应急协调机制，与农机产销、改装、维修等企业主体建立直接联系制度，增强救灾机具和零部件及时生产供应与应急抢修等调度保障能力。有关部门应加强沟通协作，建立水泵等救灾减灾设施装备应急储备共享共用方式，形成防灾减灾合力。

农机应急作业服务队是农业生产防灾减灾的重要力量和有力抓手。各地应依托农机合作社等各类农机作业服务组织，组建常态化农机应急作业服务队，吸收素质高、技能精、讲奉献的机手作为骨干成员，努力实现应急作业能力覆盖到所有粮食生产乡镇。统筹协调农机大户、种植大户、家庭农场、粮食烘干收储及加工企业等作为预备力量，提升机械化防灾减灾能力。应急作业服务队的成员和机具平时可以自主开展作业服务，做好应急机具装备保养和维修，确保机具处于良好状态。有紧急情况时，应急作业服务队接受有关部门统一指挥调度，牵头开展应急作业服务。

重大自然灾害影响范围往往会突破行政区划范围，各地应探索建立农机应急救灾机具供给和作业队区域间支援协作机制，开展跨区域互助合作，加强机具调度，强化供需对接，做好服务保障，共同应对区域性灾害影响。

增强粮食防灾减灾救灾能力

　　粮食生产是"靠天吃饭"的行业,受天气影响很大。2024 年 5 月上旬以来,广西、广东、海南及贵州等南方多地遭遇大范围、高强度降雨过程,导致部分农作物受灾、农业生产设施及水利工程受损,给粮食生产带来不利影响。要牢固树立"防灾就是增产、减损就是增粮"理念,增强粮食防灾减灾救灾能力,努力降低极端天气对粮食减产的影响,为夏粮乃至全年粮食丰收打下坚实基础,保障粮食和重要农产品稳定供给。

　　从国内国际看,极端天气已经成为影响粮食安全的重要因素之一。近年来,极端天气逐渐增多,气象灾害频发,时不时会触发粮食安全的敏感神经。我国地域辽阔,是世界上自然灾害最为严重的国家之一,干旱、洪涝、强风、冰雹、高温热害、低温冻害等气象灾害多发。数据显示,我国每年因气象灾害导致的粮食减产超过 500 亿公斤。在增产难度越来越大的当下,采取有效措施防灾减灾救灾,就等于增加粮食产量。

　　从目前我国粮食生产形势来看,春耕生产有序推进,稳面积、提单产两手发力,全年粮食意向种植面积达 17.7 亿亩以上,连续 4 年增加;实施主要粮食作物大面积单产提升行动,确保全年粮食生产目标得以实现。夏粮夏油是全年粮油生产的第一仗,关系到口粮安全和"油瓶子"安全。从农业农村部农情调度、各地反映和农技人员实地调查情况看,夏季粮油生产总的形势不错,小麦面积恢复增加、长势好于去年,油菜面积扩大较多、长势基本正常,为夏粮丰收打下良好基础。但是,要把丰收的基础转化为丰收的果实,还要过病虫害、"干热风"、倒伏、"烂场雨"等多个关口。

　　极端天气不仅影响粮食生产,还会对粮食收获、晾晒、储存、运输等各环节产生影响。近年来,我国粮食防灾减灾救灾体系建设取得显著进展,但短板仍然存在，一些地方专业化防灾减灾力量不足。面对日益严峻的气候变化，相关部门应携手应对，从粮食全产业链各个环节入手，推动构建适应气候变化影响、稳定的可持续发展的粮食安全保障体系。

从短期来看，应做好受灾地区的防灾减灾救灾工作。中央财政近日下达农业防灾减灾和水利救灾资金 3.09 亿元，支持浙江、福建、江西、湖南、广东、广西、贵州 7 省（自治区）全力做好洪涝救灾等相关工作。该举措有利于牢牢把握住防灾减灾救灾主动权，切实保障粮食生产平稳有序。

从长远看，应尽快补上粮食防灾减灾救灾体系的短板，增强粮食生产应对自然灾害的韧性和适应性。加强高标准农田建设，完善农田水利基础设施，确保"旱能浇、涝能排"。筛选推广一批耐高温干旱、耐渍涝、抗病虫等高抗多抗优良品种，筛选适用于灾后改种补种的短生育期品种。面对"烂场雨"这个世界性难题，应加强应对"烂场雨"抗逆减灾配套栽培技术集成措施研究。农机在防灾减灾救灾中的作用不可小觑，应支持移动式烘干机、履带式拖拉机和收割机等防灾救灾农机具研发制造和推广应用，特别是要加快智能农机装备的推广应用，为农户提供更加精准高效的解决方案，帮助农户更好适应气候变化所带来的不确定性。精心组织好跨区机收，确保夏粮适期收获。

防灾大于减灾救灾。应进一步增强自然灾害风险防范意识，时刻关注异常天气对粮食安全的影响。相关部门应分区域、分作物、分灾种制定防灾减灾预案和技术方案，做好物资储备和技术储备，特别是要加快建设农业应急救灾中心，提升粮食生产防灾减灾救灾能力。相关部门应加强农业气象灾害监测预警、产量预报和品质评估等，密切跟踪天气变化及对国内粮食生长、收获、储存、运输、加工、销售等环节的影响，准确把握粮食供求形势，合理安排粮食购销、节粮减损等各项工作，提高粮食安全气象保障能力。

确保夏粮丰收为全年赢得主动

每年 5 月份,全国小麦陆续进入集中收获期。夏粮生产是全年粮食生产的第一季,夏粮产量占全年粮食产量的五分之一以上,夏油占全年油料产量的四成。夏粮丰收能为全年粮食丰收赢得主动,为经济社会发展全局提供有力支撑。因此,要扎实做好"三夏"工作,确保夏粮丰收。

春争日,夏争时。做好"三夏"工作,"抢"字为先,抢收夏粮,抢种秋粮作物,为秋粮丰收打好基础。眼下,夏粮收获正由南向北有序推进,极端天气给夏收带来严峻挑战。河南、安徽、江苏等小麦主产区出现明显强降雨,可能会增加小麦收获难度,对粮食晾晒产生不利影响。各地要强化跨区机收组织调度,充分发挥农业社会化服务组织作用,做好抢收抢种、抗旱排涝、粮食转运、烘干储存等农事作业服务,确保夏粮应收尽收、应收快收,统筹做好夏粮田管、夏播准备,降低自然灾害影响。

精心抓好夏收工作,还要确保夏粮收储。有关部门预计2024 年夏粮旺季收购量 7 000 万吨左右,较去年略有增加,其中小麦 6 300 万吨左右。从各地夏粮收储准备情况看,仓容充足,收购资金到位,物流运输通畅,市场秩序良好,"有人收粮、有钱收粮、有仓收粮、有车运粮",为保障夏粮收购顺利开展打下良好基础。夏粮收购应坚持市场化理念不动摇,积极引导各类粮食购销、加工、贸易等企业开展市场化收购,确保好粮卖好价。同时,做好政策性收购,合理把握各级政府储备收储轮换时机、节奏和力度,发挥引领收购、提振市场的积极作用,维护粮食市场平稳运行。发挥最低收购价收购托底作用,守住农民"种粮卖得出"底线,确保农民种粮有钱赚。

夏粮能否卖个好价,农民能否获得较好种粮收益,关键还是要发展食品加工业。各地应立足农业资源优势、工业制造优势,发挥龙头企业作用,做优做强特色食品产业。从短期看，此举能提高粮食就地加工转化能力，有效缓解农民"卖粮难"；从长期看，发展粮食加工业能带动粮食全产业链上下联动、融合发展，提升品质、打响品牌，推动主产区从"卖原粮"向"卖产品""卖品牌"转型，从"大粮仓"向"大厨房"转型，从"粮食大省"向"粮食强省"转型。鼓励引导各方构建"龙头企业＋合作社＋农户"利益联结机制，培育壮大新型农业经营主体，发展多种形式适度规模经营，带动农民增收致富，提高农业发展质量效益，为推进乡村全面振兴提供支撑。

粮食产业是弱质产业，经常承受自然灾害和市场波动双重风险，需要不断加大政策支持力度。国家支持粮食生产的政策只会加强，不会减弱。各地要抓住耕地和种子两个要害，把更多符合条件的农田改造成高标准农田，加快推进种业科技创新，培育更多良种，从源头上保障国家粮食安全。要强化产业引领，构建现代化产业体系，推进粮食产业高质量发展，高水平保障国家粮食安全。

第四章

粮食生产区域布局

保障粮食安全不能只盯着主产区

一粥一饭,来之不易。2021年我国粮食高位增产,粮食产量连续7年稳定在6 500亿公斤以上。我们在牢牢端稳"中国粮食、中国饭碗"的同时,还要看到,粮食供给客观存在区域性不平衡现象。因此,保障粮食供给安全,不能只盯着主产区,主销区和产销平衡区也要扛起粮食安全重任,做到饭碗一起端、责任一起扛。

当前,我国粮食产销仍然呈现"北粮南运"的基本格局。从国家统计局的数据看,2021年13个粮食主产区生产了全国70%以上的粮食,其中,黑龙江、河南、山东、吉林、内蒙古、河北、辽宁等北方7个主产区生产了全国50%以上的粮食,东北三省及内蒙古生产了全国四分之一以上的粮食。31个省、自治区、直辖市中,有27个粮食增产,其中东北三省及内蒙古对全国粮食增产的贡献率为70.3%,发挥了保障国家粮食安全"压舱石"的作用。

历史上曾有"苏湖熟,天下足""湖广熟,天下足"的说法,南方曾是我国粮食供应的重要基地。1978年改革开放以来,南方工业化、城镇化快速推进,全国粮食产销实现了从"南粮北运"到"北粮南运"的转变,东北地区成为粳稻、玉米和大豆主产区,黄淮海地区成为小麦主要供应基地,而广东、浙江、福建等主销区粮食自给率普遍偏低,粮食区域供应不平衡现象凸显。

黑龙江、吉林、辽宁和内蒙古三省一区是名副其实的"中华大粮仓",肩负着保障国家粮食安全和发展区域经济的双重重任。一方面,每年有大量粮食从东北主产区源源不断运往南方主销区。2021年入冬以来,受新冠疫情和寒潮天气影响,南方主销区粮食需求增大,交通运输部门多措并举组织"北粮南运",满足销区用粮需求。另一方面,东北主产区依托粮食资源优势高质量发展粮食产业经济,玉米深加工、饲料养殖和食品加工业快速崛起,粮食就地加工转化能力明显增强。不过，"北粮南运"产销格局并未改变，黑龙江粮食商品量、调出量仍然位居全国第一位，吉林人均粮食调出量居全国第一位，但经济发展水平滞后于主销区。

保障粮食安全，既要算经济账，更要算政治账。主产区要一如既往扛起粮食安全重任，主销区和产销平衡区也要行动起来，各地要稳字当头、稳中求进，共同担负起保障粮食安全的重任，着力稳政策、稳面积、稳产量，全面增强粮食供给保障能力。要实施严格的耕地保护制度，严防耕地"非农化""非粮化"，继续保持粮食播种面积稳中有增的态势。要持续推进高标准农田建设，提升粮食生产规模化、集约化、机械化水平，促进农业增效和农民增收。要深入实施种业振兴行动，加大粮食品种研发力度，不断挖掘粮食增产潜力。要提高农业装备水平，大力推进农业机械化、智能化，给农业现代化插上科技的翅膀。

稳定发展粮食生产，一定要让农民种粮有钱赚、让主产区抓粮有积极性。在这方面，既要充分发挥市场机制作用，又要更好发挥政府作用。要加大对粮食生产的支持力度，逐步建立健全对主产区的利益补偿机制，强化对产粮大县的财政奖补力度，提高主产区重农抓粮的积极性。要多措并举保障农民种粮合理收益，坚持完善最低收购价政策，加强对种粮农民的补贴力度并要强化种粮补贴资金监管，全面推行三大粮食作物完全成本保险和种植收入保险，让农民种粮有奔头，更好地调动农民种粮积极性。

农稳社稷，粮安天下。在当前国际粮食安全形势复杂的情况下，只有全力以赴抓好粮食生产，稳住粮食安全这块"压舱石"，把饭碗牢牢端在自己手中，我们才能更有信心和底气应对各种风险挑战。

调入地区更要稳定粮食生产

　　保障粮食安全不能只盯着主产区，忽视产销平衡区和主销区应该承担的粮食安全责任。2022年的《政府工作报告》指出，保障国家粮食安全各地区都有责任，粮食调入地区更要稳定粮食生产。各方面要共同努力，装满"米袋子"、充实"菜篮子"，把14亿多中国人的饭碗牢牢端在自己手中。这再次提醒各地，务必统筹好经济发展和粮食生产的关系，决不能把工业化、城市化变为"无粮化"。

　　多年前，我国根据粮食生产与消费量的特征，把全国划分为粮食主产区、产销平衡区和主销区三大功能区。随着工业化、城镇化的快速发展，我国粮食生产布局发生了从"南粮北运"到"北粮南运"的根本性变化，粮食生产区域越来越集中，主产区与主销区之间的区域性供给不平衡问题日益凸显。目前，黑龙江、吉林、辽宁、内蒙古等13个主产区的粮食产量占全国粮食总产量的70%以上，能够调出粮食的主产区仅有几个，主销区的粮食自给率不断下降，有的自给率不足30%，"鱼米之乡"广东、浙江、福建等地由粮食调出地变为粮食调入地。

　　粮食生产区域过分集中，全国粮食安全高度依赖主产区，会给粮食安全带来很多风险和挑战。粮食生产受耕地、水资源、天气等自然条件制约，我国是一个自然灾害易发频发的国家，一旦主产区遭遇大面积自然灾害，导致粮食大面积减产，就会影响粮食供需平衡。同时，东北、华北等地干旱少雨，主产区北移加剧了资源环境压力，导致黑土地退化、地下水超采、土壤污染等问题严重，影响粮食生产的可持续发展。而且，北方主产区干旱缺水严重，南方主销区水资源丰富，虽然南水北调工程有助于缓解北方缺水之痛，但资源错配造成的资源浪费问题不容忽视。

　　粮食生产布局变化背后的深层逻辑是市场因素在起作用。在工业化、城镇化快速发展过程中，部分东南沿海经济发达地区为了追求更高的经济效益，某种程度上忽视粮食生产，大量耕地用来建工厂、建高楼大厦，种植效益更高的经济作物。虽然国家有耕地占补平衡的法律规定，但基本上是占多补少、占优补劣、占近补远，主销区耕地"非农化""非粮化"问题相对突出，粮食自给率呈现下降趋势。主产区对国家粮食安全作出了巨大贡献，但经济发展水平明显落后于主销区。国家为了调动主产区重农抓粮积极性，通过财政转移支付、加大对产粮大县奖励力度等办法加大对主产区的利益补偿，推动粮食生产实现"十八连丰"，但产粮大县"高产穷县"状况没有得到明显改善。

　　保障粮食安全，不能只算经济账，更要算政治账、算长远账。必须坚持全国一盘棋，各地都要提高政治站位，主产区、产销平衡区和主销区要共同扛起粮食安全的重任，为保障粮食安全提供更好的物质基础。粮食生产效益低，如果完全依靠市场配置资源，实现粮食稳产增产目标的难度很大。粮食调入地区需要顾全粮食安全大局，稳定粮食生产，保持应有的自给率。这样，不仅能增强区域粮食安全保障水平，有效防范和抵御各种自然风险和市场风险，而且有助于减轻主产区粮食供给压力，缓解主产区资源环境压力，让主产区水土资源得以休养生息，促进粮食生产可持续发展。

着力恢复南方地区粮食生产

食为政首，粮安天下。2022年我国夏粮小麦增产丰收已成定局，为全年粮食稳产提供了坚实支撑。但也要看到，粮食供给区域不平衡矛盾依然突出，广东、福建等主销区粮食自给率不足30%。2022年6月在福建省三明市召开的南方省份粮食生产座谈会指出，要采取坚决有力措施加强南方省份粮食生产，加快巩固提升综合生产能力，为实现全国粮食稳产增产作出应有贡献。

"苏湖熟，天下足；湖广熟，天下足。"我国南方具有光热条件好、水资源充沛、土地类型和物种资源多样等优势。1978年改革开放以来，随着工业化、城镇化的快速发展，南方省份大量耕地被占用，建楼房、建厂房，或者种植效益更好的经济作物，粮食播种面积和产量持续下降。粮食主产区逐渐向东北地区、黄淮海地区和长江中下游集中，全国粮食区域布局发生根本性逆转，"南粮北运"被"北粮南运"取代。目前，13个主产区粮食产量占全国粮食总产量的70%以上，其中北方七省份粮食产量占全国粮食总产量的一半。

2022年以来，国际地缘政治复杂演变等一些超预期变化对我国经济造成不利影响，粮食、能源等大宗商品价格仍在高位震荡，保证粮食产量稳定增长对于稳物价保民生意义重大。在此背景下，南方省份进一步恢复粮食生产，有助于缓解粮食区域供给矛盾，提高国家粮食安全保障水平，更好应对国际环境的不确定性。

南方省份恢复粮食生产，有助于缓解主产区耕地和水资源压力。从耕地看，东北黑土地由于过度开发，土质严重下降，影响农业可持续发展；从水资源看，主产区从雨水充沛的南方转移至干旱少雨的北方，进一步加剧北方水资源短缺的矛盾。由于地下水超采严重，华北地区形成了全球最大的地下漏斗区,河南、山东等地水资源短缺也比较严重。南水北调工程虽然有助于缓解河南、河北、山东等主产区水资源压力,但仍无法解决根本问题。

南方省份恢复粮食生产,能为主产区发展经济腾出机会。粮食比较效益低,主产区面临着"要粮食还是要经济"的两难选择,为保障粮食安全,每年需要投入大量财政资金发展粮食生产,但产粮越多,财政越困难,"粮财倒挂"影响主产区种粮积极性。近年来,国家不断完善利益补偿机制,通过财政转移支付、产粮大县奖励等政策支持主产区,但不足以从根本上解决主产区面临的"高产穷县"困境。

实现全年稳产增产的目标,不能只盯着主产区,南方省份也要义不容辞承担重任。粮食安全事关国家经济大盘和社会大局,主产区、主销区、产销平衡区都要保面积、保产量,主产区要不断提高粮食综合生产能力,主销区要切实稳定和提高粮食自给率,产销平衡区要确保粮食基本自给,真正做到饭碗一起端、责任一起扛。南方省份更要充分发挥资源优势,落实好藏粮于地、藏粮于技战略,调动农民种粮积极性,不折不扣完成粮食生产目标任务,进一步充实"大国粮仓"。

农业机械化水平低是制约南方省份恢复粮食生产的重要因素。南方多丘陵山区,机械化作业面临"无路可走""无机可用""无好机用"等问题,一些地方仍然保留着牛拉犁耕的传统生产方式,粮食产量低、成本高、效益低,严重影响农民种粮积极性。要加快研发适宜丘陵山区作业的微型农机具;加快推进农田宜机化改造,提高农业生产机械化、规模化、集约化水平,推动传统农业向现代农业转型。

"大粮仓"加速转型"大厨房"

我国粮食产业发展迎来新的机遇。2023年3月,工业和信息化部、国家发展改革委等11部门发布《关于培育传统优势食品产区和地方特色食品产业的指导意见》,提出要加快推动传统优势食品产区和地方特色食品产业发展,培育形成经济发展新动能,助力乡村振兴和共同富裕。这将加速推动主产区从"大粮仓"向"大厨房"转型,把粮食资源优势转化为经济优势,促进乡村振兴和区域经济发展,在更高水平上保障粮食安全。

根据经济学中著名的"木桶理论",一只木桶能装多少水不是取决于最长的那块木板,而是取决于最短的那块木板。随着工业化和城镇化的快速发展,我国粮食生产向北方地区和中部欠发达省份集中,13个主产区粮食产量占全国粮食产量的78%以上,在保障粮食安全方面发挥着"压舱石"的作用。但很多主产区还停留在卖原粮阶段,工业基础薄弱,经济发展水平低,仍然没有走出"高产穷县""粮财倒挂"的发展困境,成为我国经济高质量发展、走向共同富裕的短板。党的二十大报告提出要健全主产区利益补偿机制,除了加大对产粮大县的奖补力度外,还要支持主产区依托资源优势大力发展粮食加工业,改变过去卖原粮的低附加值发展路线,实现加工流通增值,增强主产区发展经济和增加财政收入能力,真正把粮食资源变成乡村振兴和区域经济发展的财富之源。

粮食全身都是宝。粮食加工产业链条长,从田间地头到厨房餐桌,山东中裕把小麦变身500多种产品,河南想念用面粉制作出400多种产品,益海嘉里用稻谷变出20多种产品,山东禹王用大豆加工成近百种产品。近年来,山东、河南、安徽、江苏、黑龙江等主产区依托粮食资源优势布局粮油加工,建设粮食生产基地、加工基地和仓储基地,形成产业集聚效应,实现了由"卖原料"

向"卖产品"、由"天下粮仓"向"国人厨房"的历史性转变。山东滨州小麦加工、河南漯河食品加工、黑龙江五常大米加工成为粮食产业集聚发展的典型。

大力发展粮食产业是全面推进乡村振兴的有力抓手。实践证明，粮食产业越发达的地方，农民收入越高。这是因为，粮食产业连接城市和乡村，覆盖一二三产业，在全面推进乡村振兴中发挥着重要作用。主产区引导粮食加工企业向县域聚集，通过构建"企业＋合作社＋基地＋农户"利益联结机制，促进小农户和现代粮食产业有机衔接，引导粮食种植结构调整，加快形成与区域资源禀赋和比较优势相匹配的粮食生产格局，促进农业现代化水平的提升，让农户分享产业链增值收益，农民还可以就近卖粮，减少运输成本，有利于增加农民收入。

粮食产业一头连着生产，一头连着消费者。目前，我国已经解决了"吃得饱"的问题，但吃得好、吃得安全、吃得营养健康的问题还没有解决。各地依托粮食资源优势大力发展食品加工业，打造知名粮油品牌，强化食品安全保障，生产优质绿色营养健康的粮油产品，着力增加多层次、多样化、个性化的产品供给，能够不断满足消费者对食品多样化、优质化、营养化和方便化的消费需求，改善人们的食物结构和营养结构，真正实现了从"吃得饱"向"吃得好""吃得营养""吃得健康"转型。

粮食产业经济基础性强、涉及面广，事关国家粮食安全和经济社会发展大局。主产区发展粮食产业必须服从服务于国家粮食安全战略，决不能以牺牲粮食安全为代价换取经济效益。要尽量避免出现低水平重复建设和中高端产业雷同，造成产能过剩、资源浪费、恶性竞争。发展粮食产业不能只盯着国内，要有国际化视野，在全球粮食大格局中谋划粮食产业经济发展，加快培育具有定价权的国际大粮商，提高我国在全球粮食市场话语权。

粮食生产区划分有待完善

粮食生产区域供需不平衡问题越来越突出，成为保障粮食安全的潜在隐患。农业农村部 2023 年 7 月发布的对十四届全国人大一次会议第 6802 号建议的答复时明确，相关部门将结合全国粮食生产供需格局变化，统筹研究完善全国粮食生产区划分和调整。从国家粮食安全角度看，这无疑是一个利好消息。

我国现在的粮食生产布局是 2003 年至 2004 年确立的。全国 31 个省份划分为主产区、产销平衡区和主销区的区域划分，以粮食产量、人均占有量、商品粮库存等为指标，将河北、内蒙古、吉林、黑龙江、辽宁、江苏、安徽、江西、山东、河南、湖北、湖南、四川 13 个省（自治区）确定为主产区；粮食调入量较大的北京、天津、上海、浙江、福建、广东、海南 7 个省（直辖市）为主销区；山西、广西、贵州、云南、重庆、西藏、陕西、甘肃、青海、宁夏、新疆 11 个省（自治区、直辖市）为产销平衡区。粮食主产区要稳定并逐步增加粮食生产；主销区要保证粮食播种面积，保证必要的粮食自给率；产销平衡区要继续稳定粮食产需平衡的局面。

在人多地少的国情粮情下，我国确立了 13 个粮食主产区，有利于集聚资源要素加大对主产区投入，不断提升主产区粮食综合生产能力。目前，13 个主产区的粮食产量占全国粮食总产量的 78% 以上，挑起了保障国家粮食安全的大梁。但是，粮食供需区域不平衡的问题越来越突出，粮食主产区的增产能力基本逼近极限，增产难度越来越大。完善粮食生产布局，势在必行。

自古以来，我国粮食生产布局一直在调整变化中，从"苏湖熟，天下足"到"湖广熟，天下足"，从"南粮北运"到"北粮南运"。我国粮食主产区长期分布在南方省份，直至 1978 年改革开放前，南方 14 个省份中仍有 7 个省份能调出粮食。改革开放以来，广东、福建、浙江、江苏等传统主产区以发展经济为导向，加快土地"非农化"、农业"非粮化"，粮食产量急剧下降，很快从主产区转变为主销区。

在现有的 13 个主产区中，江苏从主产区变成主销区，又从主销区逆袭成主产区。这种变化的背后，是江苏选择了不同的粮食安全路径所带来的必然结果。随着改革开放的推进，江苏快速发展成为全国经济大省和制造业大省。与此同时，粮食生产急剧萎缩，产量从 1984 年 3 353.6 万吨的峰值下降到 2003 年 2 471.9 万吨的谷底。2003 年，江苏没有像广东、浙江、福建那样选择贸易依附型的主销区粮食安全模式，而是选择了自给自足的主产区粮食安全模式，通过积极挖掘耕地资源和单产资源潜力，产量逐步回升，仅用 3 年时间就实现了粮食总量的基本自给。

从资源比较优势看，南方地区发展粮食生产具有光热条件好、水资源充沛、土地类型和物种资源多样等有利条件，农作物种植适宜一年两熟到三熟，主要粮食作物为水稻及油料作物。推动南方省份发展多熟制粮食生产，加快巩固提升综合生产能力，可以有效遏制"北粮南运"势头进一步加剧，减轻主产区粮食生产压力。现在南方一些省份出现了粮食生产恢复的良好势头，但要像江苏那样实现从主销区到主产区的逆袭，短期内很难实现。

在现有的产销平衡区中，新疆是世界优质粮食重要产区之一，发展粮食产业天赋好、资源优。近年来，新疆高度重视粮食生产，充分发挥当地水土光热资源的优势，大力发展粮食生产，产量从 2003 年的 796.5 万吨提高到 2022 年的 1 813.5 万吨，从全国第 23 位提高到第 15 位，粮食综合生产能力明显提升。要加大对新疆粮食生产的支持力度，调动重农抓粮、农民务农种粮的积极性，为保障国家粮食安全作出更大贡献。

世界上唯一不变的是变化本身。现有的粮食产销格局已持续 20 年时间，进一步完善粮食生产区划分和调整，才能精准施策，更好地释放粮食生产潜力。

把东北"大粮仓"打造成"大厨房"

　　东北粮食产业迎来发展新机遇。习近平总书记于 2023 年 9 月 6 日至 8 日在黑龙江考察时对粮食产业发展作出重要指示,黑龙江要当好国家粮食安全"压舱石",打造食品和饲料产业集群,提高粮食生产综合效益。这为黑龙江乃至东北粮食加工业发展指明了方向。

　　黑龙江、辽宁、吉林和内蒙古三省一区承担着保障国家粮食安全的重任,始终把保障国家粮食安全摆在首位,加快实现农业农村现代化,不断提高粮食综合生产能力,确保平时产得出、供得足,极端情况下顶得上、靠得住。2022 年,东北三省一区粮食产量占全国总产量的 26% 以上。其中,黑龙江总产量占全国的 11.3%,连续 13 年居全国首位,具体到大豆,黑龙江一省产量就达到 953.5 万吨,占全国总产量的 47% 以上,足见黑龙江在维护全国粮食安全中的战略地位。但是,东北三省一区仍然面临粮食就地转化能力低、粮食经济效益低以及"粮财倒挂"等问题。东北积极推动粮食加工业发展,有效推动了粮食加工转化增值,但加工业总体规模小、产业结构不优、融合层次不深、精深加工不足、加工转化率不高等问题仍很突出,与东北粮食安全"压舱石"地位不相匹配。2022 年,黑龙江、内蒙古两地大豆丰产丰收,再次出现"卖豆难"问题,影响农民种豆积极性。因此,东北加快推进粮食加工业发展势在必行。

　　发展粮食加工业,能够为东北粮食产业高质量发展找到突破口,促进从"卖原粮"向"卖产品"转型,从"大粮仓"向"大厨房"转型,从粮食生产大省向粮食产业强省转型。作为全国第一产粮大省,2023 年黑龙江粮食加工业在高起点上再出发。2023 年 7 月发布的《黑龙江省加快推进农产品加工业高质量发展三年行动计划(2023—2025 年)》指出,预计到 2025 年,全省农产品加工业营业收入达到 4 500 亿元,主要农产品加工转化率达到 75%,达到全国平均水平。黑龙江计划以玉米、大豆、水稻、乳品、肉类五大加工产业为重点,打造玉米加工以及大豆食品产业集聚区,发展绿色有机稻米产业和乳制品加工集聚区,建设肉牛加工、生猪加工、家禽加工产业集聚区,促进加工产能向农产品主产区、优势区和物流节点集聚。产业集群能够释放乘数效应,提升粮食附加值,促进黑龙江乡村振兴和区域经济发展。

粮食生产具有弱质性,经济效益低,产业发展常常面临"稻强米弱"等行业困境。粮食全身都是宝,可以做口粮、饲料原料,还可以做工业原料,比如玉米可以加工出 3 000 多种工业产品。把粮食变成产品,提高粮食资源利用率和附加值,还需要依靠科技创新。企业作为科技成果转化核心载体,可以提高科技成果落地转化率,提升产品科技含量和市场竞争力。例如,益海嘉里用稻谷加工出大米以及卵磷脂、米糠蜡、谷维素、米硒粉等 20 多种产品,山东滨州中裕用小麦变身出 500 多种产品,河南想念用面粉制作出 400 多种产品……对东北而言,粮食加工企业也要依靠科技创新,发展粮食初加工和精深加工,实现粮食产业提质增效,把粮食资源优势转化为产业优势,把产业优势转化为发展优势。

需要注意的是,我国虽然实现了谷物基本自给、口粮绝对安全的粮食安全目标,但粮食供需长期处于紧平衡,饲料粮供给不足。东北发展粮食加工业必须服务于国家粮食安全战略,要在保障口粮安全、饲料粮安全的前提下发展,绝不能以牺牲粮食安全为代价换取经济效益。

打造东北种养一体化新优势

粮食可以通过加工转化增值，还可以通过发展养殖业实现过腹转化增值。习近平总书记于 2023 年 9 月 7 日主持召开新时代推动东北全面振兴座谈会时强调，践行大食物观，合理开发利用东北各类资源，积极发展现代生态养殖，形成粮经饲统筹、农林牧渔多业并举的产业体系，把农业建成大产业。东北发展现代生态养殖，可以打造种养一体化发展新优势，增加种粮农民收入，促进区域经济发展。

东北地域辽阔，粮食多、秸秆多，牧草资源丰富，发展畜牧业有雄厚的资源基础和较强的环境承载能力，是全国畜牧业潜力增长区。玉米是饲料的主要原料，黑龙江、吉林、辽宁以及内蒙古玉米总产量占全国总产量 1/3 以上。但东北长期受饲养方式粗放、畜产品加工和运销不足等因素影响，畜牧业发展水平低，与丰富的粮草资源不相称、不同步，比较优势没有得到充分发挥，粮食过腹转化能力低。大量玉米每年源源不断从东北运往福建、广东、湖南、湖北、贵州、云南、四川等南方养猪大省。

与东北相比，北京、天津、上海等大城市和江苏、浙江、福建、安徽、江西、湖北、湖南、广东等南方水网地区，是猪肉消费主要市场，受资源环境条件限制，生猪生产发展空间受限，属于生猪养殖的约束发展区，南方水网密集区域面临生猪产能调减的巨大压力。中粮、广东温氏、河南牧原、四川天兆、深圳金新农、新希望、正大等大型养殖企业、屠宰加工企业、饲料企业纷纷挺进东北，一座座现代化的养殖基地、屠宰加工基地和饲料加工基地拔地而起，逐渐形成"南猪北养"格局。尽管在非洲猪瘟和新冠疫情期间，"南猪北养"受到一些非议，但东北猪牛羊、鸡鸭鹅、鱼虾蟹养殖加速发展是不争的事实，"北肉南运"或成趋势。

从"北粮南运"到"北肉南运"，一字之差的背后，是东北农业发展模式的巨变。从单一种植业向"种植＋养殖"一体化的转型，形成了种养加结合、一二三产业融合的生态循环农业发展模式。在这种模式之下，饲料企业可以就近采购原料，降低采购成本。养殖企业可通过与饲料企业签订订单降低采购成本，肉类加工企业通过与养殖企业签订订单降低采购成本，提高了生猪养殖竞争力。动物粪便经过处理变成有机肥，施加到农田里，提高土壤肥力，减少化肥使用，降低粮食生产成本，提高东北粮食竞争力。按照比较经济优势理论，这种生态养殖模式促进了玉米主产区和生猪养殖的有效融合，既能发挥玉米主产区饲料原料优势，又能挖掘东北地区养殖潜力，把东北粮食资源优势转化为养殖优势，促使养殖业向多元化发展，带动地方经济发展和农民增收致富。

对于广大东北种粮农户来说，种养结合的生态养殖模式是增加收入的一条有效途径。一些合作社、种粮大户兼业经营畜牧养殖，"为养而种""为种而养"，为自家生产的粮食找到一条出路，还可以增加家庭经营收入。这种粮畜互补的经营模式，提高了农户抵抗市场风险的能力，粮食价格高时可通过直接卖粮实现增收，畜产品价格高时可卖畜产品增收，形成良性循环，确保农户收入稳定增长。养殖户还可以与大型养殖企业签订养殖订单，降低生产经营风险。

东北发展现代生态养殖，一定要加强环境污染治理，避免走上传统养殖大省"先污染后治理"的老路。要坚持种养配套原则，充分考虑当地环境承载能力，合理规划养殖布局和粪污资源化处理设施，实现畜禽粪污就地就近利用。积极推广"集中规模饲养＋适度规模牧场＋合理饲料用地"等生态循环种养模式，提升东北畜牧业绿色发展水平，打好绿色牌、有机牌，把东北打造成全国绿色有机畜产品生产基地，实现经济与生态效益双提升。

当好粮食稳产保供"压舱石"

习近平总书记于 2023 年 9 月 7 日主持召开新时代推动东北全面振兴座谈会时强调，当好国家粮食稳产保供"压舱石"，是东北的首要担当。这一重要讲话，再次明确了东北保障国家粮食安全的战略定位，并为东北粮食产业发展指明了方向。

东北地区是我国最重要的粮食生产基地和商品粮输出基地，但粮食生产可持续发展也面临黑土地土壤质量下降、农产品加工水平低、经济发展水平普遍滞后等一系列问题。在新形势下，东北要始终把保障国家粮食安全摆在首位，加快实现农业农村现代化，推进粮食产业高质量发展。

要提高粮食综合生产能力，确保平时产得出、供得足，极端情况下顶得上、靠得住。在新一轮千亿斤粮食产能提升行动中，东北地区特别是东北西部干旱半干旱地区是发挥空间最大的区域。耕地和种子是支撑粮食产能提升的两个关键因素。在耕地方面，要优先把东北黑土地全部建成适宜耕作、旱涝保收、高产稳产的高标准农田；把黑土地保护好，确保黑土地总量不减少、功能不退化、质量有提升；配套实施河湖连通、大型灌区续建改造工程，为粮食产能提供水利支撑。在种子方面，要加快培育推广更多高产高效、优质绿色、适宜机收的优良新品种，大面积提升东北粮食单产水平。

要紧紧抓住粮食加工业向主产区集中的机遇。东北粮食资源丰富，但加工业总体规模小、产业结构不优、融合层次不深、精深加工不足、粮食就地加工转化率不高等问题仍很突出，无法把粮食资源优势转化为产业优势。要大力发展农产品初加工和精深加工，延伸产业链、提升价值链，拓展农业发展空间，打造食品产业集群和饲料加工集群，推动粮食从卖"原字号"农产品向"卖产品""卖品牌"转型，从"大粮仓"向"国人厨房"转型，促进农业增效、农民增收。

要合理开发利用各类资源。东北有肥沃的黑土地，还有丰富的森林、草地和江河湖海资源，践行大食物观空间广阔，要合理开发利用各类资源，抓住机遇，积极发展现代生态养殖，形成粮经饲统筹、农林牧渔多业并举的产业体系，把农业建成大产业，把东北打造成国家肉蛋奶供给保障基地。

实现粮食产业高质量发展，关键在科技创新。黑土地保护、种业振兴、高端农机装备研发及粮食精深加工发展，都需要依靠科技创新，进而推动粮食产业创新，加快构建具有东北特色优势的现代化粮食产业体系。要牢牢扭住自主创新这个"牛鼻子"，在巩固存量、拓展增量、延伸产业链、提高附加值上下功夫，实现粮食产业提质增效。

使命在肩，负重前行。东北要坚持新发展理念，坚持目标导向和问题导向相结合，锻长板、补短板，努力走出一条粮食产业高质量发展的新路子，为保障国家粮食安全作出新贡献，为东北全面振兴夯实物质基础。

保障粮食安全须更加重视"中部力量"

中部地区是我国重要粮食生产基地，在全国具有举足轻重的地位。保障粮食安全，不可忽视"中部力量"。要推进中部地区农业适度规模经营，提高粮食产业高质量发展，实施农民增收促进行动，不断提高农村基础设施和公共服务建设水平，全方位夯实粮食安全根基，为推进中部地区崛起夯实基础。

中部地区自古就是"大粮仓"。1978 年改革开放以来，山西、河南、安徽、湖南、湖北、江西中部六省粮食生产成绩斐然。全国 13 个粮食主产区，中部占 5 个，河南、安徽还是粮食净调出省份。2023 年，中部六省粮食总产量占全国粮食总产量的 29.2%，超过东北三省一区 26.6% 的比重。

中部六省粮食生产各具特色。河南是"中原大粮仓"，粮食总产量位列全国第二位，仅次于黑龙江，小麦产量位列全国第一位，是全国小麦输出第一大省。安徽被誉为"江淮粮仓"，粮食总产量位列全国第四位。湖南是水稻种子研发高地，水稻总产量全国数一数二。湖北水稻总产量常年位居全国第五位。位于鄱阳湖畔的江西被称为"江南粮仓"，粮食总产量连续多年超 215 亿公斤。山西是中部地区唯一的粮食产销平衡区，也是全国重要的小杂粮生产基地。然而，中部地区粮食生产也受到耕地减少、生态破坏、环境污染、资源浪费、种粮收入低、经济发展水平等各种因素制约，须在高起点上推进粮食产业高质量发展，在发展中解决存在的问题。

进一步完善农业基础设施，推进农业适度规模经营，提高农业现代化水平。加快建设与现代农业生产、经营方式相适应的高标准农田，强化全过程监管，确保建一块、成一块。推进科技创新与粮食生产深度融合，深入实施种业振兴行动和农机装备补短板行动，为粮食稳产增产提供科技支撑。在良种良机良法良田有机融合上下功夫，持续提高粮食单产和品质，提升种粮致富效应，吸引更多农户参与发展现代化大农业。

中部地区对国家粮食安全贡献巨大，但整体经济发展水平与东部地区相比仍显逊色。要高质量推进粮食生产功能区建设，打造一批粮食生产加工供应基地。鼓励引导粮食加工企业向主产区、产粮大县集中，实现粮食产业集聚发展，把粮食资源优势转化为产业优势、经济发展优势，既能为确保国家粮食等重要农产品稳定安全供给贡献"中部力量"，又能提升中部地区整体实力和竞争力。

种粮收益低，就会影响农民种粮积极性。要进一步深化农村改革，完善强农惠农富农支持政策，充分激发农业农村发展活力，推动现代农业发展。深化农村土地改革和农村集体经济股份制改制，实行所有权、承包权、经营权"三权分置"，允许农民土地经营权自由流转，赋予他们更多财产权利。强化农业产业化龙头企业带动作用，通过构建"龙头企业＋合作社＋农户"的经营模式，推进一二三产业融合发展，让农民通过流转土地增加转移性收入，通过适度规模经营增加经营性收入，通过转移就业增加工资性收入，通过以土地入股合作社增加财产性收入。

中部地区产粮大县普遍面临基础设施建设落后，教育、医疗、养老等公共服务供给不足、质量不高等问题，影响地方重农抓粮和农民种粮积极性。要坚持城乡融合发展，推进以县城为重要载体的新型城镇化建设，推动城乡之间公共资源均衡配置和生产要素自由流动，推动城市基础设施和公共服务向农村延伸，补齐产粮大县公共服务短板。国家已经启动实施产粮大县公共服务能力提升行动，2024 年在安徽、河南、内蒙古、吉林、黑龙江 5 个粮食净调出省份开展试点，聚焦公共服务短板，持续加大投入力度，提高公共服务水平。这将有助于提升产粮大县城乡居民获得感、幸福感和安全感。

第五章

粮食生产利益补偿机制

莫让种粮成本侵蚀农民收益

金秋时节，广袤的田野上处处洋溢着丰收的喜悦。然而，很多种粮农户反映，2021年粮食有望再获丰收，粮食价格也不错，但化肥、农药、人工、土地租金等种植成本明显增加，让种粮收益大打折扣。那么，在当前国家保供稳价政策之下，该如何拓宽农民种粮收益空间？换言之，在提高粮食价格和降低生产成本两个选项中，哪个更有可行性呢？

庄稼一枝花，全靠肥当家。2021年年初以来，化肥等农资价格涨势凶猛，成为种粮成本增加的一个重要因素。实际上，我国粮食生产成本一直偏高，粮食生产的"地板效应"不断增强。虽然近年来土地规模化经营加速发展，较之小农户生产成本有所降低，但未能从根本上改变我国粮食生产成本快速上涨的局面。

与之相比，2021年国内粮价基本保持高位平稳运行的态势。对于农民来说，粮食价格上涨是好事，有利于增加农民收入，但任由粮食价格上涨，不仅会增加相关企业的生产成本，而且会引起相关产品特别是农资产品价格的"报复性"涨价。因此，粮价大幅上涨不符合国情需要，要兼顾生产者和消费者的利益，让粮价保持在合理区间。

目前来看，国家保供稳价政策的主基调不变，靠粮食涨价提高农民种粮收益的可行性不大。国家相关部门须从调控种植成本入手综合施策，实施化肥保供稳价政策，推进高标准农田建设，加速规模化经营，再辅之以农业补贴政策，多措并举稳定农民种粮成本，增加农民种粮收入，提高农民种粮积极性，从而确保国家粮食安全。

针对化肥等农资价格大幅上涨的突出问题，有关部门已通过投放部分国家化肥商业储备、进出口调节、约谈企业、严厉打击哄抬价格行为等措施，保障化肥有效供应，合理控制化肥价格上涨。有关部门于 2021 年 9 月完善农用化肥铁路优惠运价政策，把主要用于农业大田作物生产的缓释肥料、水溶肥料等 8 个新型肥料品种纳入实行铁路优惠运价的农用化肥品种目录，连同此前已纳入铁路优惠运价目录的化肥品种，每年可减免化肥铁路运输费用 25 亿元左右。这一思路值得肯定。

发展适度规模化经营，改变一家一户传统经营模式，是提高农业生产效率、降低生产成本的一剂良药。近年来，我国发展多种形式的适度规模经营，合作社、家庭农场等新型农业经营主体通过提升粮食生产规模化、集约化、机械化水平，一定程度上达到了降本增效目的。下一步，要持续推进高标准农田建设，打造集中连片、旱涝保收、节水高效、稳产高产、生态友好的农田。

对于广大种粮农户来说，最理想的状态，就是粮价高一点、农资稳一点、补贴多一点。在当前粮食保供稳价、农资价格上涨过快的情况下，国家需加大种粮补贴力度，确保农民种粮有合理收益。除了传统的农业补贴外，2021年中央财政对实际种粮农民发放一次性农资补贴 200 亿元，有效化解农资价格上涨对种粮农民收益的影响。同时，为了进一步增强种粮农民抵御生产经营风险的能力，2021 年国家将三大粮食作物完全成本保险和种植收入保险实施范围确定为 13 个粮食生产省份产粮大县总数的大约 60%（500 个），2022年将覆盖全国 13 个粮食主产省份的所有产粮大县。这让投保农户真正实现了"旱涝保收"，稳定了投保农户种粮收入预期，解决了农民种粮的后顾之忧。

健全农民种粮收益保障机制

农民是粮食生产的主力军,让农民种粮有收益,国家粮食安全才能有保障。在2022年春耕生产关键时期,中央财政发放一次性农资补贴、适当提高稻谷和小麦最低收购价、三大粮食作物完全成本保险和种植收入保险在13个主产区产粮大县实现全覆盖……一系列含金量极高的支农惠农富农政策陆续落地实施,有利于稳定农民种粮信心,激发粮食生产内生动力,确保全年粮食稳产增产目标的实现。

化肥是粮食的"粮食",化肥保供稳价直接关系粮食等农业生产稳定。2022年受俄乌冲突影响,全球粮价飙升,国内粮食价格出现上涨势头,这有利于刺激农民种粮积极性。但受能源价格上涨、俄乌两国限制化肥出口等因素叠加影响,国内化肥价格上涨速度快于粮价上涨幅度,抬高了种粮生产成本,侵蚀农民种粮收益,降低农民种粮积极性。为了对冲农资价格上涨带来的种粮收益下降,近期中央财政对实际种粮农民发放一次性200亿元农资补贴,缓解农资价格上涨带来的种粮增支影响,稳定农民收入,调动农民种粮积极性。

党的十八大以来,我国高度重视粮食生产,粮食生产实现连年丰收,粮食产量连续七年稳定在6 500亿公斤以上。目前,我国粮食库存充足,实现了谷物基本自给、口粮绝对安全的粮食安全目标,把中国人的饭碗牢牢端在自己手中。这一辉煌成就的背后离不开亿万农户的辛勤劳作。

当下,我国粮食供需形势总体较好,但大豆对外依赖程度过高,玉米供需偏紧,结构性短缺已成为我国粮食安全面临的突出问题。在当前国际环境不确定性增加的大背景下,作为一个拥有14亿多人口的大国,2022年要实现6 500亿公斤以上的粮食生产目标,实现稳口粮、稳玉米,扩大豆、扩油料的农业结构优化目标,补强国家粮食安全的短板,仍然离不开亿万农户的辛勤劳作。

稳粮增产首先要稳住农民种粮信心。种粮比较收益低，有时农民种一亩地的年收入还不如外出打工几天挣的钱多。这是影响农民种粮积极性的主要因素。农民不愿意种粮，还因为担心种出的粮食卖不上好价、收不回成本。粮食生产受自然灾害和市场波动双重风险的影响，有时农民忙活一年，一旦遭遇干旱、暴雨等极端天气，或者遭遇粮食价格震荡下跌，不仅赚不到钱，还有可能负债累累。要调动和保护好农民种粮积极性，必须健全农民种粮收益保障机制，力争做到政策保本、经营增效。

农业是一个政策性很强的产业，国家农业政策可以说是影响农民种粮积极性的晴雨表。2022年中央一号文件提出，适当提高稻谷、小麦最低收购价，稳定玉米、大豆生产者补贴和稻谷补贴政策，实现三大粮食作物完全成本保险和种植收入保险在主产省产粮大县全覆盖三大政策，让种粮农民摆脱"看天吃饭""看市场吃饭"的命运，可以一门心思发展粮食生产。

农业政策有时只能起到保本的作用，要让农民种粮真正有钱赚，还需要靠经营增效。家庭农场、农民合作社、农业产业化龙头企业可以通过多种粮、种好粮，取得不错的收入。对于小农户来说，要加快发展农业社会化服务，支持农业服务公司、农民合作社、农村集体经济组织、基层供销合作社等各类主体大力发展单环节、多环节、全程生产托管服务。要引导小农户参与现代农业发展，把一家一户单打独斗式生产变为规模化、集约化、标准化、机械化生产，让农民更多分享粮食全产业链发展的增值收益，真正破解"谁来种地""如何种好地"的疑问。进一步利用农资集采的成本优势，降低化肥等农资的采购成本，提高种粮综合效益，让种粮农民有钱挣，尽可能多得利。

保粮食安全须重视农民利益

重视农民利益，让农民种粮有钱赚、不吃亏，是实现粮食安全的根本动力。在全国夏粮收获稳步推进之际，国务院 2022 年 5 月印发《扎实稳住经济的一揽子政策措施》，进一步明确了健全完善粮食收益保障等政策。这些政策的落地实施，将极大地调动农民种粮积极性，确保全年稳粮增产目标实现，为扎实稳住经济奠定坚实基础，以实际行动迎接党的二十大胜利召开。

粮食安全是"国之大者"。我国粮食生产连续 7 年稳定在 6 500 亿公斤以上，库存较为充足，为保障粮食安全奠定了坚实基础。2022 年以来，我国粮食生产形势持续转好，夏粮丰收有望，但受新冠疫情全球蔓延和俄乌冲突的影响，国内粮食安全面临高粮价与高成本并存的严峻挑战。从粮价看，与国际粮价高位波动相比，国内粮价总体保持稳定，但小麦、玉米、大豆、食用油价格均跟涨明显。从成本看，受能源、粮食价格上涨的影响，国内粮食生产成本快速增加，除了土地租金、劳动力价格居高不下，化肥、农药等农资价格以及农机作业费用、交通运输费用不断上涨。

高粮价与高成本如影随形，给粮食安全带来诸多不利影响。粮价一头连着生产者，一头连着消费者。受益于粮价上涨，近两年农民种粮收益明显增加，2021 年全国亩均种粮收益 824 元，为近 5 年来最高水平。种粮收益增加有利于提高农户种粮积极性，但粮食生产成本快速上涨，不断蚕食种粮收益，影响农民种粮意愿和积极性。而且，粮食生产成本上涨会进一步倒逼粮价上涨，增加下游企业生产成本，影响物价稳定，影响经济社会发展大局。

保障粮食安全与确保农民增收不是二选一的选择题，二者可以相辅相成、统筹推进。2022 年国家加大粮食生产补贴力度，优化种粮补贴政策，健全种粮农民补贴政策框架，能够确保农民种粮有合理收益。针对农资价格依然高企的问题,2022年以来中央财政向实际种粮农民两次发放农资补贴合计300亿元,支持夏收和秋播生产,弥补成本上涨带来的种粮收益下降。积极做好钾肥进口工作。完善最低收购价执行预案,落实好2022年适当提高稻谷、小麦最低收购价水平的政策要求,根据市场形势及时启动收购,保护农民种粮积极性。

种粮农户在粮食生产经营中往往面临着自然灾害和市场波动"双重风险"。为了提高种粮农民抵御自然灾害和市场波动的能力,2022年国家进一步健全粮食安全风险防范机制,在13个粮食主产区的所有产粮大县全面推广稻谷、小麦、玉米三大粮食作物完全成本保险和种植收入保险的基础上,又在内蒙古和黑龙江开展大豆完全成本保险和种植收入保险试点,进一步提高农业保险保障水平,防止粮食生产出现大起大落。

粮食是安天下、稳民心的战略产业。要围绕农业增产和农民增收的目标,继续加大财政支农力度,加快推进农业生产体系、经营体系和产业体系现代化,推进粮食产业高质量发展,实现粮食产业提质增效,让粮食产业成为有奔头的产业,让农民成为体面的职业。要促进农村公路、农田水利、粮食仓储设施、高标准农田、数字乡村等农业农村基础设施提档升级,补齐短板,提升粮食等重要农产品供给保障水平、提升农业质量效益和竞争力、提升粮食产业链供应链现代化水平,为实现国家粮食安全长期目标夯实基础。

粮食市场平稳运行关乎粮食安全,关乎物价稳定与经济社会发展大局。必须加强市场预期管理,采取有效措施严防投机资本炒作粮食价格。要严格落实2021年修订后的《粮食流通管理条例》要求,做好粮食收购市场监管,严厉打击囤积居奇、操纵价格等违法违规行为,让恶意囤粮者有所忌惮。要加强境外资金监管,警惕国际投机资本借机炒作粮价。要强化粮食产、购、储、加、销协同保障,统筹做好夏粮收购和生产、加工、储备、销售等各环节工作,形成粮食市场保供稳市合力。更为重要的是,要保持粮食安全战略定力,做好夏收、夏管、夏播工作,全力夺取夏粮丰收,为全年粮食丰收打下坚实的基础,牢牢把住粮食安全主动权。

农民是保障粮食安全的主力军

　　面对复杂多变的国际环境,多产粮已经成为全社会的共识。农民是保障粮食安全的主力军,我国2.3亿农户承担着全国14亿多人吃饱饭、吃好饭的重任。农民要多种粮、种好粮,以良田为基础,用好新品种、新技术、新农机,才能把中国人的饭碗端得更牢更稳,才能确保中国人吃得越来越好。

　　手中有粮,心里不慌。农民要多种粮,中国人的饭碗里才能多装中国粮。自2020年来的近两年,随着国际国内粮价的大幅上涨,加之农业补贴高,种粮收益较高,农民种粮积极性被充分调动起来,千方百计扩大耕地面积,出现了农民争地种粮的现象。除了现有耕地外,一些地方农民充分利用撂荒地、盐碱地、丘陵山区坡地、废弃的宅基地,种植适宜的粮食作物,持续挖掘粮食增产潜力,把"十年九不收"的盐碱地变为丰产田,把"望天田"变为高产田,甚至把屋前屋后的"方寸田"变为增产田。

　　农民要多种粮、种好粮,关键要选良种。俗话说,种地不选种,累死落个空。种子是农业的"芯片",选种直接关系种粮收益,种子不同,产品品质、产量差距大,价格也泾渭分明。近年来,我国育种水平不断提升,水稻、小麦、玉米、大豆等粮食高产典型不断涌现,良种对粮食增产的贡献率超过45%,为我国粮食连年丰收提供了重要支撑。

　　种地选良种,良种还需良技良机配套。从良技看,近年来我国广泛推广测土配方施肥技术、大豆玉米轮作套种技术、密植栽培技术等高产栽培技术,有效促进粮食增产。例如,大豆玉米轮作技术可以有效解决重茬种植造成的减产问题。这是因为,大豆在生长过程中产生的根瘤菌能增加土壤有机质,大豆茬种玉米比多年连作玉米平均增产7%至11%。从良机看,我国水稻、小麦、玉米三大主粮耕种收综合机械化率均超过80%,基本实现了"机器换人",

良田良种良技良机配套,粮食增产效果明显。

如今,我国正处于传统农业向现代农业转型中,一家一户小农生产仍居主导地位,耕地细碎化严重,不仅增加生产成本,而且影响粮食增产。各地在推进土地规模化经营的同时,加快发展农业社会化服务,通过服务规模化将现代农业生产要素导入小农生产,引领小农户进入现代农业发展轨道,进一步提升粮食生产专业化、标准化、集约化经营水平。

农民要多种粮、种好粮,还要确保卖得好。为摆脱农民增产不增收的"丰收困境",一些主产区在抓粮食稳产增产的同时,从"农头工尾""粮头食尾"破题,推进粮食产业高质量发展,通过构建产业链供应链,增强粮食就地转化能力,推动农民从多种粮、种好粮向"种得好、产得好、卖得好"转型,从卖"原字号"向"卖产品、卖品牌"转型。一些地方通过建立"龙头企业 + 合作社 + 农户"利益联结机制,让农民更多分享粮食全产业链增值收益。

总的来看,种地不仅是体力劳动,更是一种十分"烧脑"的技术活。如土地耕耘不当、选种不当、田间管理不当、农时选择不准或者对粮食市场把握不准,都可能影响粮食产量,影响粮食收益。以前那些凭经验种地的庄稼"老把式",也需要持续"充电",活到老学到老,才能算得上一个合格的农民。各地要围绕稳粮保供的目标开展高素质农民培训,为确保粮食和重要农副产品有效供给提供人才支撑。

最低收购价政策托底粮食安全

2023 年 9 月秋收秋种正忙之际,国家发展改革委等部门发布通知,明确 2024 年国家继续在小麦主产区实行最低收购价政策,2024 年生产的小麦(三等)最低收购价为每 50 公斤 118 元。这一政策的发布以及底价上调,有利于稳定种粮农民预期,调动农民种粮积极性,稳定小麦播种面积,为 2024 年夏粮丰产丰收打下坚实基础。

农民是粮食生产主力军,确保农民种粮不亏本、有钱赚,才能调动农民种粮积极性。小麦最低收购价是保障农民种粮收益的一项制度安排,与农业补贴和农业保险构成"三位一体"农业政策体系,在引导农民合理种植、加强田间管理、促进小麦稳产提质增效方面具有带动作用。有了小麦最低收购价政策托底,农民才会有足够信心稳定并扩大小麦播种面积,加强田间管理,确保来年稳产增产。

从公布的价格数据看,2023 年小麦最低收购价格再次上调。实际上,自 2021 年以来,国家已经连续 4 年上调小麦最低收购价格,从 2020 年的每斤 1.12 元上调至 2021 年的 1.13 元、2022 年的 1.15 元、2023 年的 1.17 元、2024 年的 1.18 元。这是国家综合考虑粮食生产成本提高、市场供需关系演变、国内外小麦价差变化等各种因素后上调底部价格,上调幅度虽然不大,但对后期小麦市场运行提供了较强底部支撑。

小麦最低收购价是"托底"价格,不是托市价格,国家小幅上调价格,又为市场价格调整腾出空间。随着我国粮食收储市场化机制确立,小麦收购已经实现由政策性收购为主向以市场化收购为主导、政策性收购为补充转变,小麦最低收购价从"托市"过渡到"托底"。近年来,随着小麦价格高位波动,市场价远高于最低收购价,我国已经连续三年没有启动小麦最低收购价格。但是，最低收购价是稳定粮价的"定海神针"，在夏粮收购期间，一旦小麦市场价跌破最低收购价，国家就会启动最低收购价，避免价格下跌影响农民种粮收益。

除了小麦最低收购价格政策，我国还实施水稻最低收购价政策。小麦和水稻是我国两大口粮，二者能否丰收，直接关系中国饭碗端得稳不稳。历史上，"谷贱伤农"现象反复上演，导致粮食生产波动起伏，影响国家粮食安全。2004年我国全面放开粮食市场，为了保障种粮农民利益和国家粮食安全，国家在主产区持续实施小麦和水稻最低收购价政策，至今已有近20年时间，其间虽有调整，但万变不离其宗，最大限度地保护了种粮农民利益，也为保障国家粮食安全作出重要贡献。2004年至今，我国粮食生产没有出现巨幅波动，粮食连年丰收，库存充足，实现了谷物基本自给、口粮绝对安全，有效抵御极端天气、疫情、地区冲突等各种不确定因素对我国粮食市场的冲击，这与粮食最低保护价政策的实施不无关系。

目前来看，粮食最低收购价政策仍然是保护农民利益、维护国家粮食安全的重要制度安排，在为市场粮价提供底部支撑、稳定农民种粮预期、确保稳产增产、维护粮价稳定等方面发挥着重要作用。当前，我国粮食安全面临自然界极端天气高发、国际上地区冲突不断等各种因素的严峻挑战，保持粮食最低收购价政策的连续性和稳定性具有十分重要的意义。有关部门要抓好小麦最低收购价政策的落实及宣传引导，充分发挥粮食价格支持政策的效应，调动农民种粮积极性，更好地保障国家粮食安全特别是口粮绝对安全。

千方百计确保农民增产增收

　　粮食再次高位增产。根据国家统计局发布的最新数据,2023 年全国粮食总产量 6 954 亿公斤,比 2022 年增加 89 亿公斤,增长 1.3%,再创历史新高。但令人担忧的是,秋粮上市以来,粮价呈全面下降态势,农民可能面临增产不增收困境,影响来年种粮积极性。

　　2023 年粮食增产来之不易。受极端天气影响,粮食生产面临黄淮罕见"烂场雨"、华北东北局地严重洪涝、西北局部干旱等不利因素,全国上下凝心聚力,稳政策、稳面积、提产量,饭碗一起端,责任一起扛。党中央、国务院高度重视粮食生产,各地区各部门严格落实耕地保护和粮食安全责任,在全国大面积实施单产提升行动,广大农民一年四季奋战在田间,接茬耕耘、精耕细作。2023 年全国谷物播种面积和单产均实现增长,全国有 27 个省份实现粮食增产,有效抵消了自然灾害带来的损失,粮食产量连续 9 年保持在 6 500 亿公斤以上。

　　2023 年粮食增产再次证明,我国已经打破"两丰两歉一平"的农业生产周期规律,那么能否打破增产不增收的"丰收悖论"呢? 按照经济学理论,粮食需求缺乏弹性,粮食丰收了,意味着粮食供给增加,需求并没有增加,粮食供大于求,价格走低,农民种粮收益减少。秋粮上市以来,大豆、玉米、稻谷价格呈下行态势,但从粮价整体走势看,2023 年秋粮收购价仍高于新冠疫情之前,处于疫情以来中高水平。农户种粮收益之所以下降,是因为土地租金、化肥价格大幅上涨,抬高了种粮成本。在粮价下行和种粮成本上涨的双重挤压下,农民种粮收益空间进一步收窄。

　　为解决粮食增产不增收的问题,我国不断健全完善"价格 + 补贴 + 保险"农民种粮收益保障机制。价格支持方面,2023 年继续在主产区实行小麦、稻谷最低收购价格,防范"谷贱伤农"。夏粮和早稻收购期间,主产区没有启动实施小麦、早稻最低收购价。秋粮上市以来,黑龙江启动稻谷最低收购价收购,为农民售粮托底。农业补贴方面,2023年继续实行玉米、大豆、稻谷等生产者补贴政策,发放农机购置补贴、农资补贴和农业防灾减灾资金补助等,但一定要确保各种补贴精准发放给种粮农户,防范"僵尸农机"骗补事件再次发生。农业保险方面,在全国产粮大县全面推广三大主粮作物完全成本保险和种植收入保险,在黑龙江省6个县、内蒙古自治区4个旗县试点推行大豆完全成本保险和种植收入保险,防范市场风险和自然灾害风险,但要推动农业保险补贴政策落地见效,真正为粮食生产保驾护航。为了让农民可以安心种粮,国家有关部门于2023年10月出台政策,大力提升产粮大县公共服务能力,进一步筑牢产粮大县的民生基底,提升种粮农民的获得感、幸福感和安全感。

粮食生产规模化被认为是提高产量、降低成本、增加收入的有效途径。近年来,我国加速推进高标准农田建设,探索"小田并大田"的有效路径,逐步解决耕地细碎化问题,提升粮食生产规模化、机械化、标准化作业水平。规模化是一个渐进的过程,当前我国粮食生产仍以小农户为主,在"小田并大田"过程中,切记不要把小农户边缘化,让愿意种田的小农户无地可种。对广大农户来说,耕地承担着粮食生产以及农民生存保障的功能,可以保障"米袋子""菜篮子"安全,解决农民就业,短期内缓解城市就业压力。实现粮食生产提质增效,还要推进粮食产业高质量发展,探索构建"公司+合作社+农户"的经营模式,让农民分享粮食全产业链增值收益。

粮食增产和农民增收,要一体化推进,不可偏废。粮食增产可以保障粮食供给安全,调动农民种粮积极性,促进增收。在2023年粮食增产的大好形势下,一定要想方设法确保农民增产又增收,呵护好农民种粮积极性,让农民集中精力做好田间管理,为来年丰收奠定基础。

健全粮食主产区利益补偿机制

五谷丰登,粮安天下。2022年粮食丰收已成定局,粮食主产区扛稳粮食安全重任,确保粮食稳产增产,但主产区经济发展滞后也是不争的事实。健全主产区利益补偿机制是党的二十大提出的重要方针。近日中央财政提前下达2023年农业相关转移支付2 115亿元,这有助于调动和保护主产区重农抓粮积极性,更好地确保国家粮食安全。

要粮食,还是要经济效益,一直是困扰粮食主产区的两难选择。粮食比较效益低,对财政贡献有限。主产区为了确保粮食生产和供给,在产业选择上不得不放弃部分收入高、见效快的产业,把更多的财政投入到粮食生产上,导致"粮财倒挂"问题突出。主产区为了保障粮食安全,牺牲很多发展经济的机会,国家对粮食主产区的补偿和扶持,成为调动地方政府重农抓粮积极性、稳定粮食生产供应的有力政策杠杆。

近年来,国家对粮食主产区实行以财政转移支付为主的纵向补偿机制,不断加大对粮食主产区财政转移支付力度,加大产粮大县奖励资金投入,对符合规定的产粮大县、产油大县、商品粮大省、制种大县、"优质粮食工程"实施省份给予奖励,保障产粮大县重农抓粮不吃亏。但是中央财政转移支付和奖补资金毕竟有限,只能起到缓解主产区财政困难的问题,不能从根本上解决主产区或者产粮大县面临的"粮财倒挂""高产穷县"困境,健全粮食主产区利益补偿机制势在必行。国家应强化对主产区的政策扶持,各项扶持政策要向主产区倾斜,不断增强主产区粮食综合生产能力。进一步强化对主产区财政转移支付力度和对产粮大县的奖补力度,各种奖补政策不仅要与粮食产量挂钩,而且应综合考虑粮食调出量、土地产出率、资源利用率、劳动生产率等指标,确保主产区财政收入达到全国平均水平。

　　加快探索建立粮食主销区对主产区的横向补偿机制。目前,粮食主产区和主销区存在利益倒挂,粮食作为保障国计民生的重要产品,不能随意提价,粮食常常以较低价格由主产区流向粮食需求区,化肥、农药等投入品价格居高不下,导致粮食主产区在投入产出过程中利益流失,而主销区却可以通过粮食精深加工和流通赚取更高的利润。要改变这种不利于粮食安全的局面,亟须加快探索建立粮食产销区的利益联结机制,建立粮食主销区对主产区的补偿制度,引导主销区企业参与主产区粮食生产基地、仓储设施、加工园区、营销网络的建设,从以前"供需合作"向"供应链合作"转型,逐步形成多元化、规模化、现代化的粮食产销合作新格局。

　　对于主产区来说,需要国家和粮食调入地区的"输血",更需要培育"造血"功能,激发经济发展的内生动力。目前主产区经济发展面临的主要问题是工业基础薄弱、经济发展缺乏强有力的带动和支撑。主产区的最大优势是粮食资源丰富,要把粮食资源优势转化为产业优势和经济优势,就要改变当前粮食加工转化基地与粮食生产分离的状态,提高主产区粮食就地加工转化能力。例如,山东、江苏、湖北、河南等主产区通过高质量发展粮食产业,实现了从粮食大省向粮食强省转型。

　　实践证明,主产区可以依托粮食资源优势走出区域经济发展困境。国家应大力支持主产区依托县域发展粮食加工,深入实施优质粮食工程,构建产、供、储、加、销全产业链发展格局,加大品牌培育力度,推动主产区从"卖原粮"向"卖产品""卖品牌"转型,从"大粮仓"向"大厨房"转型,真正实现保障国家粮食安全和区域经济发展双赢。

筑牢产粮大县民生基底

对于产粮大县来说,多产粮、产好粮很重要,提升教育、医疗、养老等公共服务能力保障民生也很重要。国家发展改革委等四部门于 2023 年 10 月发布《产粮大县公共服务能力提升行动方案》,从国家层面支持产粮大县提升公共服务能力,力争到 2030 年基本覆盖全国产粮大县。这是国家健全粮食主产区利益补偿机制的重要举措,有助于减轻产粮大县财政压力,解决种粮农民在公共服务方面的急难愁盼问题,营造鼓励地方政府重农抓粮、多产多补的正向激励机制,筑牢粮食安全民生基底。

产粮大县是保障国家粮食安全的主力军,不仅拥有丰富的水土资源,还具备一批政治过硬、业务精湛、勤奋敬业的农业干部队伍以及种植技术过硬的农民队伍,为粮食稳产增产提供了重要支撑。当前,我国有 800 个产粮大县,其中,680 个县(市、区)是从黑龙江、辽宁、吉林、内蒙古、河北、江苏、安徽、江西、山东、河南、湖北、湖南、四川 13 个粮食主产区选出来的,属于粮食生产核心区;120 个粮食生产大县(市、区)是从山西、浙江、福建、广东、广西、重庆、贵州、云南、陕西、甘肃、宁夏 11 个非粮食主产省(自治区、直辖市)选出来的,增强了区域粮食供给能力。面对复杂多变的国内外环境,这些产粮大县以其多元的农业形态、多样的农业资源,确保全国人民"米袋子""菜篮子""肉盘子"安全。2023 年这些产粮大县更是利用分布范围广、回旋空间大的优势,克服黄淮海"烂场雨"、东北华北洪涝灾害、西北局部地区干旱带来的不利影响,在不同时节接茬耕耘,实现"以秋补夏",确保全年粮食丰收。

在为保障粮食安全作出巨大贡献的同时,产粮大县也面临着经济发展乏力、公共服务投入不足的现实问题。产粮大县产粮越多,财政越困难,"粮财倒挂"较为严重,经济社会发展不平衡不充分的矛盾也非常突出。这是因为,产粮大县为了确保粮食等重要农产品有效供给，将大量的水土资源、劳动力资源投入粮食生产，承担了发展工业化、城镇化的机会成本，经济社会发展相对滞后。加之，粮食比较效益低，投资周期长、回报率低，带动经济增长的动力不足，对税收的贡献就较低。国家虽然加大了对产粮大县的财政转移支付力度和奖补力度，加大了对粮食生产支持力度，但总量规模有限，不足以支撑农业发展投入，一些产粮大县为了完成粮食生产任务，甚至调配其他财政资金填补农业发展资金缺口，使得本已捉襟见肘的县级财政更加紧张，影响公共服务投入。国家亟须完善粮食主产区利益补偿机制，统筹推进产粮大县的粮食综合生产能力和公共服务能力。

公共服务质量是衡量经济社会发展文明程度的重要标志。目前，产粮大县普遍面临基础设施建设落后，教育、医疗、养老等公共服务供给不足、质量不高等问题，无法满足城乡居民日益增长的美好生活需要，影响干部重农抓粮和农民种粮积极性，影响国家粮食安全。上级政府和相关部门要关注人民群众的急难愁盼问题，聚焦产粮大县公共服务短板弱项，尽力而为、量力而行，持续加大对产粮大县公共服务体系建设的投入力度，稳步提升产粮大县公共服务能力，加快补齐教育、医疗、养老、住房、交通、生态等公共服务短板，真正实现幼有所育、学有所教、劳有所得、病有所医、老有所养、住有所居、弱有所扶，提升城乡居民获得感、幸福感和安全感，提高地方重农抓粮积极性，让农民种粮更安心。

多产粮、产好粮，始终是产粮大县的责任和担当。提升产粮大县的公共服务水平，要把粮食产能提升重点县和其他粮食产量贡献大的县作为国家支持的重点，不让生产粮食越多者越吃亏，形成多产粮多支持的正向激励机制。要提高公共服务的均衡性和精准性，既要确保县域城乡居民都能享受到公共服务，又要提高产业发展和公共服务的匹配度，确保公共服务精准服务产业发展。确保建设质量，避免大拆大建、不搞"形象工程"。统筹人员、经费、土地等要素资源投入，确保项目建成一个，用好一个，坚决避免资源闲置浪费。坚持资金联动，提高资金使用效能。加强顶层设计，压实各方责任，细化实化支持举措，推动形成稳定的长效支持机制。

探索粮食产销区省际横向补偿

2023 年我国粮食产量虽再创新高,但粮食主产区与主销区经济发展差距大的问题仍较突出。2023 年 12 月相继召开的中央经济工作会议和中央农村工作会议都提出,探索建立粮食产销区省际横向利益补偿机制。这是我国健全粮食主产区利益补偿机制的重要举措,将与中央财政对主产区的纵向利益补偿机制形成有机整体,有利于进一步缩小产销区经济发展差距,充分调动主产区重农抓粮的积极性,更好地保障粮食安全。

主产区是保障国家粮食安全的"压舱石"。根据国家统计局的数据,2023年,河北、内蒙古、吉林、黑龙江、辽宁、江苏、安徽、江西、山东、河南、湖北、湖南、四川 13 个主产区粮食产量合计 54 171 万吨,占全国粮食总产量的77.9%;北京、天津、上海、浙江、福建、广东、海南 7 个主销区粮食产量合计2 987.4 万吨,仅占全国粮食总产量的 4.3%,需要大量调入粮食来稳定供给。

与粮食产量的巨大贡献形成鲜明对比的是,黑龙江、吉林、内蒙古、河南、河北等主产区均是产粮大省、财政小省,工业化、城镇化水平低、地方财政收入低、人均收入水平低,与广东、福建、浙江、上海、北京、天津、海南经济发达的主销区经济差距越来越大。这是因为粮食主产区与主销区在自然、地理、资源禀赋、历史机遇、发展阶段和产业分工等方面存在差异,发展路径不同。多年来,主产区承担着保障国家粮食安全的重任,每年要投入大量耕地资源、水资源、生态资源和人力资源发展粮食生产,在一定程度上牺牲了快速发展工业化、城镇化的机会。粮食生产效益低,对财政贡献有限,即便如此,主产区每年还要从捉襟见肘的地方财政中拿出一部分支持粮食生产,导致生产的粮食越多,财政越困难,影响当地经济社会可持续发展。

从客观规律看,一个国家在经济发展过程中出现地区发展不平衡是一种普遍现象，但粮食主产区与主销区经济发展差距不断扩大，势必影响主产区干部抓粮和农民种粮积极性，影响国家粮食安全，甚至会影响国民经济的健康发展。主销区是国家粮食政策的直接受益者，建立产销区省际横向补偿机制，是遵循"谁受益、谁补偿"的原则，也是先富带后富、帮后富发展思路的具体实践，能够进一步缩小产销区经济发展差距，实现产销区共同富裕。

产销区省际横向补偿机制是国家健全主产区利益补偿机制的有机组成部分。主产区利益补偿包括中央财政对主产区的纵向补偿和主销区对主产区的横向补偿。在纵向补偿方面，我国已经构建起中央对主产区和产粮大县的财政转移支付机制，中央财政向主产区倾斜，并不断扩大财政转移支付规模，增加主产区和产粮大县财政收入；加大对主产区的项目投资，加大对产粮大县的奖补力度，提高主产区的经济增长潜力。相较而言，在横向补偿方面尚未建立起产销区省际横向利益补偿机制，现在中央经济工作会议、中央农村工作会议都明确提出探索的要求，是重大的工作部署。

主销区对主产区的横向利益补偿，该如何补偿？补偿标准是什么？仁者见仁，智者见智。有的认为应该设立以国家投入为主、粮食主销区投入为辅的国家粮食安全保障基金，应以跨省净调入（出）量为依据，综合考虑各地经济发展水平、财政支付能力等因素，科学合理确定净调入（出）省份补偿资金调节系数和补偿标准。有的认为应该构建粮食产销合作机制，主销区通过补贴、税收优惠等政策引导鼓励域内粮食企业到主产区投资，与主产区共建粮食生产基地、仓储设施、加工园区和营销网络，支持主产区发展粮食加工业，提高主产区粮食就地加工转化能力，助推主产区从"卖原粮"向"卖产品"转型，从"大粮仓"向"大厨房"转型，实现粮食产业高质量发展。

探索只是一个开始。探索的过程中会遇到各种困难和挑战，需要不断总结经验，汲取教训，找到破解的办法，为构建粮食产销区省际横向补偿机制蹚出一条新路。

完善产粮大县利益补偿机制

产粮大县是保障粮食安全的主力军,是国家商品粮的主要供给者。在新一轮千亿斤粮食产能提升行动中,有关部门在全国部署了 720 个粮食产能提升重点县,带动重点粮食品种和产能提升任务有效落实。但产粮大县经济发展水平低、财政困难,支持粮食生产发展的能力有限,普遍存在农业设施老化、粮食生产抵御自然灾害能力较弱和粮食生产后劲不足等问题。应加快完善产粮大县利益补偿机制,增强粮食综合生产能力和县域经济发展能力,实现粮食增产与经济发展双赢。

产粮大县为了服务国家粮食安全战略,承担了发展经济的机会成本,将土地、劳动力资源投入粮食生产,无法参与经济效益更高的种植经济化、产业工业化、土地资本化等方面的发展,再加上粮食产业链条短、附加值低、税收贡献小,导致产粮大县经济发展相对滞后,形成"粮食大县、工业小县、财政穷县"的发展困境,社会经济文化事业发展欠账太多。这个问题不解决,会挫伤产粮大县重农抓粮的积极性,影响粮食生产保供稳价大局。

为了缓解产粮大县的财政压力,促进产粮大县发展粮食生产,我国不断完善产粮大县利益补偿机制。纵向上,强化对产粮大县财政转移支付力度和奖补力度,重点项目向产粮大县倾斜,保障产粮大县重农抓粮得实惠、有发展。针对产粮大县公共服务薄弱问题,我国启动实施产粮大县公共服务能力提升行动,推动基本公共服务资源下沉,解决种粮农民在公共服务方面的急难愁盼。2024 年,在内蒙古、吉林、黑龙江、安徽、河南 5 个粮食调出量大的主产省份开展试点,然后再逐步推开,力争到 2030 年基本覆盖全国产粮大县。横向上,积极探索产销区省际横向补偿机制,有关部门正研究具体实施办法,由主销区给予主产区一定的资金支持,进一步拓展产业、人才、技术服务等协作方式。

从目前来看,全国鼓励产粮大县重农抓粮、多产多补的正向激励机制初步形成,但也存在一些不尽如人意的地方,还有很多痛点堵点需要疏通。从奖补政策来看,目前对产粮大县财政转移支付力度和奖补力度总量规模有限,不足以支撑粮食生产发展投入和经济社会事业发展,应扩大产粮大县奖励规模,建立与商品粮挂钩的奖励机制。从项目支持来看,支持农村经济社会发展的项目,需要当地拿出一定比例的配套资金,项目越多,配套资金越多。一些经济欠发达地区产粮大县因为拿不出配套资金,不得不放弃中央财政补贴。

可喜的是,我国在这方面已经迈出实质性步伐。2024年中央一号文件明确提出,建设高标准农田,要适当提高中央和省级投资补助水平,取消各地对产粮大县资金配套要求。针对涉农项目由相关部门分散实施、难以整合的问题,应进一步推动产粮大县涉农资金统筹整合力度,提高财政涉农资金使用效益,形成"多个渠道引水、一个龙头放水"的财政支农投入新格局。

产粮大县要摆脱财政困境,实现粮食增产与经济发展有机统一,要接受"输血",还要提高"造血"能力。产粮大县粮食资源丰富,但粮食加工业总体规模小、就地加工转化率不高。要大力发展粮食加工业,拓展延伸产业链条,鼓励引导粮食产业链向主产区、产粮大县集中,形成粮食产业集群效应,促进就地就近转化增值,提高粮食产业发展效益和竞争力,把粮食产业链的增值收益和税收尽可能地留在产粮大县,加快产粮大县兴县富民步伐。

特别值得一提的是,2024年6月1日起施行的《中华人民共和国粮食安全保障法》第二十八条明确规定:"国家健全粮食主产区利益补偿机制,完善对粮食主产区和产粮大县的财政转移支付制度,调动粮食生产积极性。"从法律层面破解难点痛点堵点,必定会加快完善产粮大县利益补偿机制,让产粮大县能一心一意发展粮食生产,为保障国家粮食安全作出更大贡献。

第六章

粮食流通

放开粮食收购不是放任不管

粮商们心里的一块石头落地了。今后,他们不用再费力跑腿申请粮食收购资格,不用再担心无证收购粮食会受处罚。2021 年 4 月 15 日起施行的新修订的《粮食流通管理条例》,取消了粮食收购资格许可制度,无证收粮违法从此成为历史。目前,各地正在积极落实取消粮食收购许可有关事项。不过,粮食收购并非"一放了之",而是要转变收购管理方式,强化粮食收购事中事后监管,维护粮食市场秩序,保障国家粮食安全。

1978 年改革开放以来,我国粮食流通体制市场化改革从统购统销、合同定购、"双轨"制到全面市场化,不断增强粮食市场活力。2004 年全面放开粮食收购市场,《粮食流通管理条例》颁布实施,从法律上正式确立了粮食收购许可制度。之后,粮食生产连年增产,部分粮食品种出现阶段性结构性过剩问题,粮食收储制度改革势在必行。2016 年我国推进粮食收储市场化改革,粮食部门出台《粮食收购资格审核管理办法》,取消了面向个人的粮食收购许可证要求,个人从事粮食收购活动不再需要办理粮食收购资格。

粮食收购许可制度颇具时代特征,曾为维护粮食市场平稳运行、保障国家粮食安全作出重要贡献。这项制度实行 17 年来,我国粮食流通全面步入市场化、法治化轨道,粮食生产获得"十七连丰",粮食产量先后迈过 5 亿吨大关和 6 亿吨大关,并且连续 6 年稳定在 6.5 亿吨以上,取得了举世瞩目的辉煌成就,把饭碗牢牢端在自己手上。现在,粮食收购许可制度已完成历史使命,退出历史舞台,这是粮食流通体制改革大势使然,是新时代社会主义市场经济体制改革大势使然。

有人担心,粮食收购放开后,越来越多的粮食企业和个人会涌入粮食市场掘金,有可能会带来更多的市场风险,一些投机商会囤积粮食,操纵市场,造成粮价暴涨暴跌。这种担心并非没有道理。2020年以来，受新冠疫情影响，国内市场主体预期粮价上涨，有投机商借机炒作粮价，成为国内粮价上涨的重要推手。可见，有时市场也会"脱缰"。

放开并不意味着"放任"。新修订的《粮食流通管理条例》坚持放管结合，取消了粮食收购许可制度，并没有取消监管和弱化服务，而是确立了粮食收购备案管理制度，建立了粮食经营者信用档案，凡是收购粮食的企业需要向当地政府备案。这实际上是转变管理方式，由以前粮食收购许可制度的事前管理，转变为备案管理制度的事中事后监管。各级发展改革部门、粮食和物资储备行政管理部门都要不折不扣落实取消粮食收购资格许可相关规定，不得"明放暗不放"，不得以任何理由、任何形式变相搞收购许可，不得以备案之名行审批之实。

取消粮食收购许可，是粮食流通全面走向市场化的重要举措。需要正确处理政府与市场的关系，厘清政府与市场的边界，推动有效市场和有为政府更好结合。一方面，要充分发挥市场在粮食资源配置中的决定性作用，推动粮食资源配置实现效益最大化和效率最优化，让粮食经营者有更多活力和更大空间发展粮食经济、创造更多财富。另一方面，要更好发挥政府作用，着力营造公开透明、公平竞争、规范有序的市场环境，创新服务方式、提高服务效能，持续提升为农为企服务水平。要真正让监管"长牙齿"，严肃查处扰乱市场秩序、损害农民利益的违法行为，管住那些市场管不了或管不好的事情，弥补市场失灵的缺陷。

对炒作粮价投机行为"亮剑"

2021年新麦上市以来,价格呈上涨态势,一些地方甚至出现争抢粮源、哄抬价格的现象。对此,相关部门近日频繁"亮剑",坚决打击炒作粮价投机行为。在我国粮食库存充足的形势下,下一步新麦价格市场走势如何,受到社会高度关注。

新麦价格上涨受粮食供求、市场预期以及全球粮价上涨等多重因素影响。从国内市场看,国内玉米价格继续高位运行,玉米、小麦价差进一步缩小,饲用小麦需求大幅增加,越来越多的饲料企业入市收购小麦。新冠疫情带来的不确定性,强化了市场涨价预期,贸易商囤积粮食、加工企业增加库存、农民惜售,都在一定程度上推动小麦等粮食价格上涨。从国际市场看,全球粮食价格持续12个月上升。联合国粮农组织(FAO)2021年6月3日发布的数据显示,5月全球粮食价格指数达到127.1,为近10年最高水平,玉米、大豆和小麦等粮食品种价格都在上涨。

投机资本炒作的作用也不可低估。时至今日,粮食具有很强的金融属性,粮食价格不仅受供求关系等传统因素影响,还受到货币供应、资本市场等非传统因素影响。当前,全球流动性过剩,货币相对贬值,粮价水涨船高,投机资本乘机炒作,进一步推动粮价上涨。近年来,我国粮食市场受到境内外投机资本的热捧。2021年上半年,政策性小麦拍卖成交率和溢价屡创新高,有关部门已多次出手抑制投机资本参与竞拍,为小麦市场降温。

新麦价格上涨,种粮农民成为直接受益者,但投机资本炒作粮价会加剧市场不安情绪,增加相关企业生产成本,影响低收入者的生活。因此,国家市场监管总局、国家发展改革委两部门近日联合行动,坚决打击囤积居奇、哄抬价格、捏造散布涨价信息等行为。国家粮食和物资储备局2021年6月中旬即将启动全国粮食流通"亮剑 2021"专项执法行动，严查粮食流通中的违法违规行为。期待相关"组合拳"能在短期内有效维护粮食市场秩序，促进粮食价格稳定。

长远来看，做好粮食保供稳价工作，还需要深化价格改革，健全以财政、储备调控、进出口调节为主的调控手段。应保持粮价支持政策的战略定力，继续实施稻谷和小麦最低收购价格，充分发挥市场机制作用，实现好粮卖好价。玉米、大豆等大宗农产品对外依存度高，调控难度大，需要综合运用储备、进出口、财税、金融等综合调控措施应对价格异动。应进一步强化市场预期管理，创新丰富预期管理手段，释放正面信号，合理引导市场预期。

粮食稳产增产是粮食保供稳价的底气所在。财政部和农业农村部日前联合印发通知，对 2021 年中央财政支持粮食生产的一揽子政策进行全面部署。有关方面要把握政策实施的着力点，多管齐下，统筹协调，确保全年粮食稳产增产，为保供稳价夯实基础。

托市收购稳种粮信心

寒露接霜降，秋收秋种忙。寒露前后是冬小麦播种的最佳时期，各地正在克服连绵秋雨造成的不利影响，多措并举推进冬小麦播种。2022年度小麦最低收购价政策尚未发布。在小麦价格持续高位运行的态势下，小麦最低收购价是否上调受到很多人关注。

最低收购价政策是国家为了预防"谷贱伤农"，保护农民种粮积极性而实行的一项惠农政策，最低收购价水平通常综合考虑粮食生产成本、市场供求、国内外市场价格和产业发展等因素而确定，目的是保障农民种粮不亏本，稳定种粮农民信心。一般情况下，粮食收购价格受市场供求关系影响，当主产区粮食市场价格低于最低收购价水平时，就会启动托市收购，保护种粮农民利益。

2021年夏粮收购期间，小麦和早籼稻市场行情好，市场收购价明显高于最低收购价，主产区均未启动托市收购，这在近年来还是首次。国家粮食和物资储备局有关负责人预计，2021年秋粮收购期间大部分地区启动中晚稻最低收购价预案的可能性不大。当然，不排除个别主产市县因体量大、运距远等因素影响，有可能小范围启动托市收购。

实践证明，托市收购政策很好地发挥了政策托底作用，稳定了农民种粮预期，托住了农民种粮信心，为确保粮食稳产增产、维护粮食市场稳定、保障国家粮食安全作出了重要贡献。稻谷和小麦是我国两大口粮，确保口粮绝对安全是我国粮食安全战略的重要内容。2004年我国开始实施稻谷、小麦最低收购价政策以来，小麦、稻谷两大口粮品种产量稳步增加，小麦产需平衡略有结余，稻谷年度结余150亿公斤左右，小麦、稻谷库存保持较高水平，自给率超过百分之百，实现了口粮绝对安全。

　　然而，由于我国粮价形成机制不健全、不完善，托市政策在执行过程中一度偏离政策设计初衷，最低收购价成为最高价，政策性收购逐渐占据了主导地位，挤压了市场的调节空间。在政策性收购之下，各类市场主体谨慎入市，以中储粮为代表的国有粮食收购主体成为粮食收购的中坚力量，国有粮库库存居高不下，一定程度上造成粮食资源浪费，给国家造成巨大财政压力。而且，托市收购政策重产量不重质量的导向，使得农民的质量意识和市场意识淡薄，热衷于种植高产粮食，市场优质粮源越来越少。

　　面对托市收购存在的问题，我国不断完善粮食价格形成机制，推进粮食收储市场化改革，取消了大豆、玉米临储政策，完全实行市场化收购，但保持了稻谷、小麦最低收购价政策框架，适当调整稻谷、小麦最低收购价水平，既为市场机制发挥作用留出空间，又能保障种粮农民不亏本。目前，我国粮食收购已经形成了以市场化收购为主导、政策性收购为补充的新格局，粮价形成逐步回归市场化，优质优价的粮食收储机制逐步形成。广大种粮农户逐渐摆脱对托市政策的依赖，市场意识和质量意识普遍增强，种植适销对路的优质粮食品种，追求种粮收益最大化。

　　关于托市收购政策是否还要继续的问题，一直存在争议。有观点认为，在粮食收储市场化改革的大背景下，托市政策没有存在的必要，废止是迟早的事。也有观点认为，在我国还未建立起农业成本保险和收益保险等有效保护体系前，托市收购很有必要。

　　从目前来看，托市收购仍然是我国保护农民种粮收益、确保粮食稳产增产的重要制度安排。在当前国内外粮食市场形势错综复杂的情形下，一定要坚持底线思维，坚持市场化改革和保护农民利益并重的原则，坚持并完善稻谷和小麦最低收购价政策，稳定种粮农民信心，牢牢守住农民"种粮卖得出"的底线。

对操纵粮价"零容忍"

近段时间,因小麦价格高位波动频繁,一些投机商意欲通过囤积粮食、操纵粮食价格等行为搅动粮食市场。国家粮食和物资储备局办公室2022年5月发布《关于做好2022年粮油收购监督检查工作的通知》,要求严肃查处粮食收购垄断或者操纵价格等违法违规行为,释放出"零容忍""强监管"的鲜明信号,这对于维护粮食市场平稳运行、保障国家粮食安全具有重要意义。

当下,国际形势严峻复杂,全球粮食资本化趋势日益明显,投机资本炒作对当前全球粮价上涨具有一定的影响。作为人口大国和粮食消费大国,我国粮食市场已成为一些投机资本追逐的热点,大量资本进入粮食市场,不停炒作粮价,放大供需缺口,扰乱市场秩序,导致粮价异常波动。2022年新麦上市之前出现的跨区收割机短缺等现象背后,不排除有投机资本通过炒作推高小麦价格的因素。

伴随近两年的新冠疫情持续、极端天气频发、俄乌冲突等"黑天鹅"事件,国际资本借机疯狂炒作粮价的话题,导致全球粮食市场持续动荡,国际粮价持续走高。其中,投机资本借俄乌冲突炒作粮食供需短缺、乌克兰小麦减产以及印度禁止小麦出口等话题,恶化市场预期,制造全球粮食市场恐慌情绪,导致全球玉米、小麦、食用油价格飙升,现在已经延伸至大米。与玉米、小麦价格大幅上涨相比,全球大米价格一直保持稳定,被认为是防止世界粮食危机恶化的主要因素。但近期也有媒体报道,印度、越南、泰国等国有意禁止大米出口。这几个国家是全球重要的大米出口国,如果其禁止大米出口,那么可能引发全球大米价格震荡。

投机炒作粮价是国际投机资本获取暴利的重要手段。四大跨国粮商控制着全球80%的粮食交易,通过控制种子、化肥、粮源操纵全球粮食价格。当前全球粮食价格飞涨，一些国家买不到或者买不起粮食，一些国家因为粮食进口成本大幅增加而背上沉重的财政负担，但四大跨国粮商却通过粮价上涨收割全球财富，获取巨额暴利。

供需缺口是投机资本炒作粮价的基础。我国是小麦生产大国，近年来随着粮食综合生产能力不断提高，小麦连年丰收，库存充足，自给率达到100％，实现了口粮绝对安全，少量进口主要是用来调剂余缺。从常规来看，国内小麦价格没有炒作的基础，但粮食品种之间具有替代性，在比价关系合理的情况下，小麦可以替代玉米做饲料。近年来，我国玉米产需缺口较大，玉米价格大幅上涨，大量小麦替代玉米做饲料。2022年，玉米供需紧张问题得到缓解，小麦替代性减弱。全球小麦价格高位波动，国内市场预期较强，小麦自然就成为投机资本炒作的对象。

新麦收购要牢牢守住底线

全国小麦收割接近尾声,新麦收购进入旺季。受持续阴雨天气影响,河南、安徽等主产区局部地区出现小麦萌动、发芽和霉变的情况,小麦品质受损。受损小麦怎么收购和处置,会不会进入口粮市场,成为当前人们普遍关心的问题。有些地方对受损小麦实行敞开收购、专仓储存、定向销售的政策,牢牢守住农民售粮有出路和口粮质量安全两条底线,最大限度地降低种粮农户损失,严防不符合食品安全标准的小麦流入口粮市场。

河南省是全国重要的小麦主产区,小麦种植面积全国第一,产量占全国四分之一,是名副其实的"中原大粮仓"。2023年5月下旬,河南南部地区遭遇"烂场雨",小麦质量受损严重,芽麦增多。新麦发芽含水量高,容易变质,影响面粉品质,一些面粉加工企业拒绝收购。一时间,有人担心受损小麦"无路可去"。河南坚持政策性收购和市场化收购相结合,对受损小麦实行政策兜底收购,分类分级敞开收购,对市场起到底部支撑作用。饲料企业、深加工企业等经营主体积极入市收购,推动受损小麦价格上涨,受损小麦从"无路可去"转变为经营主体抢购的"香饽饽",最大限度地减少了种粮农户损失。

受损小麦的流向关系消费者"舌尖上的安全",备受关注。对超标粮食收购、储存、销售实行全过程严格监管,是我国一贯的政策。2023年夏粮收购政策明确提出,对可能出现的不符合标准的粮食,必要时采取地方临储等方式妥善处置,严禁不符合食品安全标准的粮食流入口粮市场和食品生产企业,对"以次充好"的违法违规行为予以严肃查处。从目前夏粮收购情况看,河南、安徽等地能够严格执行国家政策,严把新麦收购质量关,一车一检,对不符合食品安全指标的超标小麦,做到定点收购、专仓储存、定向销售,全程闭环监管,坚守住了食品安全底线。

受损小麦最终会流向哪里？这是消费者十分关注的问题。小麦用途广泛，除了加工面粉外，还可以用作饲料和工业原料。小麦工业用途十分广泛，可以制作麦芽，经过烘干后作为啤酒、饮料等行业的主要原料之一；可以制作淀粉，广泛应用于食品、造纸等领域；可以制作成乙醇、生物柴油等生物燃料。据专家估算，我国小麦年均食用消费量 9 000 万吨左右、工业需求量 1 000 万吨左右、饲用消费量 1 000 多万吨。受损超标小麦不适合加工成面粉，但可以用于饲料领域和工业领域，最大限度地发挥受损小麦使用价值。

河南、安徽局部地区小麦受损严重，对全国小麦供给影响不大，但会影响小麦价格运行空间以及市场购销格局。从价格来看，经营主体收购新麦按质论价，优质优价特征明显，主产区小麦价格因为流向不同而呈现两极分化，江苏、山东、河北等地优质小麦价格走高，河南、安徽等局部地区受损小麦价格偏低。从供给来看，由于主产区农户惜售以及新麦品质下降，优质小麦供应呈现阶段性偏紧状态，饲用小麦和工业用小麦供给相对宽裕。从供销格局看，由于主产区小麦品质差异和价格差异明显，经营主体跨区域采购小麦，受损地区的一些面粉企业跑去江苏、山东、河北等地收购优质小麦，东北地区的吉林新天龙、吉林燃料乙醇、国投铁岭等深加工企业跑去河南等地收购超标小麦，促进小麦跨区域流动。

小麦是夏粮的主要农作物，小麦产量占夏粮总产量的 90% 以上。抓好小麦收购对于保障粮食稳定安全供给、维护粮食市场平稳运行、保护种粮农民利益具有重要意义。各地应严格落实粮食安全党政同责要求，通过党政同责指挥棒，切实做好小麦收购，特别是要做好受损小麦的收购问题，确保小麦颗粒归仓。

有序组织秋粮收购是关键

"春种一粒粟,秋收万颗子。"各地秋粮陆续开镰,新粮也已陆续上市。秋粮产量占全年粮食总产量的四分之三,是全年粮食的大头,秋粮收购是全年粮食收购的重中之重。有关部门预计 2023 年秋粮旺季收购量 2 亿吨左右。做好秋粮收购,确保秋粮颗粒归仓,关系农民种粮收益和粮食生产稳定,关系粮食安全,更关系经济社会发展大局,大意不得。

2023 年秋粮生产多灾多难,着实不易。秋粮丰收是全年粮食丰收的关键。有关部门预计,2023 年秋粮面积 13.1 亿亩、同比增加约 700 万亩,其中高产作物玉米面积增加 1 300 万亩,为秋粮丰收奠定基础。然而,秋粮生产遭遇高温、暴雨、洪灾、台风等极端天气轮番侵袭,局部地区粮食生产受损严重。在中央、地方和广大农民共同努力下,通过科学防灾减灾,最大限度地减轻了灾害损失。从目前来看,大部分地区秋粮长势良好,有望再获丰收。各地正在抢抓农时收割,确保粮食"丰收在手"。

把种粮农民的"好收成"变成"好收入",关键环节是收购。粮食能否卖个好价,始终是农民最关心的问题。2023 年粮食价格高位波动,有利于农民卖个好价。当前我国粮食收购已经形成以市场化收购为主、政策性收购为辅的格局,优质优价的市场化收购成为主导力量,过去 5 年市场化收购比例均超过90%,且稳步提高,近两年均在 95% 以上。经过多年市场历练,农民市场意识普遍增强,看市场种粮,看行情卖粮,不再扎堆卖粮,售粮节奏更趋均衡。有关部门会根据粮食价格波动情况决定是否启动水稻最低收购价,确保农民种粮不吃亏,托住农民信心,真正做到市场化收购和维护农民利益并重。

农民是粮食生产的主力军,稳定农民种粮信心至关重要。农民售粮服务无小事,粮食收购企业要做好售粮服务,从小处着眼、细节入手,采取更多接地气、易操作、实实在在的政策措施,让农民卖"明白粮""放心粮""舒心粮"。要充分发挥粮食产后服务中心作用,利用好社会粮食仓储设施资源,及时向农民提供粮食清理、烘干、储存、加工、销售等产后服务,帮助农民减损增收。遇到雨雪天气时,要重点抓好烘干收储,为农户提供科学储粮指导,坚决避免发生霉粮坏粮。

秋粮收购关系保供稳价。粮食收购和保供稳价关系密不可分,收购工作做好了,保供稳价就有粮源保障;粮食市场平稳运行,收购工作就有良好环境。秋粮收购跨度时间长,从新粮上市到来年4月份,横跨中秋、国庆、元旦、春节、全国两会等重要时间节点。做好秋粮收购的同时,一定要确保粮食供给、市场不出问题。加强监测预警,做到苗头问题早发现、对策措施早研究、处置应对早行动。要从粮食产、购、储、加、销全链条着眼,加强粮源调度、加工销售、库存投放、储备调节、应急供应等协同联动,形成保供稳价合力。国家有关部门要适时优化政策性粮食投放安排,保障市场粮源供应。及时回应社会关切,引导稳定社会预期,防止出现恐慌性抢购。严肃查处压级压价或"打白条""转圈粮""以陈顶新"等坑农害农违法违规行为,维护粮食市场秩序。

秋粮收购事关经济社会发展大局。2023年是全面贯彻落实党的二十大精神开局之年,前8个月国民经济延续恢复向好态势,但也要看到,国际环境依然复杂严峻,世界经济复苏乏力,国内经济结构性矛盾和周期性因素叠加,持续恢复基础仍需巩固。抓好粮食收购,保持市场平稳运行,有利于维护宏观经济回升向好态势。2023年粮食生产多番遭受自然灾害,粮食问题引发全社会高度关注。有序组织粮食收购,持续释放积极信号,有利于稳定社会预期,增加广大人民群众的获得感、幸福感、安全感。

调节收储防范"丰产不丰收"

如今,秋粮收购正加速推进,玉米收储备受关注。中储粮在东北等玉米主产区增加 2023 年产国产玉米收储规模,为秋粮收购市场注入强心剂,对市场起到应有的支撑作用,但中储粮玉米收购价格与当地市场价格相差无几,对玉米市场的影响究竟如何,还有待观察。

中储粮增加国产玉米收储规模,能够助力兜住"种粮卖得出"的底线,保护种粮农民利益。粮食价格一头连着农民,一头连着消费者,粮价过低会损害农民利益,粮价过高会损害消费者利益,二者都要兼顾。近年来,我国建立了比较完善的粮食价格调控机制,确保粮价在合理区间运行。中储粮承担着"丰则贵籴,歉则贱粜"的调控职能,当粮食丰收、价格下跌时,适当提高收购价格,防止"谷贱伤农";当粮食歉收、价格上涨时,适当降低粮食售价,确保粮食有效供应,防止"谷贵伤民"。

玉米价格下跌需从供需关系变化方面找原因。玉米全身都是宝,可广泛应用于食品、饲料、工业及能源化工等领域,对保障国家粮食安全至关重要。我国是世界玉米第二大主产国和第一大消费国,玉米消费结构以饲料和工业消费为主,食用消费占比很小。从供应端看,2023 年玉米产量和进口量"双增",产量为 28 884 万吨,同比增长 4.2%;进口量为 2 713 万吨,同比增长 31.6%。从需求端看,2023 年玉米消费总量约为 2.78 亿吨,其中饲料消费 1.88 亿吨,深加工消费 6 800 万吨,食用消费 1 200 万吨,其他消费 1 000 万吨。我国经济恢复不及预期,玉米供应增加,养殖端玉米饲用消费下降,玉米供大于求,是导致价格下跌的重要原因。

中储粮这次增加新玉米收储规模,很容易让人想起 2007 年至 2015 年期间,我国在东北地区实行的玉米临时收储政策。玉米临时收储政策设计的初衷,是在市场供应较为充裕、价格下跌时,通过临时收储的方式收储玉米,保障玉米价格稳定、农民种粮收益稳定和国家粮食安全。但是,随着国内外经济形势和粮食供需格局变化,玉米出现阶段性过剩,库存高企、财政负担加重、收储压力不断增大、用粮企业经营困难等问题突出,玉米的整个产业链明显扭曲、市场效力大幅下降,积弊重重,到了不得不改革的地步。2016 年 3 月,国家取消玉米临时收储政策,实行"市场化收购＋补贴"的收储政策,至今已近 8 年时间。

目前,我国玉米收储完全实现市场化,收购主体由中储粮"一家独大"向多元主体"大合唱"转变。2020 年至 2022 年期间,在新冠疫情、极端天气、地缘政治冲突等因素影响下,粮食价格全面上涨,玉米由于产需缺口大,价格飙升,甚至一度领跑三大主粮。为了保障玉米稳定供应,有关部门从玉米增产和进口增加两头发力,经过几年努力,玉米供需关系明显改善,但价格再次进入下行通道。

此次增加玉米收储规模,并非玉米临时收储政策的回归。实际上,2016 年玉米退出国家政策性收购以后,中储粮虽不再承担国家下达的玉米临储任务,但维护粮食安全、市场稳定、服务调控的根本职责没有改变。当市场出现玉米供求失衡和价格震荡时,中储粮会在关键时刻发挥引领市场的支撑作用,预防"丰产不丰收"的历史重演。

在收储市场化条件下,市场形势瞬息万变是常态。玉米价格涨跌的成因复杂,与市场供需、天气变化、地缘政治冲突等因素有关,指望国家通过增加新玉米的收储规模彻底改变市场现状并不现实。应综合施策,精心组织秋粮收购,尤其要做好玉米收购。统筹抓好市场化和政策性收购,鼓励和引导多元主体积极入市。统筹利用好国内国际两个市场、两种资源,把握好玉米进口节奏和规模,谨防输入性风险。

玉米产业发展要服务粮食安全

在玉米供需关系紧张的情况下,玉米是用来加工饲料,还是用来生产燃料乙醇,直接关系国家粮食安全。我国粮食实现"十九连丰",有能力解决好自身吃饭问题,但饲用粮和工业用粮消费持续增加,粮食供需中长期将处于紧平衡态势,总量问题与结构性矛盾并存。在优先满足饲用粮的原则下,继续实施严格控制以玉米为原料的燃料乙醇加工的产业政策,进一步改善玉米产不足需的局面。

随着我国经济发展和人民生活水平的不断提高,食品消费结构不断升级变化,从"吃得饱"到"吃得好",从米面油到肉蛋奶,粮食直接消费减少而间接消费增加,总粮食消费量仍然呈刚性增长的态势。从玉米消费结构看,粮食消费细分为食用消费、饲用消费、工业消费和用种消费,饲用消费占比60%以上,工业消费占比20%至30%,食用及其他消费占比约为6%至7%。除了用种消费保持稳定外,饲用、工业、食用及其他消费均出现不同程度增长,成为我国玉米消费大幅增长的驱动因素。受资源环境刚性约束,玉米增产乏力,以玉米为原料的燃料乙醇加工产能快速扩张,会大规模挤占饲用粮,持续推高玉米价格。

我国发展粮食燃料乙醇加工已经有20多年的历史。2000年,为解决超期超标的陈化粮,我国开始计划推进生物燃料乙醇试点工作。2002年,国家在河南省和黑龙江省的5个地市启动车用乙醇汽油试点方案,2004年,扩大试点范围,批准了4个车用生物燃料乙醇项目。2006年,根据粮食市场形势变化,国家暂停玉米燃料乙醇新增产能,开始鼓励发展非粮燃料乙醇。2017年我国面对粮食连年高产、库存高企的问题,在保障粮食安全的基础上适度发展粮食燃料乙醇。2022年在玉米产需矛盾突出的情况下,我国又提出要严格控制以玉米为原料的燃料乙醇加工，减少对玉米的消耗。可以看出，我国发展燃料乙醇生产的初衷是为了处置超期超标人畜不能食用的粮食，后来燃料乙醇加工起到了调节国内粮食供求的作用。

以玉米为原料的燃料乙醇加工一定要服务国家粮食安全大局。我国人多地少，粮食供需长期处于紧平衡，不能像美国那样大规模发展粮食燃料乙醇加工，否则会伤及粮食安全的根本。为了确保口粮和饲用消费需求，我国发展粮食燃料乙醇一直本着"不与人争粮、不与粮争地"的原则，严格控制玉米深加工产业发展，特别是严格控制玉米用于工业酒精、燃料乙醇、涂料等非食物链生产。如果对玉米燃料乙醇加工不加以限制的话，在国内粮食难以满足工业消费需求的情况下，不得不大量进口玉米，将从根本上改变国内玉米供需格局，危及国内玉米产业安全和粮食安全。但需要指出的是，超期超标的粮食加工燃料乙醇，不会影响粮食安全。

生物燃料乙醇是一种"生长出来的绿色能源"，是可再生能源开发利用的重要方向。我国要严格控制玉米燃料乙醇加工，但鼓励非粮食资源生产燃料乙醇。目前我国生物燃料乙醇的生产原料从玉米、水稻、小麦等粮食逐渐转向甘蔗、木薯等经济作物和玉米秸秆、藤蔓、木屑、灌木枝等农林废弃物，逐渐摆脱对粮食的依赖。

在粮食总量问题和结构性问题并存的当下，严格限制玉米燃料乙醇加工满足饲用消费的同时，还要持续推进饲料中玉米豆粕减量替代，持续提高粮食综合生产能力，让每寸土地、每粒种子都要释放增产潜力，有效满足吃得饱、吃得好、吃得营养健康的消费需求。

拓宽国产大豆市场空间

俗话说,宁可食无肉,不能餐无豆。大豆及其制品已经成为人们生活中不可或缺的食品。为了改变大豆自给率低的现状,2022年我国实施大豆扩种计划,大豆增产明显。新季大豆上市以来,价格高开低走,农民惜售心理较为严重,产销矛盾突出。要解决国产大豆问题,要重视大豆扩种,也要重视大豆销售,不断拓宽国产大豆市场空间,实现国产大豆产业可持续发展。

国产大豆产销矛盾突出,根源在于供给过剩。我国大豆市场分为以国产大豆为主的食用大豆市场和以进口大豆为主的饲料大豆市场,两个市场相对独立,又具有替代性。我国食用大豆基本实现自给自足,常年消费量在1400万吨至1600万吨之间,但饲料大豆严重短缺,主要依赖进口。2022年国产大豆产量突破2000万吨,消费量约为1500万吨,明显供大于求,仅靠食用无法完全消化。国产大豆也可以压榨,但价格高、出油率低,压榨企业不愿意采购国产大豆。

黑龙江是全国第一大豆主产区,2022年大豆产量900多万吨,增产近200万吨,大豆产销矛盾尤为突出。这是因为,黑龙江大豆加工企业以前以压榨为主,大豆就地加工转化能力强。近年来,随着国产大豆从压榨领域转向食用领域,全国崛起一批以大豆制品加工和蛋白质综合利用为主的企业,主要分布在华东、华中和东北三大地区。黑龙江大豆采购主体和销售区域也向省外转移,向大豆蛋白集聚的山东转移,向调味品聚集的华南、华中、华东等区域,以及河南、广东等人口集聚的大豆主销区转移,黑龙江大豆就地转化能力减弱。加之,2022年其他省份大豆增产近200万吨,对黑龙江大豆形成竞争。

大豆加工企业是国产大豆产业健康发展的关键环节。受上游价格上涨和下游需求不振的影响,国产大豆加工企业经营举步维艰,无法为增产后的大豆销售提供支撑。从短期来看，国家应该通过加工补贴鼓励引导企业入市收购国产大豆。从长期来看，国家应该大力扶持国产大豆加工企业做大做强，推动企业加快构建全产业链体系，引导大豆加工企业到主产区投资设厂，建设大豆原料基地，实现订单式生产。这样，不仅解决了大豆扩种的问题，提高了企业抗风险能力，而且引导大豆主产区从卖原料向卖产品、卖品牌转变，引导农民从"种什么卖什么"向"市场需要什么种什么"转变，有效促进了产销对接。

扩种大豆是保障国家粮食安全的重要举措。面对国产大豆供给过剩问题，想方设法拓宽国产大豆消费空间应是长久之道。大豆是现有农作物中蛋白含量最高、质量最好的农作物，有"植物蛋白之王"的称号。近年来全球豆制品消费大幅增加，利用大豆、小麦等植物蛋白生产的"素肉"受到消费者追捧。作为传统大豆食品生产大国，我国有着14亿多人口超大规模市场，企业应该根据国际国内市场需求开发豆制品，发展大豆精深加工，不断延伸大豆食品产业链条。要强化科技创新驱动，实现产品多样化，不仅要生产豆油、豆腐、豆皮、豆奶等初加工产品，还要研发生产大豆蛋白产品、休闲产品、素肉以及维生素、异黄酮、卵磷脂等高附加值产品。现在"预制菜"发展火热，传统的豆制品如何在可行的范围内实现绿色加工，借"预制菜"发展东风，实现快速发展，是值得企业研究的问题。

国家应该加强大豆植物蛋白营养的宣传推广，促进豆制品消费。如果我国能以优质的国产食用大豆及其制品替代部分动物性食品的消费，那么，一定程度上可以降低大豆对外依存度，对维护粮食安全具有重要意义。不过，现在一些企业为了降低成本，采用廉价进口转基因大豆替代国产大豆。有关部门必须强化对进口大豆流向的监管，确保食物安全。同时，要通过提升大豆单产水平、降低种植成本等措施努力提高国产大豆竞争力。

粮食品牌如何变"流量"为"留量"

吉林大米、广西香米、天府菜油、水韵苏米、齐鲁粮油、广东丝苗米……在刚刚结束的第五届中国粮食交易大会上，来自全国 31 个省份的成千上万种粮油品牌集中亮相。在短短 3 天内，各地充分借助短视频平台和网红的流量属性提高品牌曝光度、影响力，圈了一大波粉丝。交易会结束了，各地应把粮食品牌"流量"变成"留量"，持续做好品牌建设和品牌维护，持续放大品牌效应，将品牌优势转化为产业优势甚至经济发展优势。

吃好粮，吃品牌粮，已经成为当前食品消费趋势。为了满足人民美好生活需要，近年来，我国不断推进粮食品牌化建设，增加绿色优质粮油产品供给。2015 年 7 月，习近平总书记在吉林考察时作出"粮食也要打出品牌，这样价格好、效益好"的重要指示，更是为粮食品牌化建设指明方向。各地根据自身资源禀赋和产业发展实际，出台政策，支持粮食品牌建设。有关部门启动实施优质粮食工程，全国掀起打造粮食品牌的热潮，涌现出吉林大米、山西小米、天府菜油等省级区域公用品牌，舒兰大米、湖州大米、忻州大米、五常大米等市县级区域公用品牌，以及中粮福临门、北大荒、乔家大院、大荒地等企业品牌和产品品牌，形成了区域品牌、企业品牌和产品品牌协同发展的势头，未来还会有越来越多的粮食品牌闪亮登场。

品牌强，则产业旺。粮食品牌化是推动粮食产业高质量发展的重要抓手，是粮食产业崛起的"催化剂"。我国粮食产业面临产业链条短、供应链不强、农民种粮收益空间窄、主产区"粮财倒挂"等一系列问题，河南、山东、江苏、湖南、湖北、四川、黑龙江、吉林等主产区通过打造粮食品牌，构建起现代粮食产业体系、生产体系和经营体系，建立"产购储加销"全产业链经营模式，提升粮食全产业链创新力、竞争力、全要素生产率，推动粮食产业向价值链中高端迈进，从"卖原粮"向"卖产品"转型，从"大粮仓"向"大厨房"转型，从粮食大省向粮食强省转型，促进农民增收、企业增效和区域经济发展，实现多赢共赢。

粮食品牌是打开市场的通行证、产品畅销的风向标。俗话说，一滴好油香十里，一家煮饭百家香。品牌知名度常常影响消费者选择的结果，当消费者站在琳琅满目的货架前选择货物时，大多会根据品牌知名度来选择商品。一个粮油品牌有了知名度，才有关注度、有流量。现在各地通过打造具有辨识度、知名度和美誉度的粮油品牌，为持续拓展市场构筑了牢固的"滩头阵地"。例如，"吉林大米"是吉林省打造的第一个粮食省级区域公用品牌，经过10年耕耘，吉林大米已在北京、上海、福建等省份站稳脚跟。又如，四川通过打造"天府菜油"省级区域公用品牌，实现了菜油从"路边摊"到出口国际市场的转变。天府菜油是国内食用油行业首个区域公用品牌，现在已经成为四川名片和全国粮油行业标杆，正努力走出四川、走向全国，甚至出口到阿联酋和澳大利亚等国。

打造品牌难，维护品牌更难。第五届中国粮食交易大会已经落下帷幕，成果丰硕。在流量为王的时代，各地要持续放大品牌效应，把"流量"变为"留量"，以营销出圈带动发展出彩，努力把品牌优势转化为产业发展优势。要持续保持品牌的高流量，实施品牌提升行动，从优势品牌创建、优良品种选育、龙头企业培育、三产融合、质量标准管控、营销渠道拓展等多方面着手，加快推动粮食品牌建设从量的发展向质的飞跃转变，夯实"中国好粮"根基，提升粮食品牌竞争力，推动粮食产业高质量发展。

期待粮食"加工树"枝繁叶茂

俗话说，无工不富。发展粮食加工业是粮食主产区实现农民富裕、区域经济发展和保障国家粮食安全的重要举措。从 2024 年中央一号文件以及农业农村部的部署落实重点工作看，保障粮食安全，要发力粮食生产，也要高质量提升粮食加工业。应精心绘制粮食"加工树"图谱，引导企业向主产区聚集，推进粮食生产和初加工、精深加工协同发展，促进粮食就地转化增值。

我国有 13 个粮食主产区、800 个产粮大县，13 个主产区粮食总产量占全国总产量 80％以上，是粮食提产能、保供给的重头大头。也要看到，粮食主产区经济实力不强、财力薄弱的问题较为突出。这个问题不解决，主产区重农抓粮的积极性就会受到挫伤，影响粮食生产保供大局。国家要加大对主产区纵向补偿力度，积极探索产销区横向补偿机制，确保主产区抓粮不吃亏。不过，要从根本上改变主产区经济社会发展水平低下的问题，既要靠利益补偿机制"输血"，也要支持主产区高质量发展粮食加工业，增强其自身"造血"功能。

发展粮食加工业，要规划先行，绘制粮食"加工树"图谱，引导加工企业开发多元的加工产品。粮食全身都是宝，不仅可以制作食品，还可以用作饲料原料和工业原料。我国粮食产业链条短、附加值低，以玉米为例，美国可以用玉米衍生出 3 500 多种产品，我国只能加工出 300 多种，发展玉米精深加工潜力巨大。各地应根据本地粮食资源优势、全球粮食加工发展方向、产业链条和主导产品，绘制粮食"加工树"图谱，引导企业发展精深加工，推进玉米、小麦、水稻、大豆等加工副产物综合利用，开发稻米油、胚芽油和蛋白饲料等产品，提升粮食附加值。山东滨州中裕食品有限公司打造出我国最长最完整的小麦产业链，衍生出 600 多种产品。如利用小麦麸皮加工的膳食纤维粉每吨

3万元左右,小麦粉中提取的谷朊粉每吨1.6万元,湿面筋中提取的蛋白肽每吨22万元,小麦附加值大幅提高。

以粮食加工业为重点建设一批全产业链典型县,形成一批"可看、可学、可推广"的典型模式和先进经验。产粮大县往往是经济弱县、财政穷县,要根据本地粮食"加工树"图谱,精准锁定目标项目、目标企业,按图索骥,靠"谱"招商,或培育玉米、大豆、水稻、小麦"加工树",使企业不断聚集,产业链不断延长,产业链上下游衔接更加紧密,粮食深加工产品不断丰富,最终形成规模效应。安徽阜南是全国小麦生产大县,通过引进中化、中粮、中裕等一批龙头企业,构建起优质小麦"产购储加销"全产业链经营模式,把小麦产业培育成强县富民的支柱产业。目前,其经验已复制推广到415个县,发展优质粮食订单面积超过1 400万亩,带动小农户100万户、农民合作社5 170多家共同发展。

创建农产品加工园区,是推进粮食加工产业集聚、延伸产业链条、提高附加值的有效途径。国家要支持引导粮食主产区结合本地资源优势创建国际、国家、省、市、县级农产品加工园区,推动粮食加工企业向园区集中,把园区打造成为现代农业的助推器、粮食产业发展的"新高地"、区域经济的增长极和龙头企业的孵化器。大量农产品加工企业聚集园区,通过订单农业、园区就业等多种利益联结机制,带动农民整体收入提升。如今,各地农产品加工园区建设如火如荼,对推动主产区粮食加工业优化升级起到积极作用,但经营不善、亏损倒闭的也不在少数。各地一定要规划先行、有序推进,争取建设一个、成功一个。

高质量发展粮食加工业,主产区要转变观念、调整思路。从绘制粮食"加工树"图谱,到按"谱"招商,培育粮食"加工树",形成粮食产业规模效应,需要国家大力支持和地方政府不懈努力,粮食加工企业不断创新突破,广大农民精心耕耘提供粮源支撑。在各方共同努力下,我国粮食"加工树"一定会茁壮成长、枝繁叶茂。

扎牢粮食质量安全篱笆

民以食为天，食以安为先，安以质为本。粮食质量安全事关人民群众的一日三餐，事关人民群众的身体健康和生命安全，对质量安全问题必须保持"零容忍"。2022年"食品安全宣传周·粮食质量安全宣传日"活动于2022年9月在全国各地展开。在全社会营造重视粮食质量安全浓厚氛围的同时，更应该强化粮食质量安全体制机制建设，扎紧粮食质量安全制度"篱笆"，守住"舌尖上的安全"。

随着生活水平的提升，消费需求已经从"吃得饱"转向"吃得好""吃得放心"，人民群众对粮食质量安全问题越来越关注。近年来，我国一直坚持粮食数量质量并重，在保障数量供给安全的同时，更加重视粮食质量安全。一方面，千方百计提升粮食综合生产能力，粮食产量连续多年稳定在6 500亿公斤以上，库存充足；另一方面，深入实施优质粮食工程，形成"种粮农民种好粮、收储企业收好粮、加工企业产好粮、人民群众吃好粮"的粮食流通新体系，直接带动增加优质粮食逾5 000万吨，粮食质量安全水平明显提升。

然而，粮食产业链条长，从田间地头到餐桌的全产业链条的众多环节，仍然存在粮食质量安全隐患。在生产环节，存在重金属污染、真菌毒素污染、农药污染等隐患；在储运环节，存在虫咬鼠吃、发霉变质等隐患；在加工环节，存在不良企业违法违规使用防腐剂、氧化剂、增白剂等食品添加剂的风险；在销售环节，存在掺假使假、以次充好，有毒大米、染色大米流入市场的风险。因此，要始终绷紧粮食质量安全这根弦，须臾不可放松。

好粮是种出来的，也是管出来的。筑牢粮食质量安全"防火墙"至关重要。

先进的标准体系是确保粮食质量安全的第一道"防火墙"。近年来，我国加强粮食标准质量工作，国家标准、行业标准、地方标准和团体标准、企业标准建设成效明显。截至2022年9月,国家粮食和物资储备局归口管理的国家标准和行业标准达到661项,粮食全产业链标准体系已基本建立。党的十八大以来,牵头完成3项国际标准制定任务,组织制定了31项国际标准;109项企业标准被评为"领跑者",10家社会团体和24项团体标准列为培优对象,59家储备企业开展绿色储粮标准化试点。目前我国粮油产品质量安全检验方法标准与国际标准已基本一致,为保障国家粮食质量安全提供了重要技术支撑。未来要不断完善粮食质量安全标准体系,加大重点标准和传统特色粮油产品标准的研究制定力度,持续提升标准供给水平。

针对基层粮食质量安全检验监测能力较弱、检验设备陈旧落后等问题,不断强化粮食质量安全检验监测能力建设,对粮食全产业链各个环节实施严格监管,严把粮食质量安全关,严防不合格粮食产品流入口粮市场。经过多年持续不懈努力,我国已初步建立国家、省、市、县四级联动粮食质量安全检验监测体系,基本实现"机构成网络、监测全覆盖、监管无盲区",各级质检机构整体水平大幅提升,为更好地保障国家粮食质量安全提供强有力支撑。

"法者,治之端也。"要用良法促进善治,对粮食质量安全问题实施最严厉处罚、最严肃问责、最严格监管和最严谨标准。近年来,我国加快粮食质量安全立法修规进程,无论是2022年9月公布的新修订《中华人民共和国农产品质量安全法》,还是2021年4月公布的新修订《中华人民共和国食品安全法》,都为粮食质量安全提供了重要法治保障。今后,还应该加快推动粮食安全保障法出台,修订《粮食质量安全监管办法》①等规章,建立完善第三方粮食质量安全检验监测制度,形成配套完善的粮食质量法规制度体系,不断提高粮食质量安全治理效能。

---

① 《中华人民共和国粮食安全保障法》于2023年12月29日公布,自2024年6月1日起施行。国家发展改革委于2023年7月28日公布了修订后的《粮食质量安全监管办法》,自2023年10月1日起施行。

第七章

粮食储备

用好用活粮食储备资源

用好用活政策性库存粮食,保障粮食有效供给,是保供稳价的重要举措。2021 年以来,受国际传导等因素影响,国内大豆、玉米及其他粮食价格高位运行,给相关产业带来一定成本压力。有关部门开启粮食调控政策"工具箱",充分发挥储备粮调节作用,为粮市降温,取得明显成效。

我国人多地少,粮食供求长期处于紧平衡状态,洪涝灾害、新冠疫情、国际粮食危机等因素都可能引发粮食价格波动。实现粮食供需基本平衡,就需要用好用活储备调控资源,调节市场供求,既要防止粮食供应短缺引发粮价大幅上涨,又要防止粮食供应宽松造成粮价震荡下跌。在粮食供求紧平衡的态势下,粮食调控须拿捏好分寸。

目前,我国已经建立起运转高效、管理规范的粮食储备体系,政策性粮食库存充足,调控资源丰富而有力,主要包括中央储备粮、地方储备粮和最低收购价粮等政策性库存。稻谷和小麦库存够全国消费 1 年,36 个大中城市和市场易波动地区还建立了能够保障 15 天以上的成品粮油储备,为保供稳价奠定了坚实的物质基础。2021 年以来,针对国内粮价上涨压力,有关部门持续投放政策性小麦和稻谷,积极发挥中央和地方两级储备吞吐协同效应,形成调控合力,确保市场平稳运行。

对于我国这样一个拥有 14 亿多人口的大国来说,粮食储存多一些,粮食安全系数就会高一些。目前,我国粮食库存消费比远高于联合国粮农组织提出的 17% 至 18% 的世界粮食安全警戒线。充足的粮食储备是保供稳市的"定海神针",我国储备粮足以应对各种局部的、时段性的粮食供求波动,各种偶发的市场供应紧张问题不至于形成连锁反应。例如,2020 年湖北省应对新冠疫情时,各级储备粮就发挥了重要作用。

不仅如此，在保证口粮绝对安全的同时，还需在储备粮品种结构安排上，兼顾主要副食品有效供应。目前，政府粮食储备中的小麦、稻谷口粮品种占比超过 70%，玉米、大豆饲料品种在中央储备中占比较小，在地方储备中占比更加少。随着消费需求的升级，大豆和玉米等饲料粮需求量有增大趋势。所以，应适当增加玉米和大豆等短缺品种储备规模，这样不仅能促进储备粮从总量安全向品种结构合理转变，而且有利于整合资源，发挥规模优势，对外提高国际议价能力，对内提高市场调控效果。

有人认为粮食储备调节是逆市场化的操作。笔者以为，这一观点是错误的。我国粮食储备体系是在深化粮食流通体制改革过程中逐步建立完善的，是粮食购销全面走向市场化的必要条件。从历史经验看，粮食流通必须坚持市场化改革大方向，绝不能走回头路，但也不能完全放任不管。要避免市场失灵导致粮价暴涨暴跌，就必须在保证市场发挥决定性作用的前提下，更好发挥政府储备粮调节作用，确保粮食保供稳价目标。这是必不可少的。

守住管好"大国粮仓"

种粮难,管好粮食也不易。近期,中央纪委国家监委曝光了一批粮食系统违法违规案件,引起社会关注。虽然涉案人员已被严肃查处,但这些腐败案件暴露出粮食系统个别工作人员目无法纪、责任缺失,以及粮食流通监管体系存在某些漏洞。对此,必须提高警惕,依法强化粮食流通监管,织密监管网,严厉查处涉粮违法违规案件,确保储粮安全。

储为国计,备为民生。我国粮食储备充裕,粮库遍及全国各地,是稳定市场的"定海神针"、政府宏观调控的"蓄水池"和保障粮食安全的"压舱石"。守住管好"大国粮仓",始终是粮食行业工作者的使命,是保障粮食安全的重要举措。经过多年发展,我国已经建立了严密的储备粮管理制度,不断强化政策性粮食流通监管,但粮食收购、储存、销售等环节监管仍然存在薄弱环节,给"粮耗子"提供了可乘之机。

梳理近年来各地发生的涉粮腐败案件,作案手段花样翻新、"各显神通",令人瞠目。有的粮库工作人员在收购时故意多扣收购粮食的水分、杂质,甚至通过操作磅秤等方式压低账面数字,将变相多收的粮食卖掉捞钱;有的粮库负责人利用职务之便,伙同他人通过虚开结算凭证、虚增粮食重量等手段,骗取国家粮食收购资金;有的粮库负责人在政策粮收储过程中通过"买陈顶新""先收后转""低收高转"等各种"转圈粮"骗取财政补贴等。有效识别"粮耗子"的腐败手段,有针对性地强化监管,对于保障粮食安全意义重大。

值得关注的是,在已经发布的各类涉粮案件中,出现系统性、塌方式腐败,涉案人员除了粮库负责人,还牵涉当地粮食管理部门、银行系统以及粮食企业负责人。粮库负责人监守自盗,负有外部监管职责的银行系统对粮库违纪违法行为视而不见,上级主管部门对储备粮库存、质量和安全负有监督管理的责任，但现实中部分监管检查存在"打招呼"现象，监管人员搞形式、走过场，看不到真问题，监管也就难免浮于表面。

粮食流通领域的违纪违法问题，严重侵蚀群众利益，造成国家损失，影响粮食安全。有关部门要严厉处罚涉粮案件相关责任人，但不能一罚了之，还要综合运用技防和法防等手段，筑牢"大国粮仓"的防护墙。

确保储粮安全，根本途径在科技。目前，一些地方粮库仍然存在着危仓老库多、安全隐患大、储粮技术落后、监管难度大等突出问题。要持续推动粮食仓储物流设施建设和粮库智能化升级改造，充分运用智能化信息化技术对粮库实行远程、实时监控，实现"穿透式"管理，无论是粮库保管员、粮食负责人，还是上级部门管理人员，都可以随时随地通过远程监控系统对每一个粮库进行监管，确保储粮安全看得见摸得着，从根本上杜绝"人情粮""转圈粮"等违纪违法问题。

要强化依法治理和责任落实，用法治手段堵上粮食流通监管漏洞。坚持"谁储粮、谁负责，谁坏粮、谁担责"的原则，把安全储粮的责任逐级压实到每一个收储主体、每一个承储企业负责人和每一个仓库保管员。认真贯彻落实《粮食流通管理条例》，持续强化粮食流通事中事后监管。国家粮食和物资储备局2021年6月份启动为期半年的全国粮食流通"亮剑2021"专项执法行动，对违反政策纪律、损害国家利益、坑害种粮农民和消费者的行为，发现一起严查一起，绝不姑息、绝不手软，用法治的方式守住管好"大国粮仓"，切实保护种粮农民和消费者合法权益，更好地保障国家粮食安全。

构建政企互补的粮食储备格局

2021 年 8 月，河南省粮食和物资储备局等五部门联合印发《关于建立粮食加工企业社会责任储备的指导意见（试行）》，明确市、县（市、区）规模以上粮食加工企业建立社会责任储备，推动形成政府储备与企业储备互为补充的粮食储备格局。这是地方政府丰富粮食调控手段，增强粮食安全保障能力，牢牢把住粮食安全主动权的一个重要举措。

建立企业粮食社会责任储备，是我国粮食储备制度改革的一项重大举措。2019 年 5 月中央深改委第八次会议上审议通过《关于改革完善体制机制加强粮食储备安全管理的若干意见》，对改革完善粮食储备管理体制、健全粮食储备运行机制作出部署。经过多年发展，我国初步建成中央储备与地方储备协同发展的粮食储备体系，已经具备同大国地位相符的国家粮食储备实力和应急能力，在防范化解重大风险、有效应对新冠疫情的过程中发挥了重要作用。

粮食收储市场化改革以来，我国加快消化政策性粮食不合理库存，临储粮去库存任务已经完成，最低收购价粮数量逐步减少，社会库存显著增加，粮价波动比以前频繁，储备粮"压舱石"和"稳压器"作用凸显。不过，我国粮食储备主体单一，以政府储备为主，粮食企业储备规模较小，难以适应粮食流通市场化改革的需要，亟须通过深化改革，创新完善粮食储备管理体制机制。

企业储备是国家粮食储备的重要组成部分。但是，许多企业为了降低储粮成本，不愿意多存粮，主要通过参加政策性粮食竞拍获得粮源，企业粮食社会责任储备很难落实到位。2020 年新冠疫情暴发以来，一些地方粮食加工企业因为遭遇交通封锁一度面临无粮可用的困境，特别是随着国内外粮价的上涨，企业存粮意愿显著提升。这在某种程度上倒逼着粮食加工企业加快建立社会责任储备。种种迹象显示，各地正加快企业粮食社会责任储备建设步伐。比如，湖北武汉市、浙江、云南、河南等地在建立企业粮食社会责任储备方面作出积极探索，政府储备与企业储备互为补充，为应对突发事件、市场保供稳价构筑起安全防线。

需要明确的是，企业粮食社会责任储备不完全是企业储备，也不是企业商业库存。企业储备包括商业库存和企业社会责任储备。企业商业库存是企业保持经营需要的周转库存。企业社会责任储备是规模以上粮食加工企业依据法律法规明确的社会责任所建立的义务库存，当地政府在粮食仓储等流通设施建设、企业融资和担保等方面为企业提供相应的支持，对经过核定的社会责任储备粮给予一定的财政补贴。企业社会责任储备粮权属于加工企业，平时用作企业日常经营周转，由企业自负盈亏，如遇特殊情况，无条件服从政府统一调度，承担调节区域粮食市场供求和应对局部突发事件等任务。

各级粮食和物资储备局对企业粮食社会责任储备实行动态监管，但监管难度很大。当地执法部门和行政管理部门必须加快提升依法管理水平，加大监管执法力度，对涉粮违法违规案件敢于动真碰硬；对承担社会责任储备的粮食加工企业实行信用监管，将严重失信的企业列入黑名单；严防粮食行政管理部门和粮食加工企业勾连，不能使企业粮食社会责任储备变成相关利益主体进行利益输送的温床。

大粮仓大粮商股权合作有深意

2022年1月，中储粮集团与中粮集团储备加工领域分类改革股权合作协议签约仪式在北京举行。两大央企通过股权合作，将组建中储粮集团控股的粮食仓储业务合资公司和中粮集团控股的油脂油料加工合资公司，这有利于推动粮食资源向优势企业集中、向主业企业集中。

粮食安全是"国之大者"。中储粮集团与中粮集团的功能定位不同，中储粮属于公益类企业，可谓我国最大的粮仓，主业负责中央储备粮和政策性粮食的管理；中粮集团属于商业类企业，是我国最大的粮商，主要从事粮食加工、贸易等经营性业务。多年来，这两大粮食企业保持着良好而广泛的合作关系，中储粮政策性手段和中粮市场化手段"双轮驱动"，共同为保障粮食安全作出重要贡献。这次在股权层面开展合作，中储粮将更加专注于储备业务，中粮将更加专注于市场化经营，做强做优粮油主业，切实提升市场调控能力。此举有利于提升粮食资源配置效率和抗风险能力，为粮油产业链供应链提供稳定可靠的基础。

细究中储粮与中粮开展股权层面合作，实则是我国推动中央储备业务与商业性经营分开、强化中央储备粮管理的一个重要举措。经过多年发展，我国建立了以中央储备和地方储备为主的政府粮食储备体系，在应急救灾、保供稳价和保障国家粮食安全等方面发挥了重要作用。然而，我国政府储备存在着承储企业储备与经营"一肩挑"的问题，这种运营模式有利有弊。好处是，承储企业可以通过加工经营将储备粮快速转化为终端消费品，减少中间环节，迅速投放市场，提升服务宏观调控的效率和能力。弊端是，隐患多、风险大、监管难，增加储备安全风险，影响市场公平竞争，容易使承储企业陷入"与民企争利"的争议中。在世纪疫情和百年变局交织之下，国际粮食市场形势复杂多变，粮食储备安全显得尤为重要，特别是中央储备粮不能有任何闪失。

不过，中储粮从经营性业务中抽离，会否影响我国粮油终端市场调控，从而影响国家粮食安全呢？应看到，粮油加工环节是掌握粮油制成品定价权的关键。2021年受全球植物油价格大幅上涨的影响，国内食用油加工企业生产经营成本增加，国内一些粮油加工企业对终端食用油产品有所提价，受到社会关注。此次合作的一个值得称道之处在于，中粮集团通过这次股权合作，有望成为国内最大的油脂油料加工企业，不仅不会影响市场稳定，还有利于增强我国粮油产品终端市场调控能力。

值得注意的是，近年来四大国际粮商在我国投资规模不断扩大，在大力发展油脂油料加工的基础上，在主产区大力发展小麦、稻谷等粮食加工业。虽然我国粮食加工企业众多，但是大多数企业竞争力不强，不具备与跨国粮商竞争的实力。中粮集团虽已跻身跨国大粮商的行列，2021年营收在全球粮食企业中位居首位，但在盈利能力、粮食产业链的竞争力以及全球粮食行业话语权方面，还存在明显差距亟待追赶。

储备粮承储企业政策性职能与经营性业务分离是大势所趋，但不能一分了之。在推进这一工作的同时，国家还要加快培育一批大型粮油加工企业，牢牢掌握国内粮油终端产品定价权，在国际市场形成一定的话语权和定价权，更好地保障国家粮食安全。

智能粮库促粮库管理变革

粮食是有生命的,对储存条件的要求极为苛刻,温度过高、湿度过大都会影响粮食储存品质。我国粮食库存充足,粮库建设得好不好,直接关系到粮食储存安全。2022年中央一号文件提出,加强智能粮库建设,促进人防技防相结合,强化粮食库存动态监管。这意味着我国粮食仓储设施建设将再上新台阶。各地须从国家粮食安全战略高度出发,统筹规划建设智能粮库,为确保储备粮储存安全提供技术支撑。

我国自古以来就非常重视粮食储备和粮库建设,蔚州常平仓、郧阳大丰仓、北京南新仓等粮仓历经漫长岁月,见证了我国粮食产业发展的历史。新中国成立以来,我国粮食仓储设施建设水平突飞猛进,粮食仓容从新中国成立初期的30亿公斤发展到现在的6 500亿公斤以上,粮库也由初期祠堂、庙宇、民房改建而成的粮仓,发展为苏式粮仓,再到现在高大平房仓、浅圆仓、立筒仓等现代化粮仓成为主流仓型。

我国幅员辽阔,大大小小的粮库遍及全国各地。各地经济发展水平存在差异,一些地方储备粮库仍然存在危老仓库多、安全隐患大、储粮技术落后、信息化水平低、管理粗放、监管难度大等问题,个别库点库存粮食存在质量安全问题,粮食损失损耗严重。更为严重的是,个别粮库管理人员"靠粮吃粮",监守自盗,储备粮食中掺杂使假、以次充好等问题时有发生,"人情粮""转圈粮"现象屡禁不绝,危及国家粮食安全。

智能粮库建设是确保储备粮储存安全、增强粮食安全保障能力的重要举措。智能化粮库建设,可以使遍布在全国各地的储备粮库形成"一盘棋""一朵云""一张网",无论是粮库保管员、负责人,还是上级部门管理人员,都可以随时随地通过在线监测平台这个"千里眼",对管辖范围内的粮库开展常态化、实时化远程监管。开发统一的智能粮库信息平台，将仓储智能化、出入库作业、船扦作业、库端业务管理系统和 OA 办公等多个子系统有机集成，解决了困扰粮库多年的"信息孤岛"问题，不仅提高了作业效率，降低了粮食损失损耗，确保粮食安全看得见、管得住，而且能预防储备粮库内腐败案件的发生。

从各地已建成的智能粮库看，每一个智能粮库都是一个高科技载体。智能粮库建筑材料采用新型辐射制冷材料，推广应用制冷控温、内环流控温、气调储粮和平房仓横向通风集成等绿色储粮技术以及大数据、云计算、区块链、人工智能等智能技术，粮情监测技术能实时监控仓内温度、湿度、水分、害虫、霉菌、气体等变化，高科技像空气一样渗透在粮库的每一个角落，到处闪耀着科技的光芒。

从我国粮库发展历史看，每一次储粮技术进步都会推动粮库管理方式的变革。如果说现在广泛应用的机械通风、环流熏蒸、粮情监测、谷物冷却"四合一"储粮技术推动了粮库管理从人工操作的粗放式管理向机械化、自动化水平较高的集约化管理变革，实现了绿色储粮，提高了作业效率，降低了粮食损失损耗，那么，智能粮库建设则推动着粮库管理方式从集约化管理向精细化管理转型，使我国粮库管理迈入信息化、智能化时代。

需要提醒的是，智能化粮库建设并不完全是另起炉灶，而是在整合利用现有粮食仓储资源的基础上优化提升，既可以新建，也可以应用绿色储粮技术和信息化、智能化技术对旧的粮库进行改造提升。无论怎么建，一定要克服"重建设、轻管理"倾向，坚守数据安全底线，筑牢数据安全防护体系。在保障智能粮库信息系统稳定运行的同时，加强储备粮数据安全管理。

夯实国家粮食储备根基

古话说，"备豫不虞，为国常道"。我国粮食储备充足，是市场供求的"调节器"、救灾应急的"蓄水池"和战略安全的"压舱石"，在保障国家粮食安全中发挥了重要作用。近年来涉粮违规案件时有发生，威胁粮食安全。我国要进一步夯实国家粮食储备家底，守住管好"天下粮仓"，综合运用法防、技防、人防等手段，构建违法违规行为"防火墙"，确保储备粮数量真实、质量可靠，确保关键时刻调得出、用得上。

我国历来高度重视粮食储备安全，粮食储备规模不断扩大，布局结构不断优化，库存管理逐步规范，粮食储备能力稳步提升。面对世纪疫情和全球性粮食危机，我国充分发挥储备粮"稳定器"作用，通过实施粮食宏观调控，确保了国内粮食基本供应不脱销、不断档，确保国内市场粮价始终保持平稳运行态势，与国际粮价大起大落、频繁波动形成鲜明对比。

充裕的粮食储备是我国保障粮食安全的优势所在。在当前复杂多变的国际形势下，不确定、难预料的因素增多，疫情、极端天气和地区冲突等突发事件发生的风险较高。党的二十大提出要"全方位夯实粮食安全根基"。我国在聚焦粮食安全补短板的同时，更要锻造粮食储备这个长板，树立"大储备"意识，坚持"一盘棋"推进。要加快构建与大国地位相符的国家粮食储备体系，优化储备布局结构；加快健全中央和地方、实物和产能、政府和企业储备相结合的储备机制，完善中央和地方储备联动机制，不断增强防范化解重大风险能力。

储备粮数量是否真实、质量是否良好、储备是否安全，一直是社会普遍关切的问题。近年来，粮食和物资储备部门在每年例行粮食库存检查基础上，探索更加有效的监管手段，开展政策性粮食库存大清查，摸清了"天下粮仓"

家底，交出了实实在在的"明白账"，建立了全国政策性粮食库存数量和质量数据库，为党中央、国务院进行重大决策提供了科学依据。

然而，令人痛心的是，近年来涉粮腐败案件时有发生，一定程度上影响储粮安全。为进一步强化监管，各级粮食和物资储备部门积极配合粮食购销领域专项整治，依法打击腐败。2021年6月，中央纪委国家监委牵头开展粮食购销领域腐败问题专项整治，各级粮食和物资储备部门认真开展粮食流通"亮剑2021"专项执法行动，为期半年时间。重拳打击之下，一批胆大妄为、贪得无厌的粮仓"硕鼠""蛀虫""蝇贪"被绳之以法，"人情粮""关系粮""空气粮""转圈粮""升溢粮"等靠粮吃粮的腐败现象有所减少。不过，要杜绝储备领域的违法违规行为仍任重道远、丝毫不能放松。

我国储备粮库遍及全国各地，守护好"大国粮仓"，将各种问题隐患消除在萌芽状态，必须高悬监管利剑。除定期检查外，还须运用"飞行检查""突击检查""12325热线举报"等创新手段，构建全方位监督检查体系，全面提升监管效能。

运用先进的科技实现储备粮库穿透式监管，能够弥补传统监管手段的不足和短板。随着大数据、云计算等新兴科技快速发展，粮食储备管理从粗放式管理逐步向全程化监控、立体式监管、全社会监督转型，中央和地方储备粮库实现全程即时在线穿透式监管，能够以在线视频随机抽查、跨省份交叉检查等方式随时随地开展检查，真正实现粮食储备安全看得见、摸得着，稳住粮食安全"压舱石"。

做好应急保供　守护百姓粮仓

"备豫不虞，为国常道。"近年来，新冠疫情、自然灾害等突发重大应急事件频繁发生，加剧粮食波动风险。如何保障应急事件下粮油产品供应不脱销、不断档，考验着一个国家的粮食应急供应保障能力。加快构建与大国地位相符的国家粮食应急保障体系，以储备的确定性来应对经济社会发展面临的不确定性和不稳定性，才能更好地保障国家粮食安全，也是全方位夯实粮食安全根基的题中应有之义。

古希腊的一位哲学家曾这样说过："人类的一半活动是在危机当中度过的。"如果对突发重大应急事件处理不力、处置不当，可能会引发一个地区、一个国家或者全球性粮食安全危机。近年来，我国全面加强粮食生产、储备、流通能力建设，2022年粮食生产实现"十九连丰"，粮食储备充足，建立涵盖粮食应急储运、加工、配送、供应各环节的应急保障体系，应急保供能力显著提升，抵御住了突发重大应急事件的轮番冲击，有效维护粮食市场平稳运行。

成品粮能迅速投入市场，是应对紧急情况下确保粮食供应的第一道防线。近年来，我国粮油储备不断充实，成品粮保障水平不断提高，保供稳价的物质基础扎实。36个大中城市主城区及市场易波动地区建立20天以上的成品粮油储备库存，山西、内蒙古、吉林、江苏、浙江、江西、广东、贵州、陕西、甘肃、宁夏等省份还结合应对疫情保供稳市的经验，要求辖区内地级市建立10天至15天的成品粮油储备，以保障关键时刻的应急需要。我国稻谷、小麦等原粮储备充足，加工能力强，粮食应急日加工能力够全国人民吃两天，可有效保障成品粮后续供应。粮食应急物流快捷高效，形成由都市区"1小时"、周边城市"3小时"、城市群"5小时"构成的"全国粮食135应急保障圈"，可在最短时间内把成品粮运送到消费终端市场。

应急保障中心是应急事件下确保粮食安全的重要载体。近年来，我国加快粮食应急保障中心建设，推动形成粮食储备、加工、配送、供应功能集成的区域、省、市、县粮食应急保障中心，有效衔接粮食产业链供应链上下游，确保区域粮食应急供应稳定高效。截至 2021 年末，全国共有粮食应急加工企业 5 507 家，应急供应网点 45 939 个，应急储运企业 3 788 家，粮食应急配送中心 2 838 家，粮食应急保障能力不断提升。聚焦粮食应急保障网点建设不足的薄弱县（市、区、旗），持续充实网点数量并优化网点布局，加大政策和资金支持力度，不断增强县级粮食应急保障能力。特别值得一提的是，2021 年以来，全国有 119 家企业被认定为国家级粮食应急保障企业。这些企业平时按市场化运作，自主经营，在粮食应急状态下承担粮食应急保障任务，有效发挥应急保障作用。

为做到有备无患，近年来我国不断推动完善国家、省、市、县四级粮食应急预案体系，扎实推进《国家粮食应急预案》修订工作。截至 2021 年末有 31 个省、自治区、直辖市修订印发省级粮食应急预案，333 个地级市均具备市级粮食应急预案，2 455 个县具备县级粮食应急预案。各地不断加强粮食应急预案演练，通过演练检验粮食应急预案在实战中的实用性、针对性和可操作性，确保应急粮食在紧急情况下调得动、用得上，保证粮食供应安全。

面对国内外发展环境的深刻变化，应坚持问题导向、聚焦补齐短板，进一步健全粮食应急保障体系，提升粮食应急管理精准性，优化粮食应急储备结构合理性，加强加工转化能力可及性，完善应急供应渠道协同性，提高监测预警体系敏锐性。增强忧患意识，加强粮食安全领域风险防范，提前做好应对准备，防患于未然。

整治"靠粮吃粮"不手软不含糊

　　粮食购销领域是保障粮食安全的关键环节和重要屏障,涉粮腐败问题会直接影响粮食数量安全和质量安全,严重损害人民群众切身利益,危害国家粮食安全。中央纪委国家监委2023年1月公开通报10起粮食购销领域违纪违法典型案例,印发《关于深化粮食购销领域腐败问题专项整治工作的意见》。这进一步彰显党中央清除粮食购销领域"硕鼠""蠹虫"的坚强决心,持续释放整治"靠粮吃粮"等腐败问题的强烈信号。

　　充足的粮食储备是我国有效应对重大突发事件、抵御特大灾害、稳定市场预期的"压舱石"和"稳定器"。近年来,在国际粮价大幅波动的情况下,国内粮食市场保持总体平稳,储备的作用功不可没。然而,粮食购销属于权力集中、资金密集、资源富集的领域,粮食收购、储存、销售各环节以及粮库设施建设项目往往成为违纪违法行为高发区,一些人利用职务便利牟取私利,搞"靠粮吃粮"、内外勾结、利益输送、套取资金、权力寻租、关联交易以及工程项目建设中干预招投标等违法违纪行为,不仅造成国有资产的流失,而且容易动摇少数群众对粮食安全的信心,贻害无穷。

　　储备粮是保百姓饭碗的粮食,决不能任由"粮耗子"折腾糟蹋。近年来,我国在全国范围内开展粮食购销领域腐败问题专项整治,清除"硕鼠""蠹虫"取得显著成效,但违法违纪问题仍然禁而未绝。中央纪委国家监委近期公开通报的10起腐败案件就是在专项整治期间查出的,这反映出当前粮食购销领域腐败问题存量尚未见底、增量还在发生,根治涉粮腐败仍然任重道远。

　　守住管好"天下粮仓",是全方位夯实粮食安全根基的关键举措。粮食购销领域腐败沉疴难除,须刮骨疗毒、猛药去疴、重典治乱。要以专项整治为抓手,持续探索治本之策,打好整治"组合拳",切实解决存量问题,严防增量问题发生。持续加大腐败问题惩治力度,对涉粮问题线索开展清底式"回头看",应查尽查,一查到底,从重从严惩处。要保持打"攻坚战""持久战""歼灭战"的政治定力,确保节奏不变、力度不减、标准不降。要坚持不敢腐、不能腐、不想腐一体推进,三者同时发力、同向发力、综合发力。以零容忍态度反腐惩恶,决不姑息,对粮仓"硕鼠"露头就打,着力净化粮食领域政治生态。

强化监管是有效防治涉粮腐败的关键。要探索建立常态化监督机制,结合查办涉粮腐败案件,查找制度漏洞、监管漏洞。开展"强监管严执法重处罚"专项行动,综合运用"飞行检查"、突击检查、交叉检查等有力手段,加大检查力度,严肃查处涉粮涉储违法违规案件,坚决纠治不作为、慢作为、乱作为。加强对各级粮食行政管理部门和国有粮食企业主要负责人和关键岗位人员的日常管理和监督,建立健全经常性自查自纠、监督检查和问题整改机制。

利用数字化技术提升"穿透式"监管能力。大大小小的储备粮库遍及全国各地,点多、面广,存在涉粮腐败风险点位多、涉及人员广、监管难度大等问题。要持续推动智慧粮库建设,按期建成覆盖中央和地方政策性粮食的数字化监管系统,实现承储库点信息化和互联互通全覆盖。截至 2022 年末,中央储备粮已经实现智能化全覆盖,29 个省份实现省级储备信息化全覆盖,"穿透式"监管格局初步形成。监管人员可随时随地在线上开展政策性粮食库存检查、新入库粮食跨省交叉检查,有效减少"转圈粮"、"空进空出"、擅自动用等问题的出现。

利剑高悬、震慑常在。粮食购销领域反腐败永远在路上。

粮食住进"好房子"至关重要

粮食安全重于泰山,粮食要种得好、收得好,也要储得好、管得好。2023年秋粮收获已近尾声,秋粮收购全面展开,确保颗粒归仓。粮库是储存粮食的硬件设施,加快建设安全粮库、智慧粮库、绿色粮库、廉洁粮库、美丽粮库,让粮食住进"好房子",提高粮库建设和管理现代化水平,才能确保粮食储存安全,不断提高库存粮(油)品质,更好满足人们"吃得好""吃得营养健康"的消费需求。

仓廪实,天下安。我国粮食连年丰收,库存充足,为保障粮食安全奠定坚实基础。库存粮食主要包括政府储备、政策性库存和企业商品库存三类,其中,政府储备包括中央和地方储备粮,政策性库存包括最低收购价粮、国家临时存储粮和国家一次性储备粮,企业商品库存是企业保持经营需要建立的周转库存粮食。在现有库存规模中,政府事权粮食占比超六成。把库存粮食储好管好,对保障国家粮食安全至关重要。

加快建设安全粮库,做好粮库软硬件建设,完善基础设施,提高管理水平。从硬件上,持续加大高标准粮库建设,全国标准粮食仓房完好仓容近7亿吨,平房仓、浅圆仓、立筒仓等现代化仓型成为主流,仓储条件总体达到世界较先进水平,能够满足当前粮食收储需要。从软件上,强化法治保障,健全粮食购销管理规定、粮食仓储保管规定,切实维护粮食储存安全。

我国地域辽阔,大大小小粮库遍及全国各地,管理是一道难题。加快建设智慧粮库,全面推广应用信息化、智能化技术,强化人防技防结合,提高粮食管理效能。所谓智慧粮库,是通过传感器、射频识别技术、自动化控制技术以及物联网、大数据、云计算、区块链等智能化技术,对粮食出入库中的登记、检验、称重、入库以及仓储管理、经营管理、财务结算等各个环节的作业流程进行智能化管理,实现了作业、物流、资金、信息等项目实时、准确、管控的现代化粮库。截至 2021 年 3 月底,全国粮食信息网络体系已初步完备,资源整合成效显现,在国家粮食和物资储备管理平台实现中央、省、市县三级储备粮信息化"一网通、一张图、一张表",为守护管好"天下粮仓"提供了有力支撑。

加快建设绿色粮库,推进低温、气调等仓储新技术系统集成,促进提质降耗、节粮减损。近年来,我国开展粮食绿色仓储提升行动,用科技赋能仓储升级,全国 900 多家粮食仓储企业积极参与新建高标准粮仓、推进老旧仓房维修和改造升级、提升仓房的气密和保温隔热性能,推广应用绿色储粮技术、发展多参数多功能粮情测控系统、提升清理净粮能力、推动粮仓分类分级,实现"优粮优储"。截至 2023 年 11 月底,全国粮食标准仓房完好仓容近 7 亿吨,已实现低温准低温储粮仓容 1.8 亿吨,应用气调储粮技术仓容超 4 600 万吨,粮食仓储由"安全储粮、减损降耗"向"保质保鲜、绿色优储"迈进,国有粮库储藏周期粮食的综合损失率降到 1% 以内。

粮库是"压级压价""以次充好""以陈顶新""空进空出"等腐败问题高发区域。要加快建设廉洁粮库,通过综合运用人防、法防、技防相结合的手段系统性整治,堵上粮库管理漏洞,严惩粮库腐败。持续强化粮食购销领域腐败问题专项整治,释放从严从重惩处信号。压紧压实有关部门属地管理和行业监管责任,以及粮食购销主体与监管责任。大力推进粮食监管信息化,深入推进"穿透式"监管,保持全面从严管粮管储的高压态势。强化法治保障和制度建设,不断净化粮食粮库政治生态,切实守牢粮食安全底线。

粮库是储存粮食的地方,也是粮库管理人员的工作场所和精神家园,要加快美丽粮库建设,优化环境条件。与传统粮库"傻大黑粗"不同,现在的粮库普遍"颜值"高,仓型设计富有现代感,仓内仓外干净整洁。库区绿树成阴、鲜花盛开、小桥流水,生态环境优美,形成人与自然和谐共生的美丽粮库,真正实现仓廪现代化、储粮绿色化、信息智慧化、管理精细化、库区园林化,会让粮库工作人员以良好精神状态守住管好"天下粮仓"。

藏粮于民意识有待提高

粮食关系百姓一日三餐,任何一项政策的出台都会引发不小关注。2023年12月初,浙江义乌倡议居民保持10天以上存粮,再次引发热议,有人甚至认为我国粮食不够吃了。义乌倡议居民多存粮不过是当地粮食和物资储备部门增强粮食储备能力、提升城乡居民储粮水平的一项重要措施,旨在发挥藏粮于民的作用,为保障当地粮食安全再加一把"安全锁",没有必要过分渲染、过度解读。

我国历来有藏粮于民的传统,居民家庭存粮是我国粮食储备体系的重要组成部分。近年来,我国粮食连年丰收、库存充足,库存粮食包括政府储备粮、企业经营性库存和居民家庭存粮,其中,国有粮库库存占比超六成,粮食企业和城乡居民家庭存粮意识下降,不少家庭甚至"零存粮"。为了提高风险防范能力,我国不断完善粮食储备机制,通过引导居民多储粮,督促指导单位食堂增加储粮,严格核定粮食经营企业最低库存等办法,推动粮食储备从"藏粮于库"向"藏粮于市""藏粮于民"转变,企业经营性库存从10天至15天增加至1个月至3个月不等,城乡居民家庭存粮普遍增加,有的居民家庭存粮够吃10天至半个月,有的农户甚至够吃一年。目前来看,我国粮食储备结构更加多元、层次更加丰富,应对各种风险挑战的能力不断增强。

居民家庭存粮可以起到粮食应急供应保障"缓冲阀"的作用,是我国保障粮食安全的重要法宝。有时,在重大突发事件发生的情况下,粮食安全问题不是因为粮食不够吃,而是消费者恐慌性抢购导致粮食短缺、价格暴涨。我国建立了涵盖储运、加工、配送、供应等各个环节的粮食应急保障体系,基本形成都市区"1小时"、周边城市"3小时"、城市群"5小时"的"全国粮食135应急保障圈",可以在最短时间内把粮食送到居民手中,但在紧急情况下物流可能会出现阻滞，导致粮食无法及时送达。如果城乡居民家庭存粮较多，就不会盲目抢购囤粮，可以为粮食应急供应争取缓冲时间。

藏粮于民，有备无患。当今世界百年未有之大变局加速演进，大国竞争加剧，地区冲突不断，极端天气频发，粮食危机愈演愈烈，2023 年爆发的世界大米危机波及美国、加拿大、马来西亚、缅甸等众多国家，直至现在还没有结束的迹象。我国一定要居安思危，不断提高藏粮于民意识，进一步调动居民家庭存粮的积极性和主动性，应对外部环境的不确定性。2023 年，云南、浙江义乌等地陆续出台藏粮于民的措施，不断拓宽藏粮于民的渠道，鼓励餐饮企业和集中用餐的机关、学校、部队、其他企事业单位食堂等消费单位，以及城乡居民参与社会化储粮，共同承担起保障国家粮食安全的责任。不过，民间储粮条件有限，存粮数量不必过多，以城乡居民家庭保持 10 天以上存粮、各单位食堂保持 15 天存粮为宜。

藏粮于民，关键是要科学储粮，确保粮食储存安全，降低损失浪费。从目前民间储粮来看，绝大多数家庭缺乏基本的储粮知识，没有专门的储粮装具，粮食简单地放在塑料袋、编织袋里，或者放在瓦缸、木桶、竹筒等传统储粮装具里，很容易发潮变质生虫，造成粮食损失浪费，引发食品安全问题。有关部门和单位要加大宣传力度，宣传藏粮于民的重要性，提高全社会储粮意识，调动家庭存粮主动性和积极性。积极普及家庭储粮知识，推广科学、小型、安全的家庭储粮装具，推广绿色保鲜储粮技术和真空包装技术，推广小包装成品粮，确保家庭储粮储存安全。

手中有粮，心中不慌。保障粮食安全人人有责。如果民间多存一些粮食，粮食安全就多一份保障。各地要加快构建政府引导、企业为主、家庭参与的社会化储粮方式，发挥藏粮于民作为粮食安全重要补充的作用，多层次全方位夯实国家粮食安全基础。

重拳惩治涉粮腐败

粮食购销领域腐败问题高发多发,给粮食安全带来严重危害。近日热播的年度反腐纪录片《持续发力纵深推进》第二集《政治监督保障》,其中一部分讲述了我国持续推进粮食购销领域腐败问题专项整治开展以来,黑龙江省纪检监察机关向粮食购销领域腐败问题坚决亮剑,保持查办案件高压态势。截至 2023 年 11 月份,黑龙江省立案 1011 件,采取留置措施 132 人,作出党纪政务处分 1367 人,13 名厅局级干部受到查处,黑龙江省粮食局原三任局长胡东胜、朱玉文、辛敏超被查处。黑龙江是全国第一产粮大省,从中可见全国粮食购销领域腐败问题的严重性。

粮食是人们日常生活必需品,也是关系国计民生和国家经济安全的重要战略物资。粮食购销涉及收购、储备、流通、加工、销售等各环节,涉粮腐败问题主要体现在贪污、受贿、挪用公款等方面,粮食购销、粮库设施建设、粮食运输、企业投资经营、粮食收储库点资格审批等方面成为腐败高发区。比如,在政策性粮食购销和政府储备粮轮换环节存在以陈顶新、虚假收购等腐败问题。粮食购销领域的系统性腐败,不断掏空国有资产,直接危害粮食安全。

腐败是社会发展的毒瘤,根除难度很大。通过两年多专项整治,一批"硕鼠""粮蠹""蚁贪"被查处,起到震慑作用。但当前粮食购销领域腐败问题依然严峻,存量尚未见底、增量还在发生,暴露出的问题形形色色。监管不力、漏洞太多、执法不严是导致腐败问题反复发生的重要原因。对此,要持续加大粮食购销领域腐败问题惩治力度,强化监管,打好监管执法考核"组合拳",切实服务保障国家粮食安全。

针对监管不力的问题,要扎实推进粮食储备和购销领域监管体制机制改革,形成靠制度管粮管人管权的长效机制。各级粮食和物资储备部门要根据粮权归属,制定履行粮食监管责任实施方案,细化责任清单,履行好中央和地方储备粮监管主体责任,强化对各自职责范围内的粮食流通和政策性粮食购销监管。国有粮食储备企业要加强内控管理,承担好政策性粮食管理职责。

充分运用信息化、智能化技术提升监管能力,实现"穿透式"监管。探索建立常态化视频查库机制,管理人员坐在办公室只需轻点鼠标,就可以了解职责范围内储备粮库的情况。截至2023年底,中央储备粮、最低收购价粮实现信息化全覆盖,省市县三级储备粮信息化覆盖率达到95%,实现"穿透式"监管指日可待。

惩治粮食购销领域腐败,需要猛药去疴、刮骨疗毒。要实施粮食流通监管"铁拳行动",持续重拳出击惩治涉粮违法违规行为。扎实组织开展年度库存检查、季度巡查、交叉检查、视频抽查和专项检查;针对问题多发、线索集中、反映强烈、社会关注的粮食流通重点环节、重点地区、重点行为,要加大执法力度。实行政策性粮食购销违法违规行为举报奖励制度,拓宽涉粮违法违规问题举报渠道,有效发挥"前哨"作用。

考核具有指挥棒、风向标的作用,抓好粮食考核是防范贪污腐败的重要抓手。实践证明,年度考核成为推动粮食购销领域治理体系和治理能力现代化的重要举措。要认真落实粮食安全党政同责,强化粮食安全责任制考核办法,从严组织粮食安全责任制考核。年度考核要直面问题,用足用好考核成果,发现违法违规问题要坚决严肃查处,涉嫌犯罪的要由监察机关立即移送司法机关,追责问责。

惩治粮食购销领域腐败是一项系统工程,既要打攻坚战,也要打持久战。坚决克服麻痹大意、松劲歇脚、疲劳厌战的情绪,保持坚韧和执着,持续发力,深化标本兼治、系统治理,不断拓展反腐败斗争的深度广度。对症下药、精准施治、多措并举,让反复发作的老问题逐渐减少直至不犯,让一些新出现的问题难以蔓延,取得反腐败斗争压倒性胜利。

管好粮库事关粮食安全大局

2024 年夏粮收购正由南向北陆续展开,一些地方粮食储备库启动储备粮轮入收购。粮食入仓后,能否管理得好,事关粮食安全大局。加快推进高标准粮库建设,强化粮库规范化管理,推进绿色储粮技术应用,推动粮库管理向智能化、绿色化转型,确保储备粮数量真实、质量良好,才能在国家急需时调得动、用得上。

储备粮是保障粮食安全的"压舱石"、宏观调控的重要基础。我国已经建立起管理规范、运转高效、保障有力的政府储备体系,用于调节粮食供求、稳定粮食市场、应对突发事件等。2023 年秋粮上市以来,玉米价格下跌,为了保障种粮农民利益,我国加大中央储备玉米收储规模,合理把握地方储备轮换节奏,在引领收购、提振市场方面发挥了关键作用。从目前来看,我国储备粮库总体管理得很好,在稳市、救急和恤民方面发挥了重要作用,为保障国家粮食安全作出重要贡献。但也要看到,各级储备粮库腐败案件频发,在储备粮轮换中存在"转圈粮""空气粮""升溢粮""损耗粮""价差粮""坑农粮"等违法违规行为,危害国家粮食安全,损害农民利益。在全球粮食安全面临极端天气、地区冲突和贸易保护主义等各种挑战的当下,管好储备粮库,增强服务保障国家粮食安全的战略能力,才能更好抵御粮食安全的不确定性。

储备粮管理得好不好,很大程度上取决于粮库建设的规范和配套设施的完善。近年来,我国大力推进粮食仓储设施建设,建设一批高标准粮仓,改造升级一批粮仓,加快淘汰一批老旧粮仓,既能满足收购旺季粮食收储仓容需要,又能确保仓储设施常用常新。截至 2023 年末,全国粮食标准仓房完好仓容超 7 亿吨,能够有效满足粮食收储需要。从仓型结构看,粮仓类型多样,能够满足不同功能需要,平房仓、立筒仓、浅圆仓等现代化粮仓已经成为主流仓型。平房仓以收纳、储备功能为主；立筒仓以中转功能为主；浅圆仓兼顾收纳、储备和中转功能。高标准粮仓的仓房保温隔热、气密等关键性能良好，采用环保节能材料，能够确保储存期间粮情稳定可控。

粮食入仓后，要及时做好通风降温和虫霉防治，确保储好粮、管好粮。政府储备粮的收购、销售、轮换、动用等应当严格按照国家有关规定执行。管好储粮粮库，要严格执行仓储管理制度和标准规范，确保储存安全。信息化系统是强化储备粮管理的"利器"，目前，我国政策性粮食管理已经实现信息化全覆盖，收购、销售、轮换、动用等信息实时采集、处理、传输、共享，确保可查询、可追溯。信息化系统实现全国储备粮"穿透式"监管，让粮库管理更加精准有力，一旦粮库内粮温粮情有异动，系统会自动报警提醒，可以有效防范粮库管理存在的违法违规问题，有力维护粮食储存安全。

管理好储备粮库，既要重视数量安全，也要重视质量安全。粮食有生命、会呼吸，储存期限 2 年至 5 年不等，如果管理得不好，会造成水分流失、品质下降。近年来，我国储粮技术取得一系列突破，一批绿色储粮技术应运而生。目前，机械通风、环流熏蒸、粮情测控、谷物冷却"四合一"储粮技术已成为国有粮库的标配，控温、气调、内环流、有害生物综合防治等绿色储粮技术应用比例不断提高，全国储粮化学药剂使用量大幅减少，有效延缓了粮食品质劣变，确保粮食保质保鲜，更好满足人民对绿色优质粮油产品的消费需要。从经济效益来看，粮食储存得好，在轮换时能卖个好价钱，提高储备粮企业经济效益，激发企业管理好粮食的内在动力。

仓廪实，天下安。坚决守住管好"天下粮仓"，需要各级管理部门、储备企业和广大"守粮人"共同努力，为保障国家粮食安全贡献"储备力量"。

第八章

粮食进口

增强国际粮食市场上的话语权

我国是全球最大的大豆进口国,每年进口的大豆占全球大豆贸易总量的60%。按照一般的供求理论,大豆的价格应该由"中国需求"来决定。实际情况是,大豆价格中国说了不算,而是由大豆供给方来决定。我国大豆产业不得不随国际市场起舞。

随着粮食进口的持续增长,我国对国际粮食市场的依赖性逐渐增长。目前我国已经成为粮食进口大国,但是还没有形成与粮食进口规模相匹配的国际地位,仍然没有建立起有效利用国际农业资源和市场的战略机制,在国际粮食贸易中缺少话语权和定价权,只能作为国际市场价格的接受者。

增强国际市场的话语权,要开拓多元化进口渠道。我国大宗资源性农产品进口既没有稳定的渠道,也没有形成全球供应链。目前我国进口农产品在全球呈现明显的区域分布,进口的农产品主要品种基本上来自少数农业发达国家,如从美国进口玉米、大豆、棉花,从巴西、阿根廷进口大豆,从加拿大进口小麦、油菜籽。进口来源国相对单一,容易受制于出口国政策变化和产量变化。要掌握粮食贸易中的主动权和话语权,就要实行多元化的粮食进口战略,可以通过市场方式避免国内粮食市场受到全球粮价的冲击。

要充分利用期货市场平台,规避国际市场风险。近年来,我国期货市场发展很快,推出很多农产品期货品种,为国内企业打造了参与国际市场的平台。但是,国内期货市场与国际市场还没有完全接轨,国内企业只能随行就市,被动接受国际市场价格。要充分利用国际市场上的主要农产品期货市场的风险规避功能,争取更多的国际市场话语权。

要积极走出去参与国际竞争,在竞争中要提高话语权。现在四大国际粮商美国阿丹米、邦吉、嘉吉和法国路易达孚,控制着国际谷物交易市场80%的份额，在国际粮食贸易中的影响力可见一斑。我国要提高农业国际竞争力，就要"走出去"，不是走出去做农民，而是走出去做国际粮商，开展粮食仓储、物流、加工、贸易等方面的国际合作，进行全球化布局，在与国际大粮商的同台竞争中不断提升竞争能力。

要善于利用贸易救济措施维护国家粮食贸易。国际贸易救济措施是指在国际贸易领域或在国际贸易过程中，世界贸易组织允许成员方在进口产品倾销、补贴和过量进口给国内产业造成不同程度损害的情况下，可以采用反倾销、反补贴等手段保护国内产业不受损害。我国也可以合理运用国际通行的规则发展和保护本国的粮食贸易。不过，国际贸易救济措施经常被指责为贸易保护主义，采取贸易救济措施一定要慎重。

确保国家粮食安全最根本的途径是加大农业投入，提高粮食自给能力。目前一些国家在国际粮食市场上的竞争优势主要表现在粮食价格低廉，一个很重要的原因是国外有着很高的农业补贴。我们要在世界贸易组织通行规则下，提高农业补贴水平，调动农民生产积极性，激发粮食生产的内生动力。

增强全球粮食供应链管理能力

运输安全是全球贸易的生命线。2021 年 3 月至 5 月，位于埃及境内的苏伊士运河接连发生货船堵塞事故，让已经遭受重创的全球贸易供应链雪上加霜，也给全球粮食贸易蒙上一层阴影。这一事故提醒我们，我国必须持续增强国际粮食供应链管理能力，确保进口粮食买得到、买得起、运得回，从而保证粮食进口安全。

粮食是海上干散货运输的主要货物之一，占整个海上干散货运输总量的 10% 以上，仅次于铁矿石及煤炭。目前全球粮食贸易航线以太平洋航线、大西洋航线和印度洋航线为主，这些贸易线路一旦受阻，就会成为全球粮食供应链的堵点，推高粮食价格。苏伊士运河是亚欧非之间繁忙的海上大通道，沟通地中海和红海，以运输原油、石油产品、液化天然气等能源产品为主，也少量运输粮食。

作为全球航运的咽喉要道，苏伊士运河断航凸显全球供应链的脆弱性，势必对全球能源市场产生影响，并间接影响世界粮价。但从目前来看，此次事故对我国粮食进口影响有限。这是因为，我国粮食进口来源地主要集中在美洲，从巴西、美国和阿根廷进口的大豆占总进口量的 90% 以上。从美国墨西哥湾沿岸地区和巴西、阿根廷进口的粮食要经过非洲好望角、马六甲海峡；从美国西部和加拿大西部进口的粮食以太平洋航线运输为主。近年来，我国不断拓展粮食进口来源渠道，从俄罗斯、乌克兰以及中亚和非洲等"一带一路"沿线国家和地区进口部分粮食。从中亚地区和俄罗斯进口的优质小麦主要以中欧班列运输为主，只有从乌克兰和法国进口的玉米和小麦会通过苏伊士运河运往中国，但总量相对较小。

物流运输只是全球粮食供应链中的一个环节，运输安全也只是影响全球粮食贸易安全的小概率事件。受新冠疫情冲击，目前全球粮食供应链的稳定面临巨大挑战，增加了我国粮食进口安全的风险。随着世界政治经济形势的变化，逆全球化趋势加剧，单边主义、保护主义抬头；新冠疫情对粮食生产、物流中转、终端配送等造成一定影响，引发了预期不稳和传导性恐慌，带来全球粮食价格和食品价格上涨。我国虽然是粮食进口大国，但在全球粮食市场上尚未形成完整的粮食供应链，大宗农产品贸易主要通过跨国大粮商进行采购。

苏伊士运河断航事故警示我们，运输安全对于确保粮食进口安全至关重要，必须着眼于长远，树立底线思维，增强全球粮食供应链管理能力。供应链相关企业须建立应急预案机制，遇到突发事件时做好风险对冲。应推进物流方面的国际合作，与各国携手加强全球物流基础设施建设，建立铁路、海运、空运为一体的多元化立体运输网络，确保粮食运输安全。应培育跨国大粮商，鼓励和支持国内粮食企业"走出去"，建立规模化海外粮食生产加工储运基地，充分利用两个市场、两种资源，深化海内外合作，全面参与全球粮食产业链、价值链、供应链重构。应建立和培育政府、国际组织、商会协会及企业间多样化的伙伴关系，利用"一带一路"沿线国家和地区基础设施建设、产业转型升级等契机，在经贸合作的基础上，建立多元化粮食合作机制，促进粮食进口来源多元化，降低可能出现的贸易风险。

培育具有国际定价权的大粮商

中国大粮商领跑全球大粮商的愿景,已经从梦想照进现实。根据 2021 年 8 月发布的 2021 年《财富》世界 500 强排行榜榜单,中粮集团不仅排名高居第 112 位,而且以 76 855.6 百万美元的营收位列国际粮商之首,这是中粮集团连续 27 年上榜以来的最高排名。世界 500 强榜单被誉为世界经济的晴雨表,中粮集团的崛起,正在打破国际四大粮商长期垄断世界粮食贸易的格局。

从目前来看,我国在国际粮食贸易中还没有相应的话语权和定价权,对国际粮食市场和粮食价格的影响力较小。以大豆为例,我国是全球最大的大豆进口国,每年大豆进口量占全球大豆出口的 60%,但由于国内粮食产业发展缓慢,尤其是国内大豆产业几乎受控于国际粮商,大豆进口价格不是由"中国需求"决定,而是由跨国大粮商说了算。国际资本紧盯"中国需求"炒作粮价,让我国陷入"买什么涨什么"的经济怪圈。2021 年全球粮食价格持续大幅上涨,粮食进口成本水涨船高。为了实现保供稳价的目标,我国在进口粮食的同时,不得不承受国际粮价上涨带来的采购成本压力。

在国际粮食贸易中,定价权对于一个国家非常重要,直接决定着其在国际粮食贸易中的地位和利益。国际四大粮商垄断着全球 80% 的粮食贸易量,在收储、物流、海运、金融、贸易等多领域形成对国际粮食贸易的垄断性控制,牢牢掌握着全球粮食定价权。在全球前 10 大谷物出口国中,国际四大粮商占据主导地位的有 9 个。在本轮全球粮食价格和食品价格飙升之际,国际粮商嘉吉公司迎来了史上最赚钱的一年,创下公司 156 年来最高纪录。

中国在国际粮食贸易中定价权和话语权长期缺失的问题,是新兴贸易大国普遍面临的困境。我国要充分利用国际国内两个市场、两种资源,培育具有国际竞争力的大粮商,提升我国粮商在国际粮食市场的话语权和定价权。

一方面,要鼓励和支持国内粮食企业"走出去",开展粮食仓储、物流、加工、贸易等方面的国际合作,建立规模化海外粮食生产、加工、储运基地,全面参与全球粮食产业链、价值链、供应链重构。另一方面,利用我国超大规模市场优势,培育新的进口渠道,构建粮食进口多元化格局。

中粮集团作为中国粮油企业走出去的"领头羊",已经由中国第一大粮油食品企业一跃成为全球具有领导地位的国际大粮商,堪称近年来我国粮食企业参与国际粮食贸易的一大亮点。与此同时,北大荒、首农等国内大型粮油企业也在积极走出去,向国际大粮商的目标迈进。然而,与其他跨国粮商相比,中国粮商普遍存在投资规模小、缺少高附加值投资、对海外大型龙头企业的并购不足、研发能力低、产业链短等问题,掌握的粮源、种子、加工核心技术等要素有限,在国际化程度和影响力方面还有差距,国际市场话语权仍然偏弱。

"一花独放不是春,百花齐放春满园。"我国需要培育更多像中粮一样的国际大粮商,这是保障国家粮食安全、参与国际粮食贸易的重要举措。2021年以来,我国积极布局培育国际大粮商,把"培育国际大粮商和农业企业集团"写入"十四五"规划。针对中国粮食企业"走出去"面临的融资难、融资贵的问题,中国人民银行、银保监会等六部门 2021 年 6 月 29 日联合发布《关于金融支持巩固拓展脱贫攻坚成果 全面推进乡村振兴的意见》,明确提出要支持培育具有国际竞争力和定价权的大粮商。有了金融活水浇灌,中国大粮商将进一步做大做强。

筑牢粮食进口关税配额"防火墙"

　　在全球粮食供应链遭受严重冲击的情况下,2021年我国粮食进口量大幅增加,确保了国内市场供应。据中国海关发布的数据,2021年1月至8月我国粮食进口量11 453.6万吨,同比增长34.8%,超过了2019年全年粮食进口量。粮食进口量大幅增加,是国内生猪产能快速恢复发展、饲料需求增加,新冠疫情之下战略储备增加,并叠加国内外粮食价差大造成的。

　　适度进口粮食是我国保障粮食安全的重要途径。近年来,我国立足国内,持续提高粮食综合生产能力,粮食产量连续多年保持在6 500亿公斤以上,实现了"谷物基本自给、口粮绝对安全"的粮食安全目标。但是,人多地少的现状决定了我国不可能完全实现粮食自给,还要充分利用全球资源满足国内需求,进口小麦和大米,主要用于调剂国内需求结构;进口大豆、玉米、大麦、高粱等,主要用于食用油、饲料、酿酒等领域。

　　我国每年粮食进口量过亿吨已成常态。从粮食进口结构看,大豆进口比重下降,玉米、小麦和大米三大主粮进口比重上升。为了避免三大主粮进口过量冲击国内产业安全,我国对玉米、小麦和大米实行进口关税配额管理政策,配额内进口征收1%关税,配额外进口征收65%的关税。我国从2001年加入世界贸易组织以来,除了2002年和2003年两年对三大主粮进口关税配额有所调整外,2004年至今,三大主粮进口关税配额基本保持稳定。2021年三大主粮进口关税配额分别为小麦963.6万吨、玉米720万吨、大米532万吨。

　　通过高关税来确保国内粮食产业安全,是世界各国通行的做法。挪威、瑞士、日本等国农产品平均关税水平都非常高,进口价格"天花板效应"并不突出。我国粮食国际竞争力弱,国内外粮价长期倒挂,一旦完全放开,势必会冲击国内粮食产业安全。如大豆进口取消关税后，在国内需求增加、内外价格倒挂背景下，大豆进口节节攀升、屡创新高，国产大豆逐渐被边缘化。对三大主粮实行进口关税配额管理，相当于为国内粮食市场竖起了一道"防火墙"，有效限制了主粮进口规模，保护三大主粮产业免受进口粮食冲击，从而保护了农民种粮积极性。

当前，一些国家希望我国扩大粮食进口关税配额，国内一些人也有这样的想法。对此，一定要保持战略定力，不可轻易调整现有粮食进口配额政策。粮食关税不减让、配额不扩大，对稳定国内粮食生产至关重要。我国三大主粮进口配额是全球配额，不能为了某一个国家而调整。不过，我国按照世贸组织规则和入世承诺，不断完善小麦、玉米和大米关税配额管理办法，在市场化条件下已充分使用配额。

2020年注定成为我国粮食进口的一个关键年份。2020年之前，我国三大主粮进口配额一直都没有用完过，很少有配额外的进口。2020年三大主粮进口激增，玉米进口创纪录达到1 130万吨，首次超过全年关税配额，预计2021年玉米进口超过2 600万吨。在2021年全球玉米价格高涨的情况下，配额外进口玉米关税高达65%，进口玉米价格与国产玉米相比，已经没有了价格优势，这在一定程度上会提振国产玉米价格，保护种粮农民利益。

充分利用国际国内两个市场、两种资源满足国内需求，是我国粮食安全战略的必然选择。下一步，要不断拓展多元化进口渠道，增强全球粮食供应链管理能力，确保粮食买得到、运得进。但我们也要善于运用贸易救济措施，维护国内粮食产业安全。在粮食过量进口给国内产业造成损害的情况下，可以通过提高关税等措施确保国内粮食产业具有合理的利润空间。不过，国际贸易救济措施经常被指责为贸易保护主义，采取贸易救济措施一定要慎重。

以更开放姿态促进全球粮食贸易

在国际贸易保护主义盛行、新冠疫情肆虐的大环境下，我国始终坚持全方位开放政策，以更加开放的姿态促进全球粮食贸易。在2021年11月10日结束的第四届中国国际进口博览会上，国内粮食企业与美国阿丹米（ADM）公司、邦吉公司、嘉吉公司和法国路易达孚等国际大粮商签订粮食进口大单，与国际大粮商建立了更加密切的交流合作关系，维护了全球粮食供应链和产业链的稳定，为保障世界粮食安全作出重要贡献。

2021年是我国加入世界贸易组织20周年。20年来，我国全面履行入世承诺，不断扩大粮食市场开放，粮食进口量从占全球份额5%提高至22%，2020年粮食进口总量突破1.4亿吨。从2021年粮食进口的趋势看，粮食进口总量有望超过2020年。粮食进口量的稳定增长，不仅有助于解决我国粮食结构性短缺问题，还能补充库存、优化供给结构，满足消费者吃得好、吃得营养、吃得健康的消费需求。

从国际市场看，2021年全球粮食生产虽然受到新冠疫情、极端天气影响，一些国家粮食生产受到干扰，但全球粮食市场供求宽松。据国际有关机构预测，2021年全球粮食产量保持高位，小麦、玉米、大米、大豆等粮食品种产量均较上年有所增加，供需将延续宽松格局，这为我国粮食进口创造了比较好的条件。然而，不得不承认的是，全球粮食供应链不稳定性、不确定性明显增加，船舶周转率下降，全球运输价格不断创新高，全球粮价涨至2011年7月以来最高水平，我国粮食进口面临较大风险挑战。

不仅如此，还要看到，作为全球粮食进口大国，我国在国际粮食贸易中缺少话语权和定价权。从第四届进博会上的采购情况看，我国粮食企业在粮食贸易中还停留在采购阶段，在进口来源地还没有形成种植、加工、储备、配送为一体的全产业链发展模式，没有真正掌握第一手粮源。与那些在国际市场掌握绝对定价权的跨国大粮商相比，我国粮食企业无论是在全产业链发展方面，还是在产业竞争力方面，仍存在很大差距，获利能力普遍较弱。如何提高在国际粮食市场的话语权和定价权，更好地参与国际粮食贸易，依然是国内粮食企业面临的重要课题。

确保粮食稳定进口，是保障国家粮食安全的重要途径。从国家层面来看，我国坚定不移推动粮食市场高水平开放。一方面，我国应该充分发挥超大规模市场优势，培育多元化市场，逐渐摆脱对某一市场的过度依赖，降低进口风险。目前我国粮食进口来源地有140多个国家和地区，遍布亚洲、美洲、欧洲、非洲、大洋洲，促进了全球粮食资源合理流动，提升国家粮食安全保障水平。另一方面，我国将积极维护全球粮食安全，在南南合作框架内继续向其他发展中国家提供援助，让有关国家和地区搭上中国经济高质量发展的快车。

从企业层面来看，要进一步增强全球粮食供应链管理能力，加强与国内外粮食企业、货运企业、运营企业的合作，不断扩大"朋友圈"。企业之间粮食、航运、物流等方面要进一步开展深度合作，实现优势互补，增强协同效应，提高企业规避市场风险的能力。同时，要积极参与"一带一路"沿线国家和地区农粮产业深度合作，在当地构建仓储、加工、码头，为当地农业经营者提供技术服务，维护全球农粮产业链和供应链的稳定、高效、畅通。

"孤举者难起，众行者易趋。"中国的粮食安全离不开世界，世界的粮食安全也需要中国。各国应该持续深化国际合作，携手维护世界粮食安全，让开放的春风温暖世界，让世界远离饥饿。

把握粮食进口主导权

2022 年以来,面对新冠疫情持续、俄乌冲突等多重因素影响,粮食贸易保护主义升温,全球粮食产业链供应链"堵点""断点"增多,进一步加剧全球粮食供需失衡。2022 年 5 月,我国解除对加拿大油菜籽进口的禁令,与巴西签署关于玉米、大豆蛋白、花生、豆粕进口等协议文件。这一系列政策既维护了我国粮食进口安全,又维护了国际粮食市场平稳运行。

民以食为天。粮食安全是关系国计民生的头等大事,是国家安全的基础,也是国际社会长期面临的挑战。在引发当前全球性粮食危机的各类因素中,俄乌冲突带来的影响最为巨大。俄罗斯和乌克兰是世界两个重要粮仓,也是两个重要的粮食出口国,俄乌冲突导致粮食出口和物流中断,全球粮食供应受到严重影响。在俄乌冲突的蝴蝶效应下,一些国家为了自保,限制粮食出口,进一步推高全球粮食价格,加剧部分粮食进口国面临的粮食危机。联合国粮农组织 2022 年 5 月发布的《2023 年全球粮食危机报告》预测,到 2023 年,俄乌冲突可能造成长期食物不足人数激增。

面对全球性的粮食危机,提高粮食自我保障能力是正途。我国一直坚持立足自身保粮食安全,饭碗里必须主要装自己生产的粮食。经过几十年努力,我国粮食生产连年丰收,人均粮食占有量达到 483 公斤,把中国人的饭碗牢牢端在自己手中。但我国粮食安全的基础仍不稳固,粮食安全的形势依然比较严峻,大豆、油脂油料等个别品种对外依赖程度高,受国际市场影响较大。全球粮食贸易保护主义抬头给我国粮食进口带来一些不利影响,导致我国粮食进口量略有下降、进口成本增加。

面对严峻复杂的国际经济政治环境,我国持续构建粮食多元化进口格局,掌握进口的稳定性和主动权,尽量避免形成对某一个进口来源过度依赖的局面。以前我国进口大豆主要来自巴西、美国、阿根廷，进口玉米主要来自美国和乌克兰，进口油菜籽主要来自加拿大，进口棕榈油主要来自印度尼西亚和马来西亚。2022 年以来，我国相继开放缅甸玉米和巴西玉米进口，允许俄罗斯全境小麦进口，解除加拿大油菜籽进口禁令，寻找多元化的替代粮源，进一步保障粮食进口安全。

金融投机炒作是导致全球粮食价格上涨的重要因素。当前正值夏粮收获上市之际，我国加强粮食收购市场监管，严肃查处压级压价、囤积居奇、操纵价格等违法违规行为，限制金融投机，平抑粮价上涨势头，维护粮食市场秩序。进一步提升粮食和物资储备行政管理部门依法监管能力，加大粮食收购市场监管和行政执法力度。

合则两利，斗则两伤。加强国际合作是应对当前全球性粮食危机的正确姿态。世界各国应该协调行动，加强国际合作，共同努力让乌克兰等国的农产品和化肥重回国际市场，让全球粮食生产和供应稳定畅通起来。一些发达国家在提高自身粮食产能的同时，也要减少贸易和技术壁垒，帮助发展中国家提升粮食自我保障能力，增强应对全球粮食危机的能力。

确保大米进口"两个安全"

　　水稻是我国重要的口粮之一,"米袋子"安全关系 14 亿多中国人的饭碗。根据中国海关总署 2022 年 10 月发布的数据,2022 年 1 月份至 9 月份,我国累计进口大米 505 万吨,同比增长 41.1%,已超过 2021 年全年大米进口量。我国水稻完全实现自给自足,大米进口激增并非国内供应存在缺口。大米进口增加可以优化国内供给结构,在确保大米进口安全的同时,还要防止影响国内大米产业安全。

　　大米用途广泛,可以用作口粮,也可以用于酿酒、制作米粉,在比价关系合理的情况下,大米还可以替代玉米做饲料。我国水稻连续多年产大于需,储备充足,自给率超过 100%,2022 年早稻实现增产,南方高温干旱对中晚稻影响总体有限,大米供应并不存在缺口,但玉米供应紧张的问题仍然存在。2022 年受俄乌冲突影响,俄乌两国小麦、玉米出口受阻,全球小麦、玉米价格高位运行,进口成本上升,我国加大了大米进口力度。进口大米除了部分高端大米如泰国香米进入口粮市场外,大部分进口大米特别是碎米进入食品工业领域和饲料领域。从 2022 年 1 月至 9 月粮食进口结构看,玉米、小麦进口量下降,大米进口量增加。

　　价格低是我国大米进口增加的重要原因。新冠疫情发生以来,小麦、玉米等粮食品种价格持续高位运行,但大米价格相对稳定,被称为全球粮食市场的"稳定器"。2022 年受高温干旱、洪涝灾害等极端天气以及贸易保护主义政策的影响,全球大米价格虽然连续多月上涨,但涨幅明显低于小麦、玉米价格。而且,国内外大米价格存在倒挂现象,进口大米到岸价格低于国内大米价格,进口成本优势明显,激发了我国企业进口大米的积极性。

　　大米进口激增是否会冲击国内大米市场,影响国内大米产业安全,这是当前社会普遍关注的问题。为了避免国际低价粮冲击国内市场,确保国内大米产业安全,多年来我国对大米进口实行配额管理,大米进口配额一直保持在 532 万吨,配额内进口关税低,配额外进口关税高,这相当于为国内大米市场建立起"防火墙"。从目前进口趋势看,2022 年大米进口有可能首次突破进口配额。为了保护和调动农民种粮积极性,2022 年我国提高了水稻最低收购价,在秋粮上市之际,安徽、江苏、河南、湖北等主产区已经启动中晚稻最低收购价收购,确保农民"有粮卖得出",但是一定要防范"洋米入市、国米入库"现象再次发生。

增加大米进口可以优化国内大米供给结构,填补饲料粮供给缺口。要持续增强全球粮食产业链供应链管理能力,构建大米进口多元化格局,确保进口安全。我国大米进口来源地主要集中在越南、泰国、巴基斯坦、柬埔寨、缅甸、印度等国家。2022 年受高温干旱、洪涝灾害等极端天气影响,一些国家采取贸易保护主义措施,使得国际大米贸易稳定性受到影响。我国要持续推动进口来源地多元化,提高全球大米议价能力,确保大米买得到、买得起、运得进。

面对复杂多变的国际形势,以国内供给的稳定性应对国际市场的不确定性,方为上策。一方面要深入贯彻实施藏粮于地、藏粮于技战略,持续提高水稻产能,不断挖掘水稻增产潜力;另一方面要贯彻"减损就是增产"的理念,推动水稻全产业链节粮减损,如在加工环节,通过修订大米国家标准,引导企业从过度加工向适度加工转型,提高大米出米率,充分提高粮食资源利用率,实现绿色增产。

持续增强我国玉米全球供应链

2023 年 5 月 4 日,一条满载 5.43 万吨南非玉米的货轮停泊东莞麻涌港区的消息引起广泛关注。这是继 1 月份巴西玉米首次登陆中国后,南非玉米首次登陆中国。一个个"首次"凸显我国玉米进口来源地更加多元化,玉米全球供应链进一步增强,国内玉米稳定供应得到有效保障。

作为世界第一粮食生产大国和消费大国,我国虽然粮食连年增产,实现了谷物基本自给、口粮绝对安全的粮食安全目标,但饲料粮仍然是保障粮食安全的短板。这是因为,随着人们生活水平的提升,肉蛋奶等动物性食品消费需求快速增长,拉动饲料粮需求增加,国内饲料粮长期不能满足需求,需要大量进口确保饲料粮供应安全。

玉米作为粮饲兼顾的粮食品种,饲用消费占六成以上。2023 年一季度经济回暖明显,再加上一季度是消费旺季,肉蛋奶的需求旺盛,玉米消费量明显增加。中国饲料工业协会数据显示,2023 年 3 月份全国工业饲料产量 2 511 万吨,环比增长 10.4%,同比增长 5.5%。饲料企业生产的配合饲料中玉米用量占比为 38.1%,同比增长 1.3 个百分点,玉米饲料需求稳中有升。为了确保饲料供应稳定,我国在实施玉米单产提升行动确保玉米增产的同时,不断拓展玉米进口渠道,掌握玉米进口主动权,确保进口稳定性。

追溯玉米进口的历史,我国从玉米净出口国转变为净进口国,只有短短十几年时间。在 2001 年 12 月加入世界贸易组织前,我国玉米一直保持净出口态势,玉米出口量曾经逼近 1 700 万吨。2010 年我国首次转为玉米净进口国,进口量一直保持较高水平。2020 年玉米进口量达到 1 129 万吨,首次突破 720 万吨进口配额的限制。2021 年玉米进口量达到 2 835 万吨,再创历史新高。2022 年玉米进口量下降至 2 062 万吨,但仍处于 2 000 万吨以上的高位。

美国和乌克兰是我国玉米进口主要来源地。2010年至2013年期间,我国从美国进口的玉米占比超90%以上,2015年乌克兰取代美国成为我国玉米第一大进口来源地,每年我国从乌克兰进口的玉米占比均超80%。玉米进口来源地高度集中,进口安全风险大。近两年,受地缘政治冲突、粮食贸易保护主义以及某些国家粮食武器化等各种因素叠加,我国玉米进口安全受到影响。构建粮食进口多元化格局,成为我国增强玉米供应链稳定性的必然选择。

构建玉米进口多元化格局,要从拓展玉米进口来源和优化进口品种两方面着手,避免进口来源渠道和进口品种过于单一带来的安全风险。一方面,要拓展进口来源地,除了美国、乌克兰外,2022年以来我国开辟缅甸、巴西、南非玉米输华通道。海关数据显示,2023年一季度我国进口玉米752万吨,其中,从美国进口285万吨,占到总量的37.8%;从巴西进口216万吨,占比28.8%;从乌克兰进口208.6万吨,占比27.7%。值得关注的是,仅仅几个月时间,巴西已经超越乌克兰成为我国玉米进口第二大来源地。另一方面,应调整优化粮食进口结构,增加大麦、高粱、小麦、碎米等玉米替代品进口,有效补充国内玉米缺口。

还要加强与世界产粮大国的贸易合作,为确保粮食进口的稳定性注入持久动力。2023年4月份,我国在粮食外交方面取得丰硕成果。《中华人民共和国和俄罗斯联邦关于深化新时代全面战略协作伙伴关系的联合声明》提到,双方将积极创造便利,提升互输农产品和粮食的多样性和供应量。《中华人民共和国和巴西联邦共和国关于深化全面战略伙伴关系的联合声明》也提到,双方要坚定推动两国粮食贸易的安全顺畅发展,并承诺推进巴西高粱、大米输华议定书磋商。此外,中澳在世贸组织框架下就大麦双反措施争端达成共识,有助于澳大利亚大麦重返中国市场。

粮食外交已经成为我国外交的重要组成部分。通过开展积极的粮食外交,不断扩大"朋友圈",这有利于我国进一步增强全球粮食产业链供应链管理能力,掌握国际农业合作和粮食安全的主动性。

确保粮食供应链韧性和安全

2023 年新冠疫情的阴霾已经消散，但黑海粮食运输协议中断，厄尔尼诺现象周期性再现引发极端天气，粮食贸易保护主义抬头，全球粮食供应链再一次面临断裂的风险。作为一个粮食进口大国，我国粮食供应链韧性和安全水平能否经受得住冲击，确保进口安全，成为人们关注的焦点。

在人类发展历史上，粮食危机始终如影随形。极端天气、贸易保护主义和战争，任何一个因素都有可能引发粮食安全问题。2023 年全球粮食供需总体紧平衡，但诱发全球性粮食危机的因素再次出现。黑海粮食运输协议终止执行，乌克兰粮食再次退出全球粮食市场；厄尔尼诺现象引发极端天气，一些粮食主产国面临减产风险；印度、阿联酋、俄罗斯等国禁止大米出口，全球大米供应稳定性受到影响，各种因素交织叠加。世界粮食计划署预计，2023 年全球将有超过 3.45 亿人处于危机级别的粮食不安全状况，其中 4 300 万人距离饥荒只有一步之遥。如何应对全球性粮食危机，成为许多国家面临的重要课题。

粮食适度进口是调剂我国粮食供求关系不可或缺的手段。我国是粮食生产和消费大国，始终高度重视粮食生产，连续多年丰产丰收，库存充裕，实现了谷物基本自给、口粮绝对安全，但供求结构性矛盾仍存在，需要通过进口调剂余缺，优化供给结构。面对风高浪急的国际环境，我国粮食进口的不稳定、不确定、不安全因素日益突出，亟须增强全球供应链管理能力，提高粮食供应链韧性和安全水平，以应对冲击和压力。

提高全球粮食供应链韧性，才能确保粮食"买得到"。面对不确定的国际贸易环境，要建立和培育政府、国际组织、商会协会及企业间多样化的伙伴关系，加强与"一带一路"沿线国家和地区粮食产业链供应链的深度合作，建立多元化粮食合作机制，促进进口来源多元化，有效降低对单一国家或地区的过度依赖，规避粮食进口安全风险。以大米为例，我国大米进口主要来自越南、泰国、印度、巴基斯坦等国，2022年印度实施大米出口限制政策，我国早在2022年10月份就开始减少印度大米进口量并寻找替代粮源。从海关粮食进口数据看，2023年上半年我国大米进口量大幅下降，小麦进口量大幅增加，有效对冲了大米进口量下降带来的不利影响。

提高全球粮食供应链韧性，要确保粮食"运得回"。当前大国竞争加剧，地区冲突不断，成为影响全球粮食运输安全的重要因素。美国是海上霸权国家，牢牢把握着巴拿马运河、直布罗陀海峡、苏伊士运河、霍尔木兹海峡、曼德海峡、马六甲海峡等全球海上交通咽喉要道控制权。2022年2月俄乌冲突爆发以来，美西方国家大行海上霸权，对俄罗斯实施贸易制裁和航运禁运，阻止俄罗斯粮食出口，严重威胁世界粮食供应链安全。要确保粮食运输安全，我国需要不断推进国际运输方面的合作，与各国携手加强全球物流基础设施建设，建立铁路、海运、空运一体的多元化立体运输网络。

一个国家的全球粮食供应链的韧性程度，反映了其抵抗风险和冲击的能力。韧性越好，发生脆性断裂的可能性越小，抗冲击强度越大。从历史经验看，我国全球粮食供应链韧性经受住了一次次冲击，未来我国还要继续强化供应链的安全、稳定和可持续，充分保障粮食进口安全。

牢牢掌握小麦进口主导权

　　最近有关我国小麦进口的两则新闻颇引人关注。一则是 2023 年 1 月至 9 月份我国进口小麦 1 017 万吨,同比增加 53.6%,创历史新高。另一则是中俄于 2023 年 10 月正式签署两国历史上最大一笔粮食交易合同,未来 12 年内俄罗斯将向我国出口 7 000 万吨的谷物、豆类和油菜籽。俄罗斯是世界上最大的小麦出口国,中俄陆地粮食走廊的开通,有利于我国进一步丰富小麦进口来源,确保小麦供应安全。

　　小麦是我国两大口粮之一,我国高度重视粮食安全,小麦连年丰收,库存充足,完全实现自给自足,但高端优质品种供给不足。进口小麦主要满足优质品种调剂需求,还有一部分流入饲料领域。小麦饲用需求增加和国内外价差倒挂,是 2023 年我国小麦进口大幅增加的主要原因。从需求看,近年来随着国内畜牧业发展,以及小麦玉米价差缩小,小麦饲用需求增加。从价格看,国内外小麦价格长期倒挂,进口小麦竞争优势明显。2023 年受美国、澳大利亚、加拿大、俄罗斯等国小麦丰收影响,全球小麦价格大幅下跌,而国内小麦价格受种植成本高、极端天气频发等因素影响,小麦价格高位波动,国内外价格倒挂严重,国内企业进口意愿增强。

　　进口小麦和进口大米、玉米存在替代关系,进口小麦大幅增加,能有效补充大米和玉米进口量下降对国内饲料市场的不利影响。从海关数据看,2023 年大米进口大幅下降、玉米进口降幅明显。从大米进口看,受东南亚干旱预期和印度出口禁令等因素影响,国际大米价格创历史新高,高于国内价格,失去价格竞争优势,导致我国大米进口量大幅下降。2023 年 1 月至 9 月份我国累计进口大米 215 万吨,同比减少 57.5%。从进口玉米看,受俄乌冲突持续以及黑海走廊粮食运输协议终止的影响,2023 年我国玉米进口量明显下降,

1月至9月份我国进口玉米1 656万吨，同比减少10.3%。

进口小麦大幅增加对国内市场影响相对有限。我国一直对小麦实施进口配额管理，小麦（包括其粉、粒）进口配额长期保持963.6万吨不变，配额内进口征收1%的关税，配额外进口征收65%以上的高额关税，这相当于为国内小麦市场竖起一道"防护墙"，既能调剂国内余缺、优化供给结构，又能防止进口过量冲击国内市场。不过，2021年以来，我国小麦进口量已连续3年突破关税配额限制，2021年进口小麦977万吨，2022年996万吨，2023年前9个月突破1 000万吨。小麦进口量与国内产量之比逐年提高，2023年前9个月进口量占当年同期国内产量的比例达到7.5%以上，年底还会更高，国内外市场联动性有所提升，进口增加对国内市场的影响不可小觑。

面对小麦进口增加的趋势，亟须采取措施强化小麦进口管理，确保国内的产业安全。从有关部门发布的政策看，2024年小麦进口配额仍保持不变，这有助于防范进口低价小麦冲击国内市场。应强化国际小麦市场监测预警，密切关注主要小麦出口国生产、贸易政策以及国际局势变化，加强宏观调控，防范国际小麦价格波动影响国内市场。加大国内小麦生产扶持力度，确保稳产增产，是保障小麦产业安全的关键。2023年9月国家有关部门已发布2024年小麦最低收购价政策并提高最低收购价水平，旨在调动农民种植积极性，确保播种面积稳中有增、力争小麦多增产。目前，各地冬小麦播种正如火如荼进行，要抓好冬小麦种植和田间管理，为来年夏天小麦丰收奠定坚实基础。

在经济全球化背景下，小麦进口是优化市场结构的必然产物，合理利用国际资源有利于更好保障国内小麦供应安全。推动进口来源地多元化，牢牢掌握进口主动权和稳定性，能避免小麦进口来源地过度集中带来的进口安全风险。目前，我国除了从澳大利亚、加拿大、法国、美国等进口小麦外，还从俄罗斯、哈萨克斯坦等国家进口小麦。特别值得一提的是，中俄陆地粮食走廊的开通，可以确保我国拥有稳定的小麦进口渠道。

进口多元化确保粮食安全稳定

2023年10月份我国粮食对外合作取得重大成就,继与俄罗斯签订12年进口7 000万吨小麦、玉米、豆类和油籽等农产品采购大单之后,又与美国签订未来5年内采购100亿美元大豆、玉米、小麦的采购框架协议。在国际粮食贸易受到地区冲突、贸易保护主义等各种因素干扰的情况下,我国不断深化与世界各国的粮食合作,推动进口来源渠道多元化和品种多元化,确保粮食进口稳定性,以应对国际粮食贸易环境的不确定性。

不要把所有的鸡蛋都放在一个篮子里,在粮食安全问题上也是同样的道理。粮食进口是保障国内粮食稳定供应的重要渠道。为了分散粮食进口来源高度集中带来的市场风险,我国多年来致力于构建粮食进口多元化格局,与140多个国家和地区建立全方位、多层次的粮食合作关系,不断拓展粮食进口渠道,增加粮食进口品种,粮食进口规模不断扩大,粮食进口量连续多年保持在1.4亿吨以上,充分满足国内日益增长的消费升级需求。

粮食进口多元化包括渠道多元化和品种多元化。从渠道看,大豆进口来源地从高度集中于美国发展到巴西、美国、阿根廷、俄罗斯等多个国家;玉米进口来源地从高度集中于美国发展到美国、乌克兰,再到巴西、南非、缅甸等多个国家;小麦进口来源地包括澳大利亚、加拿大、法国、美国、俄罗斯、哈萨克斯坦,未来俄罗斯将成为我国小麦重要进口来源地;大米进口来源地包括越南、泰国、缅甸、印度、巴基斯坦等多个国家。从品种看,我国粮食"购物车"里的品种更加丰富多元,除了大豆、玉米、小麦、大米、高粱、大麦、木薯等原粮外,还包括肉类、油脂油料以及乳制品、啤酒麦芽、进口酒、清洁能源等粮油制成品。

粮食进口多元化能够使我国掌握主动权,在国际粮食贸易中实现自主性选择,最大限度地降低进口来源渠道单一带来的市场风险,确保粮食进口稳定性。2022年俄乌冲突导致乌克兰玉米出口受阻,我国很快开辟缅甸、南非、巴西玉米进口新渠道,并增加小麦、大米进口替代玉米做饲料,这也是小麦、大米突破进口配额的重要原因。2023年印度限制大米出口,我国逐步减少印度大米进口,增加越南、泰国、缅甸等国大米进口,并调整进口品种结构,大幅增加小麦进口,有效抵消了大米、玉米进口下降对国内饲料市场的影响,这也是2023年小麦进口量大幅增加的重要原因。

粮食进口多元化可增强我国在国际粮食贸易中的议价能力。我国粮食进口体量大,但在国际粮食贸易中议价能力不强,与粮食进口大国地位不相匹配。作为粮食进口大国,我国在粮食采购策略上不断调整,以便获得最优价格。近年来,中粮、中储粮、北大荒等企业建立全球"资源池",在全球范围内调配资源,推动进口多元化,进一步提升议价能力。2023年上半年我国企业取消美国玉米订单,就是议价能力提升的具体表现。2023年年初,美国玉米价格低,我国企业大量订购美国玉米,但随着巴西玉米大获丰收、价格大幅下降,美国玉米价格竞争力下降,我国企业基于理性判断,按照国际通行做法,取消美国玉米订单,转而购买巴西玉米,降低进口成本,最大限度地保护了企业自身利益。

国际粮食贸易是促进世界粮食安全的重要渠道,对于满足不同国家和地区的多样化营养需求至关重要。面对国际贸易环境的不确定性,我国将持续推进"市场机遇"更大的开放,积极扩大进口,继续为世界创造巨大市场红利,让"中国市场成为世界共享的大市场"。持续深化与世界各国的粮食合作,促进国际粮食资源的高效配置和市场深度融合,推动更多全球优质农产品进入我国市场,也为全球粮食贸易注入持久动力,让合作共赢惠及世界。

谨防粮食进口输入性风险

海关总署公布的最新数据显示,2023年我国累计进口粮食16 196.4万吨,同比增长11.7%。这是我国粮食进口量第二次突破1.6亿吨,比2021年的16 453.9万吨少了257.5万吨。这说明我国全球粮食供应链韧性进一步增强,顶住外部环境复杂性、严峻性、不确定性上升的压力,确保粮食进口的稳定性。同时,也要统筹利用好国内国际两个市场、两种资源,谨防粮食大量进口带来输入性风险,影响国内粮食产业安全。

适度进口能有效弥补我国粮食供需结构性短缺。我国是世界第一粮食生产大国和消费大国,粮食产量虽连续9年保持在6 500亿公斤以上,但粮食消费需求呈现刚性增长,粮食供需长期处于紧平衡,结构性矛盾突出,饲料粮和油料短缺问题凸显,需要通过进口调剂余缺。从粮食进口结构看,大豆依然是占比最大的进口品种,居主导地位;玉米及其替代品大麦、高粱进口比重次之;小麦和大米进口比重非常小。加强国际粮食安全合作,发挥粮食国际贸易作用,作为我国保障粮食安全的一项制度安排,已被写入《中华人民共和国粮食安全保障法》。

作为世界粮食进口大国,牢牢掌握粮食进口主动权对我国至关重要。多年来,我国通过构建粮食进口多元化格局,不断增强在国际粮食贸易中的话语权和议价权。我国与世界各国加强粮食贸易合作,持续拓展粮食进口来源地,"朋友圈"不断扩大,"米袋子"越来越全球化。巴西、美国、阿根廷的大豆,加拿大、澳大利亚、法国、俄罗斯、美国的小麦,巴西、美国、乌克兰的玉米,越南、泰国、缅甸、印度、巴基斯坦等国的大米,源源不断流向中国。在保障谷物基本自给、口粮绝对安全的基础上,我国坚持从全球配置粮食资源,为世界粮食安全与自由贸易注入持久动力,为当前低迷的世界经济注入活力。

从粮食进口金额看,2023年我国粮食累计进口金额为5 780.5亿元人民币,同比增长6.6%,粮食进口金额增长幅度低于粮食进口量11.7%的增长幅度。这说明,过去一年我国粮食进口成本有所下降,根本原因是国际粮价下跌。"中国需求"在一定程度上可以影响全球粮食贸易流向,但无法左右国际粮价走势。2023年国际粮价下跌,是全球经济复苏不及预期、粮食需求下降以及美元加息应对通胀等各种因素叠加作用的结果。美国是全球最大的粮食出口国,控制着全球一半以上的粮食市场,是世界第一玉米出口国、第二大豆出口国、第二小麦出口国,通过综合运用国际市场管理调控、数据发布和预期引导等手段,牢牢掌控全球粮食供应主导权和国际粮食贸易定价权,左右着国际粮食价格涨跌,粮食进口国只能被动接受定价。

粮食进口是把"双刃剑"。我国粮食生产存在成本高、价格高的特点,在国际粮食贸易中处于劣势。为了保护国内粮食产业免受低价进口粮冲击,我国对玉米、小麦和大米三大主粮实施进口配额管理,当前除了进口大米价格高于国内大米外,进口玉米、小麦价格仍低于国内,没有配额保护的进口大豆价格竞争优势更为明显。在这种情况下,粮食大量进口可能给国内粮食产业带来不利影响,具体表现为两种情况:一是国内外粮价联动性强,国际粮价下跌引发国内粮价波动;二是在国内粮食增产、有效需求不足情况下,粮食大量进口会进一步挤压国内粮食市场空间。

粮食是战略资源,是大国之间博弈的重要筹码。在推进对外开放水平不断提升的背景下,我国要全面提升粮食国际竞争力、定价影响力、国际掌控力。要科学合理利用国际粮食资源,用好粮食进口关税配额管理政策,把握好粮食进口规模和节奏,做好监测预警,密切跟踪国内外粮油市场动态变化,深入分析研判,及时采取措施加以应对。

第九章

粮食节约

弘扬节俭美德 杜绝粮食浪费

据新华社 2020 年 8 月 11 日电，习近平总书记近日对制止餐饮浪费行为作出重要指示。他强调，尽管我国粮食生产连年丰收，对粮食安全还是始终要有危机意识，今年全球新冠肺炎疫情所带来的影响更是给我们敲响了警钟。

粮食是人类生存之本，是经济社会发展的基础。国不可一日无粮，家不可一日无米。突如其来的新冠疫情，让人们倍加重视粮食安全问题。然而，让人忧心的是，我国粮食产后损失浪费严重，餐桌上的浪费尤为触目惊心。

一方面，我国不断提高粮食综合生产能力，粮食生产已经实现"十六连丰"，粮食总产量已经连续多年稳定在 6.5 亿吨以上。2020 年夏粮再获丰收，为保障"米袋子"安全增强了底气。但是，我国人多地少矛盾突出，粮食增产面临的水土资源、生态环境压力越来越大，粮食稳产增产难度日益增大，粮食将长期处于紧平衡。

另一方面，我国粮食产后浪费严重。除了餐饮环节的浪费外，在储粮环节，有些地方农户因为储粮方法落后造成的损失高达 8%；有些地方由于粮库仓储设施缺损造成比较严重的损失损耗；在流通环节，粮食物流企业仓储、物流、装卸、搬运等设施落后，粮食抛撒损失严重；在加工环节，粮食企业过度追求精加工，造成粮食加工成品率低。据有关科研单位和专家测算，仅农户储藏、运输、加工等环节每年损失浪费的粮食，相当于 2 亿人一年的口粮。

增产不忘节约，消费不能浪费。保障粮食安全，在高度重视粮食生产的同时，也要高度重视节约粮食，把节约粮食放在与粮食生产同等重要的位置上。实际上，节粮减损是比提高粮食产量更为有效的措施。相比于增产，节约粮食相当于开发"无形良田"，实现"无地增产"，不仅节省了耕地和水资源，投入相对较小，保护生态环境，更具有明显的经济效益、社会效益和生态效益。

在全球粮食安全面临挑战的当下，减少粮食浪费，必须全民行动起来。应大力推动建立政府主导、需求牵引、全民参与、社会协调推进的节粮减损新机制，努力形成节约集约、绿色低碳、科学健康的粮食流通方式和消费模式。

在消费方面，要树立合理的饮食观念，杜绝"舌尖上的浪费"。我国餐饮环节浪费惊人，与社会上存在讲面子、讲排场的陋习有关。节约粮食，要从娃娃抓起，从餐桌抓起，从大学食堂和各个单位食堂抓起，从每一个家庭抓起，在全社会形成节约光荣、浪费可耻的社会风尚，逐步形成节约型的消费方式和消费文化。要建立长效机制，坚决遏制餐饮浪费行为，切实遏制公款消费中的各种违规违纪违法现象。要开展"光盘行动"，大力整治浪费之风。要强化粮食安全国民教育，让每一个人都要认识到节约粮食对粮食安全的重要意义。

在流通方面，要采取切实措施减少粮食收购、储藏、流通、加工等环节的浪费。要建设一批专业化的粮食产后服务中心，为农户提供清理、干燥、收储、加工、销售及其他延伸服务，切实解决农户粮食收获后"晒粮难、储粮难、销售难"等问题，引导和帮助农民做好粮食收获和储存，努力做到颗粒归仓。要发扬粮食仓储企业和流通企业"宁流千滴汗、不损一粒粮"的优良传统，不断提高科学储粮、节粮减损的能力和水平。粮食加工企业要严格执行国家标准，倡导适度加工，不断提高成品粮转化率，提高原粮综合利用率，减少口粮资源损失。

节粮减损依法治理仍任重道远

俗话说，勤勤俭俭满粮仓，大手大脚仓底光。我国粮食流通环节损失浪费惊人，有专家估算，我国每年粮食全产业链总耗损率约为 12%，粮食收购、储存、运输、加工、销售等流通环节损失损耗的粮食大约有 350 亿公斤，约占全年粮食总产量的 5% 左右。管理方式粗放、膳食结构不科学和节俭意识淡薄，是造成粮食损失浪费的主要原因。

粮食流通一头连接粮食生产源头，一头连接粮食消费终端，是确保粮食安全必不可少的重要环节。我国粮食连年丰收，粮食产量连续 6 年超过 6 500 亿公斤，每年大约有 70% 的粮食通过流通环节进入消费领域。2021 年 4 月 15 日开始施行的《粮食流通管理条例》，对从事粮食收储、运输、加工的经营主体节粮减损作出专门规范，为依法节粮提供了重要的法律支撑，标志着我国节粮减损进入依法治理新阶段。

目前，我国粮食安全面临增产难度增大与损失浪费严重并存的现象。在全球新冠疫情肆虐、国际粮食市场不确定性增加，以及国内粮食供需长期紧平衡的态势下，我国要牢牢把住粮食安全主动权，把中国人的饭碗牢牢端在自己手上，必须坚持开源与节流并重，增产与减损并举。一方面，要毫不松懈地抓好粮食生产，实现粮食稳产增产的目标；另一方面，要千方百计推进粮食产业全链条节粮减损。可以说，节粮减损等同于粮食增产，是增加粮食有效供给的"无形良田"。

节粮减损是一个系统工程。近年来，有关部门大力推动建立政府主导、需求牵引、全民参与、社会协调推进的节粮减损长效机制，强化从田间到餐桌全链条精细化管控，统筹推进节粮减损和健康消费。

在生产环节，引导农户使用精量播种、机收减损技术，加强农机作业质量管控,减少播种环节种子浪费和收获环节粮食损失;在收储环节,完善粮食产后服务体系,引导和帮助农民做好科学储粮,实现颗粒归仓;在仓储环节,全面推进现代化粮食仓储设施建设,广泛采用绿色低温储粮技术和智能化技术,通过精细化管理,真正做到"宁流千滴汗,不损一粒粮";在运输环节,加快现代物流设施建设,大力发展散粮汽车、火车专列、集装箱等物流方式,提升粮食物流信息化水平,减少传统包装运输带来的损失;在加工环节,以适度加工为突破口,开展全谷物食品研发,延伸粮食产业链,加强粮食加工副产品高效利用和循环利用,提高成品粮出品率和原粮综合利用率;在消费环节,杜绝"舌尖上的浪费",真正做到消费不浪费。

如今,节粮减损已经成为我国保障粮食安全的重大战略举措,党中央、国务院高度重视节粮减损,《中华人民共和国国民经济和社会发展第十四个五年规划和2035年远景目标纲要》以及2021年的《政府工作报告》,均明确提出开展粮食节约行动。但不可否认,我国粮食损失浪费问题仍比较严重,一部分人节粮意识仍比较淡薄,粮食全链条管理仍比较粗放,粮食流通领域依法节粮虽然迈出关键步伐,但节粮减损全链条依法治理仍然任重道远。

有关部门必须强化忧患意识,建立健全相关法律规范,实现全链条依法管粮、依法节粮,把珍惜粮食、勤俭节约的传统美德转化为法律规范和全社会的行为准则,让节约粮食成为一种行为习惯,以节粮减损促进粮食安全保障水平的提升。

建立节粮减损的长效机制

2021年5月22日,"共和国勋章"获得者、首届国家最高科学技术奖获得者、中国工程院院士袁隆平驾鹤西去。人们从四面八方自发赶往湖南长沙,眼含热泪,冒雨送别,对他致以崇高的敬意。他像一座大山,给了人们足够的粮食安全感。而我们对他最好的缅怀,就是好好吃饭,节约每一粒得来不易的粮食。

袁隆平院士生前为粮食增产的目标坚持奋斗。从第一代杂交水稻到第二代杂交水稻,再到第三代杂交水稻,一次又一次突破亩产纪录,700公斤、800公斤、900公斤、1 000公斤、1 152.3公斤,为保障中国粮食安全和世界粮食安全提供了有力支撑。而今,他的禾下乘凉梦和杂交水稻覆盖世界梦尚未完全实现,将激励着千千万万农业科研工作者传承梦想、继续前行。

当人们还沉浸在缅怀与悲伤中的时候,我国粮食损失浪费的现象依然严重,名目五花八门,令人痛心。比如,前几年某舞蹈演员为了舞台效果,用2吨麦子做实物道具,引发"这是艺术还是浪费"的争议;前一段时间,网络直播"大胃王"宣扬过度消耗资源,因为与厉行勤俭节约的社会风气格格不入,被强制停播。须知,我们仅仅过了几十年吃饱饭的日子,仅仅是稍微有一点存粮,没有任何理由浪费粮食、糟蹋食物。

更多的粮食浪费来自粮食全产业链各个环节的损失。数据显示,我国每年在储存、运输、加工环节损失的粮食高达350亿公斤,接近于吉林省2020年粮食产量。有专家估算,每年粮食餐饮环节浪费的粮食相当于3 000万至5 000万人一年的口粮。粮食损失浪费已经成为影响国家粮食安全的潜在隐患。因此,《中华人民共和国国民经济和社会发展第十四个五年规划和2035年远景目标纲要》把节约粮食作为保障国家粮食安全的重要举措。

　　我国要牢牢把住粮食安全主动权，端牢中国饭碗，必须坚持粮食增产与减损"两条腿走路"。受耕地、水资源短缺和环境承载力有限的硬约束，粮食增产难度越来越大，节约粮食就等于变相增加产量。要建立节粮减损的长效机制，用科技、法治、引导等手段推动粮食全产业链各个环节减损，遏制"舌尖上的浪费"，在全社会形成节约粮食、反对浪费的良好氛围。

　　巨星陨落了，而那一颗编号为"8117"的袁隆平星，依然闪耀在夜空。人们需要把悲伤转化为力量，凝聚成节约粮食的社会共识，用实际行动节约每一粒粮食，以节约粮食促进国家粮食安全，共同扛起粮食安全的重任。

干燥储存关乎粮食安全

2021年秋粮增产已成定局，但受持续阴雨天气影响，粮食水分偏高，如果不能及时烘干储存，大量堆放容易发生霉变腐烂，既影响农民增收，也影响粮食安全。2021年10月20日召开的国务院常务会议要求做好粮食烘干收储，加大政策支持，保障粮食烘干的电力、柴油供应，提前下达2022年农机购置补贴，支持购置烘干机，对烘干作业给予适当补助。这套政策"组合拳"势必将推动粮食烘干工作快速落实，有力保障秋粮颗粒归仓。

干燥储存是粮食收获后的关键环节，与粮食增产同等重要。粮食干燥一般分为自然晾晒和粮食烘干两种方式。几千年来，我国农户一直采取自然晾晒的方式把粮食晒干。近年来，随着工业化、城镇化的快速发展，农村劳动力外流，部分地方晾晒场短缺，街道不让晒，村里晒不开，农户不得不选择在院子里、屋顶上甚至公路上晒粮，粮食遭受鸟啄、虫咬、鼠食、车辆碾轧，甚至可能造成粮食霉变、发芽等损失。而粮食烘干能精准控制水分，粮食品质好，不仅能最大限度地减少农户损失，还能有效解决农村晾晒场地不足和人工成本过高的问题。从长远看，烘干机逐步替代自然晾晒是大势所趋。

近年来，国家大力推进粮食烘干机械化，充分发挥农机购置补贴的引导作用，把粮食烘干机纳入农机购置补贴目录，粮食烘干机械化水平快速提升。尽管如此，我国粮食烘干机械化水平仍有较大提升空间。我国粮食烘干呈现南方多、北方少的现象，主要以稻谷烘干为主，小麦烘干较少，玉米"穗收靠风干、粒收要烘干"，玉米收割以穗收为主，籽粒收割占比很小。

粮食烘干是关系农民种粮能否增收的关键环节。目前，我国粮食收储全面走向市场化，优粮优价的收储机制已经形成，农民根据市场行情择机售粮成为常态，粮食烘干储存时间长，品质有保障，好粮卖好价。种粮大户、家庭农场、农民合作社和农业产业化龙头企业等新型农业经营主体，是建设粮食烘干设施的主力军。烘干设备在自己使用的同时，还可以为周边农户提供有偿服务。然而，用地审批难、环保要求高、一次性投入大等问题制约着粮食烘干机械化的发展，各地应从减少粮食产后损失、提高农民种粮收益、保障粮食安全的角度出发，除了提供农机购置补贴、给予适当烘干补贴外，还应该提供用地、资金等方面的支持，调动农民投资建设烘干设施的积极性。

各级相关部门还应强化粮食产后服务。国家粮食和物资储备局充分发挥粮食收储企业和各类社会资源作用，目前已在全国建成 5 300 多个粮食产后服务中心，实现了产粮大县全覆盖，为农户提供清理、干燥、储存、加工、销售等服务，可使覆盖区域内粮食损耗浪费和霉变损失平均降低 4 个百分点，推动农户储粮从"路边晾晒、自然风干"逐步向专业化、科学化、社会化服务转变。

粮食烘干机的热源主要以电力、柴油、木材、煤炭、天然气、生物质能源等为主。2021 年煤炭、柴油等能源价格持续上涨，电力供应紧张，不少省份出现拉闸限电，一定程度上增加了粮食烘干成本，影响粮食烘干作业正常运行，延缓了新粮上市的进度。各地须积极落实国家政策，保障粮食烘干的电力、柴油供应，有条件的地区应因地制宜使用秸秆、木屑、锯末、玉米芯、树枝叶等作物燃料，既环保又能降低热源成本。同时，还应通过技术改造，降低粮食烘干能耗，实现节本增效。

增产莫忘节粮减损

节约粮食，"取之有度，用之有节，则常足"。2021 年粮食增产已成定局，但增产不能忘节约，要像抓粮食增产一样抓好粮食节约。中共中央办公厅、国务院办公厅日前联合印发《粮食节约行动方案》，要求从田间地头到餐桌全链条各个环节共同发力推进节粮减损。这将有助于推动粮食生产方式和消费方式变革，形成节粮减损的社会风尚。

在人多地少的基本国情粮情下，节约粮食是保障 14 亿多人粮食安全的战略选择。我国粮食损失浪费惊人，供给端存在粮食资源配置效率偏低问题，消费端存在请客吃饭讲排场、比阔气等不良消费方式，"舌尖上的浪费"令人触目惊心。据联合国粮农组织估计，我国每年仅在收获、运输、储存、加工过程中损失浪费的粮食超过 6%。节约粮食有助于缓解粮食供给压力，节约水土资源，保护生态环境，促进农业可持续发展。

从供给端看，粮食生产资源配置效率偏低，会造成大量损失浪费。要充分运用物联网、5G、大数据、人工智能等新技术、新装备，为粮食节约提供"硬支撑"。进一步推动粮食生产、储存、运输、加工从粗放式生产方式向精细化管理转型，促进各个环节顺畅对接，提高粮食资源配置效率，减少粮食损失浪费。例如，在生产环节，采用机收减损。2021 年"三夏"期间小麦机收减损约 12.5 亿公斤，平均损失率控制在 2% 以内；在储存环节，广泛应用绿色储粮新技术和智能化技术，中央储备粮科技储粮覆盖率超 98%，损耗率低于 1%；在运输环节，推动粮食由包粮运输向散储、散运、散装、散卸"四散化"运输转型，实现粮食运输现代化，减少运输途中损失；在加工环节，从过度加工向适度加工转化，不再过分追求"精细白"，提高粮油加工转化率，强化饲料粮减量替代，提高粮食资源综合利用效率。

从消费端看，消费是粮食全产业链的终端环节，消费者的消费方式、膳食结构、食物包装的选择，都可能会影响粮食生产方式变革，推动粮食体系的转型。比如，随着消费需求从"吃得饱"向"吃得好""吃得营养健康"转变，粮食品质消费、绿色消费成为热点，消费方式变化倒逼粮食生产绿色发展，重构产业链、供应链、价值链，增加优质粮食供给。因此，减少粮食损失浪费，要从娃娃抓起，从每一个消费者做起。消费不能浪费，有效增强14亿多消费者节约粮食的意识，汇聚成粮食节约的磅礴力量。

节约粮食，重在行动。减少粮食损失浪费是一个系统工程，要坚持系统治理、长效治理，政府主导、行业引导、公众参与，突出重点领域和关键环节，强化刚性制度约束，推动粮食节约取得实效。要将节粮减损工作纳入粮食安全责任制考核，坚持党政同责，各牵头部门要结合自身职责，提出年度节粮减损目标任务和落实措施，尽可能准确掌握粮食全产业链各环节损失浪费的规模、原因，建立节粮减损制度体系、标准体系、评估机制和监测体系，健全常态长效治理机制。

"夫君子之行，静以修身，俭以养德。"勤俭节约是中华民族的传统美德。几千年来，我们总是习惯从道德层面呼唤节约粮食，这很重要，但仍需要加强规则制约。推动粮食节约，既要弘扬俭以养德，又要依法管粮节粮，围绕全链条减损强化立法修规，全方位构建粮食节约的法律基础，有效遏制食品浪费风气，让节约粮食、反对浪费在全社会蔚然成风。

粮食要种好还应管好

随着夏粮丰收在手,夏粮收购有序开展。眼下农民要做的,不仅要多种粮种好粮,还要管好粮,减少干燥储存环节损失,实现种粮收益最大化。

2022 年夏粮丰收来之不易,尽管农资价格上涨抬高了种粮生产成本,但在全球小麦价格高位波动、国内小麦价格保持较高价位的情况下,农民种粮收益普遍比往年强。一些农户看涨预期强烈,并不着急卖粮,把粮食储存起来,想根据市场行情选择卖粮时机。

干燥储存是农民能否实现增收的"最后一公里"。农户储存粮食面临产后损失增加的风险。夏粮获得丰收,农民在高兴之余,不得不为"晒粮难""储粮难"等问题发愁。现在农村普遍缺乏晒粮场地,储粮条件差,农户储存环节损失惊人。据有关部门的抽样调查测算,由于储粮条件差,全国每年仅农户储存环节损失率高达 8%。如果不能很好地解决农户储粮环节损失,那么农民为粮食增产所做的努力就白白浪费掉了。减损等于增产。近年来,我国高度重视节粮减损,多措并举加强农户储存环节科学管理,尽可能减少损失。

刚收获的小麦比较潮湿,需要晾晒、烘干,才能进行储存,否则容易发霉变质。现在,农村普遍缺乏晒谷场,一些农户为了省工省时,在田间地头就把小麦卖掉了。一些农户无奈选择公路晒粮,容易受到天气变化的影响,还会影响交通秩序,而且粮食经过车碾人踩,难免影响品质,卖不上好价钱。各地应充分利用村里的活动中心、文化广场等公共场地,优先用于小麦晾晒,以解农民燃眉之急。

与传统人工晾晒相比,机械化烘干可以摆脱天气和晾晒场地的影响,随时烘干,脱水速度快而均匀,粮食品质好,损失小。近年来,我国不断改善粮食烘干条件,将烘干机纳入农机购置与应用补贴范围,推进环保烘干设施应用，加大绿色热源烘干设备推广力度；鼓励支持新型农业经营主体、粮食企业、粮食产后服务中心等为农户提供粮食烘干服务，助农减损效果明显。

一次性干燥并不能一劳永逸解决农户储粮安全问题。农村储粮方式落后，一些农户往往把干燥后的粮食直接装入麻袋、编织袋、竹围囤中，或者随意堆放在简易仓库中，很容易发霉变质，被虫咬鼠吃。有关部门通过实施农户科学储粮专项，为农户建设经济、适用、防虫、防霉的标准化储粮新装具，加强农户科学储粮技术培训和服务。据测算，如果农户正确使用科学储粮装具，能将损失降至2%以下。

针对农户长期面临的"晒粮难""储粮难"等难题，有关部门强化粮食产后服务体系建设，在全国产粮大县建设了5 500多个粮食产后服务中心，为农户提供代清理、代烘干、代储存、代销售、代加工等专业化服务，一站式解决种粮农户丰收后的烦恼。但粮食产后服务中心建设成本高，投资回报率低，企业不敢投、不愿意投，普通农户又用不起，推广难度大。国家还须加大支持力度，在用地、用电等方面给予政策优惠，加大粮食烘干机购置与应用补贴力度，调动企业投资积极性，降低产后服务成本，真正确保颗粒归仓，更好地保障粮食安全。

减少粮食损失浪费等于增产

粮食安全在田地里，在粮库里，也在餐桌上。在夏粮再获丰收之际，国家发展改革委2022年7月召开粮食节约和反食品浪费专项工作机制会议，提出要进一步完善餐饮行业反食品浪费的政策措施，遏制餐饮行业食品浪费要有切实管用的实招，推动粮食节约和反食品浪费工作取得新成效。节约粮食贵在坚持，在当前节约粮食取得成效的基础上，仍须常抓不懈，坚决防止把节约粮食行动当成一阵形式主义的风刮过。

俗话说：节约好比燕衔泥，浪费好比河决堤。受新冠疫情、极端天气和俄乌冲突等各种因素叠加影响，全球粮食价格持续高位波动，我国面临的粮食安全挑战日益严峻。当前，我国粮食安全总体形势较好，粮食连年丰产丰收，库存充裕，2021年我国人均粮食占有量达到483公斤。然而，粮食生产、收购、储存、加工、消费各个环节的损失浪费仍然惊人。据测算，每年我国粮食产后仅储藏、运输、加工等环节损失总量达到350亿公斤以上，餐桌浪费食物价值高达2 000亿元。对此，必须居安思危，始终绷紧粮食安全之弦，要坚持粮食增产与减损并重的原则，这样才能端牢端稳中国饭碗。

"取之有制、用之有节则裕，取之无制、用之不节则乏。"节约粮食是我国增加粮食有效供给、提高粮食安全保障水平的重要举措。2022年我国夏粮在历史高点上增产1%，是中央、地方乃至亿万农户付出100%甚至更大的努力才取得的成绩。这也说明我国粮食增产的难度越来越大。减少粮食损失浪费等同于粮食增产。以2022年夏粮总产量14 739万吨计算，如果粮食损失降低1个百分点，一年可节约粮食147.4万吨，相当于夏粮增产2%。在耕地、水资源的刚性约束下，减少粮食损失浪费实际上就是节约使用耕地和淡水资源，是开发"无形良田"。

我国始终高度重视减少粮食损失浪费问题，采取综合措施减少田里的损失、流通环节的损失，杜绝餐桌上的浪费。在生产环节，通过精准化作业，逐步解决播种粗放、用种量偏高等问题；提高防灾减灾能力建设，减少生物灾害和自然灾害引发的粮食损失问题。在收获环节，不断提高精细化收割水平，最大限度地确保粮食颗粒归仓。如 2022 年夏收期间，小麦机收损失控制在 2% 以内。在储运环节，通过高标准粮库和现代粮食物流设施建设，减少储存和运输环节损失。在加工环节，一方面从以前过度加工向适度加工转变，另一方面延长产业链和提升价值链，尽量把粮食吃干榨尽，提高粮食资源利用率和附加值。在消费环节，"光盘行动"深入人心，机关、学校食堂餐厨垃圾大幅减少，餐厨废弃物资源化利用提升。

"勤俭是我们的传家宝，什么时候都不能丢掉。"减少粮食损失浪费，涉及每个人、每个家庭、每个单位，要构建政府主导、企业实施、全民参与的长效机制，加大宣传力度，让全社会持续关注节粮减损，坚决杜绝餐桌上的浪费，不断稳住粮食安全"压舱石"。

法律是治国之重器，良法是善治之前提。进一步健全粮食安全法律法规及相关规范，严格落实《中华人民共和国反食品浪费法》《粮食节约行动方案》，依法遏制食品浪费势头，减少粮食全产业链各环节损失浪费，用法治化手段规范约束人们节约粮食、敬畏食物，在全社会逐渐形成节约光荣、浪费可耻的良好社会氛围，才能达到标本兼治的目的。

节粮减损要强化标准引领

　　标准,是衡量事物的依据和准则,是国际通行的技术语言;标准化,是推进节粮减损的有力举措。国家粮食和物资储备局 2022 年 10 月发布的资料显示,党的十八大以来,国家粮食和物资储备局组织制定修订的节粮减损标准 47 项(其中制定 21 项,修订 26 项),基本建立了覆盖粮食全产业链的节粮减损标准体系,为保障国家粮食安全提供了重要技术支撑。

　　节粮减损是保障国家粮食安全的重要途径。当前,我国粮食生产、储运、加工、餐饮等各环节还存在作业不规范、技术标准执行不到位、相关标准缺失、实施力度不够等问题。例如,在生产环节,播种、收获、运输、干燥作业存在不规范的情况;在流通环节,存在家庭储粮不科学、粮库储粮技术标准执行不到位,部分运输、装卸、适度加工标准缺失等;在餐饮环节,餐饮企业储藏、加工标准执行不够到位、餐饮制度不合理、绿色餐饮宣传亟待改进。随着节粮减损工作的深入推进,亟须加快推进节粮减损标准体系建设,强化节粮减损标准供给,推动标准的应用实施。

　　节粮减损配套标准,是为节粮减损提供重要的制度保障。我国标准体系结构包括政府颁布标准与市场自主制定标准。政府颁布标准主要包括国家标准、行业标准、地方标准,其中,国家标准分为强制性国家标准和推荐性国家标准,食品安全属于强制性国家标准,大米、小麦粉及植物油产品标准为推荐性国家标准;市场标准包括团体标准和企业标准。从目前已经发布的节粮减损标准看,推荐性标准较多而强制性标准少。

　　粮食全产业链标准体系建设,在引领节粮减损方面发挥着基础性作用,有效促进了节粮减损。

　　例如,在收购环节,修订后的《大豆》国家标准通过修订"损伤粒率"等质量指标，等内大豆占比从 66% 左右提高到近 90%，能有效增加收购粮源；在储存环节，《二氧化碳气调储粮技术规程》《氮气气调储粮技术规程》等绿色储粮标准发布，提升了绿色储粮水平，降低了储存环节粮食损耗；在加工环节，修订后的《大米》《小麦粉》《菜籽油》等推荐性国家标准，合理确定粮食加工精度等指标，引导企业从过度加工转向适度加工，大幅降低粮食损失浪费。如《大米》国家标准通过设置加工精度上限，总出米率约提高 1.25%；《小麦粉》国家标准降低加工精度要求，将原来的四个加工等级修改为"精制粉""标准粉""普通粉"三个类别，以普通粉为例，总出粉率提高 0.5% 至 3%。在餐饮消费环节，北京朝阳区市场监管局发布的《节约型餐饮企业评价通则》团体标准，规定了节约型餐饮企业的评价原则和要求。值得注意的是，制止餐饮浪费方面多为推荐性标准，缺少强制性标准。

我国粮食全产业链节粮减损和制止餐饮浪费工作，还处于起步阶段，需要强化标准引领，不断健全符合节粮减损要求的粮食全产业链标准体系。应鼓励有关行业协会、企业制定相关团体标准、企业标准。在生产环节，重点加强种植技术、采收技术、播种机、收割机等生产环节标准制定修订；在仓储环节，着重于加强仓储设备建设、虫霉防治和减损降耗等相关标准研制；在运输环节，着重于降低包装、装卸抛洒、散漏损失率等相关标准研制；在加工环节，着重于限制产品过度加工、科学界定产品加工等级以及副产物综合利用率等相关标准研制。

节粮减损重在行动。有了标准仅是"第一步"，要实现节粮减损，关键在于严格落实已有标准，强化节粮减损标准实施监督，把标准真正执行到位，助推节粮减损取得实效。

不要忽视饲用豆粕减量替代

当前正值春耕备耕的关键时期，各地在千方百计扩种大豆之际，不能忽视饲用豆粕减量替代。农业农村部办公厅 2023 年 4 月 12 日印发的《饲用豆粕减量替代三年行动方案》明确提出，在确保畜禽生产效率保持稳定的前提下，力争饲料中豆粕用量占比每年下降 0.5 个百分点以上，到 2025 年饲料中豆粕用量占比从 2022 年的 14.5% 降至 13% 以下。这将进一步降低我国对进口大豆的依赖。

饲用豆粕是大豆压榨后的副产品，粗蛋白质含量高，是养殖业重要的蛋白质饲料，可以为畜禽提供成长所需的蛋白质和氨基酸。随着消费水平的提升和养殖业的快速发展，我国饲用豆粕需求量大幅提升，大豆进口量持续攀升，成为全球最大的大豆进口国，大豆进口量占全球大豆贸易量的 60% 以上。2020 年大豆进口量突破 1 亿吨，2021 年、2022 年连续两年下降，但进口总量仍然保持在 9 000 万吨以上。我国国产大豆主要用于食用领域，进口大豆基本用于压榨生产食用豆油和饲用豆粕，每吨大豆可产豆粕约 780 公斤，绝大部分豆粕进入了饲料领域。在当前复杂严峻的国际形势下，大豆高度依赖进口，粮食安全结构性矛盾突出，大豆进口面临的不确定性因素增多，有可能会影响到人们的"肉盘子"。

深入实施饲用豆粕减量替代行动，是我国应对当前外部环境不确定性的战略选择。从历史上看，实施饲用豆粕减量行动是可行的。我国畜禽养殖历史悠久，杂粮杂豆、剩饭剩菜、秸秆饲草一直是农户养殖的主要饲料，用玉米、豆粕当饲料只有短短几十年的时间。从营养角度看，动物生长需要蛋白质，豆粕所含的氨基酸种类比较多。现在人们片面地认为饲料中蛋白质含量越高越好，实际上蛋白质含量能够满足畜禽营养需求就好，蛋白质含量过高会造成浪费。

从目前来看，我国实施饲用豆粕减量替代行动已经取得阶段性成效。有关部门的数据显示，2022年在畜牧业生产全面增长的情况下，畜产品和饲料原料进口下降，饲料粮用量特别是豆粕用量下降。2022年，饲用豆粕在饲料中的占比降至14.5%，比上年减少0.8个百分点；饲料蛋白转化效率比上年提高2个百分点，豆粕用量减少320万吨，折合减少大豆使用量410万吨左右。豆粕用量和大豆需求量减少，也是我国大豆进口量在2020年达到峰值后持续两年下降的重要原因之一。未来，随着国产大豆扩种增产和饲用豆粕减量替代行动深入实施，大豆对外依存度还会继续下降。

饲用豆粕减量替代潜力巨大，根据我国国情和资源特点调整饲料配方是关键之举。要通过实施饲用豆粕减量替代行动，基本构建适合我国国情和资源特点的饲料配方结构。要树立大食物观，从供需两端发力，统筹利用植物、动物、微生物等蛋白饲料资源，通过推广低蛋白日粮技术、充分挖掘利用国内蛋白饲料资源、优化草食家畜饲草料结构三大技术路径，加强饲料新产品、新技术、新工艺集成创新和推广应用，积极开辟新饲料来源，促进豆粕用量占比持续下降，蛋白饲料资源开发利用能力持续增强，优质饲草供给持续增加。

未来三年是实施饲用豆粕减量行动的关键时期，但全面推广和落实还存在一定难度。这是因为传统饲料配方使用了几十年，已经形成行业惯性和路径依赖，要改变不是一朝一夕能办到的。此外，饲料资源开发基础性工作做得不够，豆粕减量替代技术瓶颈还没有突破，政策支持力度仍有待加强。要加大宣传力度，提高人们对豆粕减量替代重要性的认识，加强基础性工作研究，开展技术联合攻关，强化节粮降耗减排、新型蛋白饲料资源生产政策支持力度。要发挥行业协会桥梁纽带作用，引导各类生产经营主体积极主动参与，为行动实施营造良好氛围。

有效整治粮食"跑冒滴漏"

节粮减损是我国粮食供给保障制度框架中的一个重要组成部分,等于开发"无形良田"。在当前国内粮食供给结构性短缺矛盾凸显和外部环境更趋复杂严峻的形势下,推进粮食全产业链节约集约高效生产,推动全社会节约消费,可以有效提升粮食供给保障能力,有效增强粮食供给体系韧性,为维护国家粮食安全提供可靠支撑。

近年来,在国家大力倡导下,节粮减损取得明显成效。但不可否认的是,当前粮食收获、储运、加工、销售、消费等环节"跑冒滴漏"现象仍比较严重,消费环节浪费尤甚。据有关机构估算,我国每年损失浪费的食物超过 22.7%。中国农科院 2023 年 5 月 21 日发布的《中国农业产业发展报告 2023》测算显示,到 2035 年,如果我国粮食收获、储藏、加工和消费环节损失率分别减少 1 个至 3 个百分点,三大主粮损失率减少 40%,可降低损失约 550 亿公斤。由此可见,我国节粮减损潜力巨大。

从路径来看,科技是实现节粮减损的关键一招。通过新技术、新工艺、新装备的推广应用,推动粮食产业从传统粗放式发展向现代精细化发展转型,最大限度地减少损失浪费。在收获环节,通过农机精细化收割,可以把小麦收获损失控制在 2% 以内。在收购环节,通过粮食产后服务中心为农民提供清理、干燥、储存等服务,以及推广使用农户科学储粮装具。按照要求使用装具的农户储粮损失由平均 8% 降到如今的 2% 以内。在储存环节,推广应用"四合一"储粮技术、气调储粮、控温储粮等技术,改善储存条件和储存粮食质量,国有粮库储藏周期粮食的综合损失率降到 1% 以内。在运输环节,开发应用铁水联运接卸、运输专用车、散粮物流装具等技术装备,减少粮食运输损耗。在加工环节,大力推广应用适度加工技术,升级改造加工设备,减少不必要的粮食、油料损失消耗，提高成品粮出品率和副产品的综合利用率。要强化标准引领作用，加快构建全产业链节粮减损标准体系，为节粮减损提供重要技术支撑。

要用正确的消费观念引导合理消费。针对当前国际市场粮食能源化趋势日益凸显的问题，我国严禁新增以粮食、油料为原料的生物质能源加工产能，避免"人汽争粮"影响粮食安全。针对配合饲料中豆粕占比过高的问题，2023 年全面推进豆粕减量替代行动，到 2025 年，饲用豆粕在饲料中的占比从当前的 14.5%降至 13%。深入开展"光盘行动"，在全社会推动形成节约粮食光荣、浪费粮食可耻的浓厚氛围。引导消费者逐步走出"精米白面"的饮食消费误区，增加对全谷物的消费，推动粮食加工从"过度加工"向"适度加工"转变。针对我国居民食用油和"红肉"人均消费量超标的问题，鼓励全社会改变大鱼大肉重油的消费习惯，减少食用油和"红肉"的摄入量。

节粮减损非一朝一夕之功，要打持久战。健全节约粮食常态化、长效化工作机制，每个环节都要有具体抓手，越是损失浪费严重的环节越要抓得实。编制发布粮油节约指南，加强全面节约理念教育，增强全民节约意识，反对奢侈浪费和过度消费，真正做到增产不忘节约，消费不能浪费。

节粮减损，人人有责，但切记不要让"人人有责"变成"人人无责"，形成责任分散效应。在实施粮食节约行动中，一定要明确节粮减损的主体责任，粮食生产者、消费者和管理者要共同承担责任，社会各界共同努力，一起耕好节粮减损这块"无形良田"，把中国饭碗端得更牢更稳。

"开院晒粮"，点赞后再思晒粮难

时逢夏收，偏遇连续阴雨天气，小麦晾晒成了大难题。河南、山东、陕西等地基层党政机关急农民之所急，把院子、道路等平整场地开放给附近农民晒粮，缓解晒粮难，赢得一片叫好声。这些暖心之举，犹如在基层党政机关和群众之间架起一座沟通的桥梁，密切了干群关系，诠释了党政机关为民爱民的责任担当。农民手持农具走进机关大院翻晒小麦的画面，也注定会成为2023年夏收的一道亮丽风景线。

从另一个角度看，"开院晒粮"也折射出当前农村晾晒场地少，无法满足农民需求。受阴雨天气影响，2023年的小麦晾晒需求大，晒粮难问题更加凸显。以前，农村家家户户都有晒谷场，每到小麦收获季节，晒谷场上热闹非凡，大人们忙着脱粒打场、晾晒粮食，小孩子们在晒谷场上嬉戏玩耍。如今，这种场景很难再现。随着家庭联产承包责任制的深入推行，以及工业化、城镇化的快速推进，农村晒谷场越来越少，晒粮难成为一个老大难问题。为了"抢日头"及时晾干小麦，村民们"各显神通"，见缝插针晒小麦。有的人在院子里、屋顶上晒小麦，有的人甚至把公路当晒场，不仅造成小麦大量损失，还给交通安全带来隐患。

晒粮难关系农民增收和粮食安全，晒谷场严重不足已成为亟待解决的老问题。党政机关敞开大门供农民晒粮的行为，只能解燃眉之急，不能从根本上解决问题。不过，在农村大量兴建晒谷场也不太现实。建设晒谷场需占用大量土地，用地问题不易解决。即便建成晒谷场，也只有在粮食收获的时候才能用得上，利用率很低，不划算。稳妥的办法是，各地应该结合乡村振兴，建设一些集体育场地、游乐场所和晾晒场地于一身的多功能场所，平时供群众运动、游玩，农忙时用来晒粮，既美化村庄又方便群众，两全其美。各地还应该充分利用基层党政机关、事业单位、企业和学校的空闲场地,作为临时性的晾晒场所,在农忙时节无偿提供给农民晒粮。

提高粮食产地烘干能力是解决晒粮难的根本之道。与传统人工晾晒相比,机械化烘干效率高,是保障粮食品质、减少粮食产后灾后损失、确保粮食丰收到手的重要环节和关键措施。近年来,我国大力推进粮食产地烘干机械化,在全国建设粮食产后服务中心,为农户提供粮食烘干服务,粮食产地烘干能力建设取得长足进步。但不可否认的是,我国粮食烘干机械化水平仍然不高,发展不平衡、不充分问题突出,部分地区还存在设施装备总量不足、技术水平不高、设施与装备不配套等问题,烘干服务还不能满足粮食生产的需要。各地要坚持为人民服务的根本宗旨,加快粮食产地烘干能力建设,建成布局合理的粮食产地烘干体系,基本满足全国粮食产地烘干需求,进一步降低粮食产后损失,确保粮食颗粒归仓。

收麦如救火,龙口把粮夺。当前,各地的麦收还在加紧进行,农民全力以赴抢收、晾晒。"开院晒粮"之举,一定会提振广大农民打赢"龙口夺粮"之战的信心。

构建"降油增绿"长效机制

2023年5月份,我国进口大豆1202万吨,刷新月度进口历史最高纪录,再次引发人们对食用油安全的担忧。当前,我国食用油安全面临油料自给率低和食用油摄入超标并存的问题。对此,应树立合理消费、科学膳食的理念,推动食用油消费从"多吃油、吃亮油"向"少吃油、吃好油"转型,从"过度加工"转向"适度加工"。这既有利于节约食用油,又有利于人们身体健康,可谓一举两得。

开门七件事,柴米油盐酱醋茶。位列第三的食用油是日常生活的必备食品之一。按照品类划分,食用油分为食用植物油和食用动物油两种。食用植物油油料分为草本油料和木本油料,草本油料主要包括大豆、花生、油菜籽、芝麻、葵花籽等,木本油料主要包括油茶籽、核桃、油橄榄、椰子、元宝枫籽等。动物油脂涵盖食用猪油、牛油、羊油、鸡油、鸭油。在我国消费结构中,食用植物油占据主导地位,食用动物油占比较低,属于小众食用油品种。

随着经济发展和人民生活水平提升,我国人均食用油消费量大幅增长,从以前的"少油"转向现在的"嗜油","多吃油"一度被认为是生活水平提高的重要标志。从健康营养角度看,每天食用油摄入过多或过少都不合适。根据《中国居民膳食指南(2022)》的推荐,成人每人每天食用油摄入量为25克至30克最为合适。按单人日均摄取25克食用油的标准计算,每人每年食用油消费量约9.125千克。有机构估算,2022年我国人均食用油消费量为26.6千克,大大超过科学膳食标准。实际上,消费者每天除了摄入烹饪所用食用油外,还会从每天所吃的粮食、肉、蛋、奶、干果等食物中摄入油脂。

消费者"嗜油"的不良饮食习惯不仅造成食用油浪费,还会引起高血脂、脂肪肝等健康问题。近年来,过量摄取食用油已成为我国糖尿病、高血脂、高血压、心脑血管疾病等慢性疾病高发的重要诱因。因此，我国在深入实施粮食节约行动和中国居民膳食指南的过程中，倡导合理消费，科学膳食，引导消费者少吃油、吃好油、多样化吃油。

健康要加油，饮食要减油。少吃油，事关食用油安全和营养健康安全。作为油料生产和消费大国，我国油料自给率低，不能满足国内有效需求，需要大量进口，对外依存度高达60%以上，存在"卡脖子"风险。为提高油料自给率，我国在生产环节启动实施大豆油料产能提升工程，多措并举挖掘大豆油料增产潜力，在消费环节倡导少吃油、吃好油，减少油脂油料损失浪费。不过，少吃油不是不吃油或吃油很少，若完全不吃油或吃得非常少，会导致营养缺乏，也会引发各种疾病。

以前消费者陷入"食用油越亮越好"的认识误区，油脂加工企业为了迎合市场，过度加工的现象较为突出，不仅造成食用油压榨出油率低、油料油脂资源浪费严重，而且对人们身体健康不利。这是因为，食用植物油在经过脱胶、脱酸、脱色、脱臭和脱脂等多道工序去除杂质的同时，也会造成维生素E、天然胡萝卜素、叶绿素等微量营养元素大量损失。一般精炼程度越高，微量营养物质损失越多。有关部门通过修改食用油加工标准，引导企业从"过度加工"向"适度加工"转型。

"由俭入奢易，由奢入俭难。"改变我国居民"多吃油"的消费习惯非一日之功，需持续用力，久久为功。应构建长效机制，政府部门、消费者和企业共同努力，推动形成"少吃油、吃好油"的良好习惯，缓解资源和生态环境压力，真正实现"降油增绿"。

防灾减损就是增产增收

　　我国粮食生产分为夏粮、早稻和秋粮三季。当前,夏粮已丰收到手,早稻收获有序推进。秋粮产量占全年粮食产量的四分之三,是粮食生产的大头。2023年秋粮能否丰收,气象灾害是最大的不确定性因素。要牢固树立"防灾就是增产、减损就是增收"的理念,坚持底线思维,未雨绸缪,打好主动仗,全力以赴抓好秋粮防汛抗旱工作,确保秋粮丰收。

　　国家统计局最新发布的数据显示,2023年夏粮总产量1 461.3亿公斤,比2022年减少12.75亿公斤,下降0.9%。其中,小麦产量1 345.5亿公斤,比2022年减少12.25亿公斤,下降0.9%。夏粮产量稳中略减,但仍居历史第二高位,实现了丰收。夏粮丰收为稳定全年粮食生产奠定了坚实基础,为推动经济持续回升向好、加快构建新发展格局、着力推动高质量发展提供了有力支撑。

　　细究夏粮减产的原因,是单产小幅下降造成的。2023年,在国家加强耕地保护和用途管制、加大粮食生产支持力度、种植结构调整和小麦价格上涨驱动等诸多因素叠加作用之下,夏粮播种面积持续增加,但夏粮单产出现小幅下降。国家统计局的数据显示,2023年夏粮单产366.1公斤/亩,比上年减少4.3公斤/亩,下降1.2%。其中,小麦单产389.0公斤/亩,比上年减少5.2公斤/亩,下降1.3%。

　　国家统计局农村司相关负责人认为,夏粮单产下降主要是受河南等地严重"烂场雨"天气影响。2023年5月下旬北方麦区出现大范围降雨,持续时间长、过程雨量大、影响范围广,导致灌浆期小麦光照不足,千粒重下降。河南持续降雨时间与小麦成熟收获期叠加重合,严重"烂场雨"天气造成部分地区小麦萌动发芽,夏粮单产下降明显。西南地区冬春连旱,云南、贵州等地夏粮单产有所下降。

粮食生产属于"看天吃饭"的产业。夏粮减产已成定局，早稻生产受到暴雨高温天气侵袭，秋粮生产也面临着气象灾害的威胁。目前，全国进入汛期和盛夏季节，也是秋粮生产和防灾减灾的关键时期。据中国气象局国家气候中心日前发布的盛夏全国气候趋势及主要气象灾害预测，2023 年盛夏极端天气气候事件偏多，高温热浪、阶段性强降水、暴雨洪涝等气象灾害较严重。

发生极端天气是小概率事件，可一旦出现，带来的危害巨大。要始终紧绷防灾减灾这根弦，把防灾减损、抗灾增产摆在更重要位置，毫不放松抓好防灾减灾各项工作。多部门发力，强化农业农村、水利、气象灾害监测预警体系建设，增强极端天气应对能力，有效防范应对农业重大灾害。强化粮食安全责任制考核，压紧压实地方各级党委和政府防灾减灾的主体责任。强化农业防灾减灾应急服务队伍能力建设，广泛开展政策宣传和技术培训，提高广大农户防灾减灾意识。推动强农惠农政策落地见效，激励农民科学防灾减灾，实现"龙口夺粮""虫口夺粮"，确保秋粮稳产增收。

农业保险是有效化解农业风险的重要工具，在提高农业防灾减灾能力、维护国家粮食安全方面发挥积极作用。2023 年夏粮收获关键时刻，小麦主产区出现连续阴雨天气，特别是河南局部地区遭遇了近 10 年来最严重的"烂场雨"，给种粮农户造成不小损失。河南省及时出台《全力做好小麦保险理赔工作的通知》，让遭受损失的农户及时得到赔付，最大限度地降低损失。为了让更多种粮农户受益，财政部等部门于 2023 年 7 月 7 日联合发布通知，扩大小麦、稻谷和玉米三大粮食作物完全成本保险和种植收入保险实施范围，从主产省份的产粮大县扩大至全国所有产粮大县，进一步提高农业保险保障水平。

不得不说的是，农业保险在实施过程中还存在赔付标准不明、赔付金额普遍偏低、理赔难度大等问题，降低了农户获得感，影响了农户购买农业保险的意愿。有关部门应加快完善相关制度，让农业保险真正起到为农户遮风挡雨的作用。

"拾秋"需增强安全意识

十月稻陌拾秋,腊月丛中吻雪。目前,全国秋粮收获已近尾声,阡陌田间处处洋溢着丰收的喜悦。2023年秋收过程中发生的两起"拾秋"事件引发关注:一个是河南某地一家农业公司机收刚结束,一大批农民就聚集在地里捡拾遗落的玉米;另一个是一个老人在刚收完花生的地里捡拾花生时被旋耕机碾压身亡。这两起事件告诉我们,各地要引导农民有序捡拾粮食,更要帮助农民提高安全防范意识,保障农民生命财产安全。

秋天是丰收的季节,也是"拾秋"的最好季节。所谓"拾秋",是指捡拾遗落在地里的庄稼。在过去粮食短缺的年代,"拾秋"是一道独特风景线,是很多人童年时期的回忆。当时,粮食收获主要靠人工,需要单独进行收割、转运、脱粒、清选,综合损失率可能超过10%,"拾秋"很有必要。每年秋收过后,村里家家户户男女老少一起出动,拿着各种各样的袋子、篮子和"粪耙子"等工具,到地里捡拾遗漏刨剩的麦穗、稻穗、玉米棒子、豆荚,刨红薯、捞花生,捡拾的粮食归自己所有。有的家庭为了多捡一些粮食,就在地里烤红薯、烤土豆、烤花生吃,吃饱了接着捡。在农村集体经济时代,"拾秋"组织有序,先由生产队组织队里农户捡拾一遍,把地按人口分给各家各户再捡拾一遍,然后再放任外村人去捡拾。农民不仅捡拾粮食,还捡拾秸秆当柴烧。经过几轮捡拾,地里干干净净,几乎没有什么损失浪费。

与以往比较,现在农村"拾秋"现象比较少见。原因有以下几点:首先,经过多年坚持不懈的努力,我国粮食综合生产能力不断提高,粮食产量连续多年稳定在6500亿公斤以上,人均粮食产量达到480公斤以上,实现了从新中国成立初期4亿人"吃不饱"到现在14亿多人"吃得好"的历史性转变,人们不需要再去地里捡拾粮食解决温饱问题。其次,我国主要粮食作物收获基本实现了机械化，小麦、水稻、玉米机收率分别超过 97%、94%、78%，机收率越高，损失率越低，地里可捡拾的粮食就越少。再次，现在农村青壮年劳动力基本外出务工，农村劳动力严重短缺，很少有人会花费时间去捡拾粮食。

"拾秋"是一种勤俭节约的传统美德。近两年，随着粮食节约行动深入开展，"拾秋"现象再次兴起。一些城里人会带着孩子到秋收过后的田野里捡拾粮食，让孩子亲身体验收获的快乐，真正理解"汗滴禾下土"及"粒粒皆辛苦"的内涵，在心里种下一粒爱惜粮食的种子。对农民来说，"拾秋"已成为一种习惯。很多农村老年人经历过饥饿年代，十分爱惜粮食，见不得粮食有一点损失浪费，每年秋收过后，他们都会习惯性地去地里捡拾粮食，有的在自家地里捡拾，有的去别人地里捡拾。一些农业公司承包农民的土地种植粮食，等收割机收割过后，当地农民会扎堆去地里捡拾粮食。这就引发农民该不该去别人地里捡拾粮食的争论。如果不去捡拾粮食，那些遗留在地里的粮食也会腐化烂掉。与其对此争论，还不如引导组织农民有序捡拾粮食，尽可能减少粮食损失。不过，各地一定要牢固树立安全发展理念，加强对农民安全意识宣传教育，防范农机致人死伤的悲剧再次发生。

"拾秋"现象存在，说明地里有粮食可捡。有关研究表明，粮食收获损失仅次于消费环节。提高粮食收获机械化水平和收获作业质量，是减少收获环节损失的重要途径。当前，我国小麦、水稻机收水平高，损失相对较小，小麦机收损失能够控制在 2% 以内，玉米机收水平低，损失较高。各地要持续推进高标准农田建设，促进农机农技农艺有机融合，积极推进作物品种、栽培技术和机械装备集成配套，提高联合收割机智能化水平。加强对农机手专业技能和职业道德培训，提高粮食收获作业质量，进一步降低收获环节损失。

坚持两手抓　深耕"两块田"

　　全国粮食产后节约减损工作现场推进会于 2023 年 11 月 23 日在山东滨州召开。保障粮食安全要耕好 18 亿亩耕地这块"有形良田",还要耕好节粮减损这块"无形良田",二者不可偏废。要坚持开源与节流并重,增产与减损同时发力,持续深度耕耘"两块田",进一步筑牢粮食安全防线,稳住粮食安全"压舱石",把中国人的饭碗端得更牢、更稳、更好。

　　耕好"有形良田"是保障国家粮食安全的基础。2023 年我国启动实施新一轮千亿斤粮食产能提升行动,深入实施藏粮于地、藏粮于技战略,粮食综合生产能力进一步提升,抵御自然灾害能力持续增强。夏粮因黄淮罕见的"烂场雨"略减 12.75 亿公斤,秋粮生产遭遇华北、东北局部洪涝、西北局部干旱等灾害影响,但有望实现增产,"以秋补夏"。秋粮增产是秋粮面积增加、单产大面积提升以及天气有利于粮食作物的生长发育和产量形成等因素叠加作用的结果。秋粮是全年粮食生产的大头,秋粮丰收了,全年粮食产量保持在 6 500 亿公斤以上的预期目标才有望实现。

　　耕好节粮减损这块"无形良田",是保障粮食安全的重要举措和必然要求。《粮食节约行动方案》实施两年来,粮食"产购储加销"全链条节粮减损取得明显成效,确保了"颗粒归仓""微损储存""低耗运输""粮尽其用",逐渐形成"文明餐桌""节粮家风"。在生产环节,引导农户使用精量播种、机收减损技术,尽可能减少播种环节的种子浪费和收获环节的粮食损失。在储存环节,农户科学使用装具,可把储粮损失率由 8% 降到 2% 以内;国有粮食企业加快高标准粮库建设,广泛推广使用"四合一"储粮技术、气调储粮、控温储粮等绿色储粮技术,全面提升储粮信息化、智能化水平,国有粮库储藏周期粮食综合损失率控制在 1% 以内。在运输环节,完善运输基础设施和装备,发展粮食集装箱公铁水多式联运,尽力确保粮食不损失浪费在路上。在加工环节,全面倡导适度加工、合理加工,发展精深加工,加强粮食资源综合利用,最大限度地减少粮食损失。在消费环节,推行简约适度、绿色低碳的生活方式,倡导营养均衡、科学文明的饮食习惯,让"厉行节约、反对浪费"的理念深入人心。

从目前来看,我国在粮食增产和减损两端同时发力,耕好"两块田",为保障国家粮食安全提供了有力支撑。从中长期看,我国粮食虽取得连年丰收,但国内粮食供求仍将处于紧平衡态势,粮食增产空间面临土地空间、耕地质量等硬约束,增产难度大。同时,粮食采收、储运、加工、销售、消费每个环节都存在"跑冒滴漏"现象,节粮减损空间巨大。

耕好节粮减损这块"无形良田",等同于"绿色增产"。未来一定要多措并举抓节粮减损。强化"产购储加销"全链条各环节协同联动,强化科技、人才、标准、法治四项保障。以科技助力节粮减损,将科技创新融入粮食减损降耗全链条各环节;依靠人才推进节粮减损,通过举办全国粮食行业职业技能竞赛,培养选拔一大批优秀高技能人才,为推动节粮减损提供更多智力支持;以法治护航节粮减损,全方位构建节粮减损法律基础,实现全链条依法管粮、依法节粮。以标准引导降低粮食损耗,以粮食的最终用途和最佳品质为指导,及时制定修订小麦粉等口粮、食用油加工标准,不断完善节粮减损标准体系。

粮食安全对于经济社会发展、民生福祉至关重要。要坚持增产和减损两手抓,千方百计抓好粮食生产,有效整治粮食"跑冒滴漏",增加粮食有效供给,减轻粮食供给压力,持续提高粮食安全保障水平。

重视化解"丰收后的烦恼"

2024年5月份，全国"三夏"大规模小麦机收正在全面展开。针对粮食收获后可能产生的晒粮难、储粮难、售粮难等问题，各地应进一步增强粮食烘干能力和科学储粮能力，充分发挥粮食产后服务中心作用，及时为农户提供代清理、代烘干、代储存、代加工、代销售等一体化服务，解决农民"丰收后的烦恼"，减少粮食产后损失，增加农民种粮收入，为保障国家粮食数量安全和质量安全奠定基础。

粮食收获后，农民一般会在自家庭院、田间地头晾晒、储存一段时间。不过，目前农村农户储粮已经发生重要变化。有的农户家庭"零存粮"，随用随买；有的农户会留存够全家一年吃的口粮，剩余粮食等到价格合适时再出售。与小农户相比，种粮大户、家庭农场和合作社等新型农业经营主体存粮意愿较强，延迟销售现象较为普遍。

粮食晾晒存储环节是粮食生产的终端环节，也是种粮赚钱与否最关键的环节，粮食晾晒储存好不好，直接影响农户种粮收益。随着工业化、城镇化快速发展，农村"晒谷场"越来越少，农户储粮设施简陋，储粮技术不高，烘干能力不足，再加上缺少科学技术指导，粮食大量堆放容易发生霉变，还容易遭受虫害、鼠咬、雀食，造成农户储粮损失较大，粮食品质下降，卖不上好价，影响农民增收，会给粮食质量安全和食品安全带来很大隐患。

在我国耕地有限的情况下，推广应用先进实用的粮食烘干技术和科学储粮装具，改善农户晾晒、储存条件，是保障粮食品质、减少粮食产后灾后损失、保障国家粮食安全的重要举措。针对部分地区烘干设施装备总量不足、技术水平不高、设施与装备不配套、烘干服务还不能满足粮食生产需要的问题，国家大力推广粮食产地烘干设施，将粮食烘干成套设施装备纳入农机新产品补贴试点范围,提升烘干能力。针对农户储粮设施简陋、储粮技术不高等问题,国家加强农户科学储粮技术宣传和指导,转变传统储粮观念,增强科学储粮意识,支持引导农民在田间地头、房前屋后搭建节约简洁高效科学储粮装具,累计为全国农户配置科学储粮装具 1 000 万套,逐步解决"地趴粮"问题。最新调查显示,我国农户储粮损失率由 10 年前的 8% 降至 3% 左右,为确保国家粮食数量和质量安全奠定了基础。

为进一步破解晒粮难、存粮难、售粮难等问题,2017 年以来,国家有关部门深入推进优质粮食工程,在全国建成 5 500 多家粮食产后服务中心,实现产粮大县全覆盖,初步形成布局合理、需求匹配、设施先进、功能完善的专业化、社会化粮食产后服务体系。为农户及时提供清理、干燥、收储、加工、销售等服务,推动农户储粮从"存粮在户"向"存粮在库"转变,从传统粗放式的晾晒、储存以及销售方式向专业化、科学化、机械化转变,进一步促进粮食提档升级,有效降低粮食产后损失,增强农户抵御自然灾害风险的能力,指导农户择机售粮,解决了农户有粮卖不出、卖不上价的问题,确保农民丰产丰收。

从目前来看,强降雨天气仍然是夏粮收获、晾晒、储存面临的较为严峻的挑战。各地应加快麦收进度,强化产地烘干能力建设,及时烘干晾晒、科学储粮,进一步延伸拓展粮食产后服务中心功能。持续增强粮食产后晾晒、储存、销售等能力,确保夏粮颗粒归仓与农民丰产丰收,为粮食产业高质量发展夯实基础,为推动农业现代化和乡村全面振兴贡献力量。

第十章

国际粮食市场

俄乌冲突搅动国际粮食市场

新冠疫情阴霾尚未散去,俄乌两个"世界粮仓"的军事冲突引发全球粮价再次剧烈震荡。全球小麦、玉米价格跳涨,食用油价格也在前期大幅上涨的基础上继续上扬,粮食市场敏感神经受到触动。全球粮食供应格局、我国粮食进口安全等是否会受影响?对此,不能不给予密切关注。

在经济全球化的背景下,世界粮食市场高度融合。从供需基本面来看,目前全球粮食年产量基本能够满足全球人口的粮食需求,但近年来受新冠疫情、地区冲突和极端天气频发等各种因素叠加影响,全球粮食体系难以正常有效运转。其中,地区冲突往往会引发粮食产业链供应链中断或破裂,不仅会造成短期粮食价格大幅波动,还会影响长期的粮食产业布局,在极端情况下甚至可能导致全球性粮食危机。

俄罗斯和乌克兰都是粮食生产大国和出口大国,主要生产小麦、玉米、大麦、燕麦、葵花籽、油菜籽,在世界粮食贸易中的地位举足轻重。俄罗斯是世界小麦出口国,乌克兰是世界小麦出口国、玉米出口国和葵花籽油重要出口国,有着"欧洲粮仓"的美誉,两国的粮食出口到欧洲、亚洲、非洲等地,两国小麦出口量加起来占全球小麦贸易量的比重超过28%。如果俄乌冲突在短时间内得不到解决,一些主要依赖俄乌两国粮食进口的国家可能会寻找替代粮源,势必会进一步加剧全球粮食供应紧张、粮价上涨,增强全球通胀预期。

俄乌两国也是我国粮食进口重要来源地,我国每年都会从这两个国家进口小麦、玉米、大麦、葵花籽、油菜籽、大豆等重要农产品,但进口总量小,俄乌冲突对我国粮食进口安全影响有限。从我国粮食进口结构看,大豆进口占主导地位,玉米及其替代品大麦、高粱进口比重次之,稻谷和小麦进口比重非常小。从进口来源地看,大豆主要从巴西、美国、阿根廷等美洲国家进口,玉米主要从美国、乌克兰进口,小麦主要从美国、加拿大、澳大利亚、俄罗斯等主要小麦生产国进口。近年来,为了改变粮食进口来源地过于集中的问题,我国不断拓展粮食进口来源地,从俄乌两国进口的粮食有所增加,但还没有对俄乌两国粮食进口形成依赖。要看到,我国粮食连年丰收,库存处于历史高位,小麦和稻谷库存占比超过 70%,玉米库存增加,库存有底气,调控有手段,完全有能力有信心保障国家粮食安全。

值得注意的是,俄乌两国不仅是粮食生产大国和出口大国,也是世界上重要的化肥生产大国和出口大国。在全球化肥价格持续上涨的态势下,俄乌冲突有可能影响全球化肥供应,引发全球化肥价格波动,抬高粮食生产成本,影响农民种粮积极性。作为化肥生产大国和出口大国,我国氮肥、磷肥实现自给自足,钾肥对外依赖程度较高。在当前春耕备耕的关键时期,促进化肥保供稳价,对全年粮食稳产增产目标的实现至关重要。

"逆全球化"加剧全球粮食危机

俄乌冲突仍在持续,全球粮价在近年来大幅上涨的基础上继续攀升。联合国粮农组织 2022 年 4 月 8 日发布的数据显示,2022 年 3 月份以来,国际粮食价格同比上涨高达 12% 以上,创下 10 年来新高。全球粮价上涨使得数以亿计的人口陷入贫穷和饥饿的境地,全球粮食安全问题亟待引起更多重视并加以解决。

世纪疫情叠加地缘政治冲突,是引发此轮全球粮价上涨的直接原因。俄罗斯和乌克兰是世界两大粮仓,是全球粮食市场的重要参与力量,两国粮食出口在全球粮食贸易中占比较大。从联合国粮农组织的数据看,两国小麦出口量约占全球出口量的 30%、玉米出口占 20%、葵花籽油出口约占 63%。近 50 个国家依赖这两个国家满足自身至少 30% 的小麦进口需求,其中 26 个国家逾半数的小麦进口来自俄乌两国。冲突发生以来,俄乌两国粮食和化肥出口受阻,对全球粮食稳定供应产生重要影响。

从深层次看,世界粮食生产和布局很不平衡,粮食生产和出口国高度集中,而消费和进口国呈分散状态,粮食供需区域性矛盾突出,这种供需格局容易受疫情、地区冲突、国家政策变动、物流受阻等因素影响。经济全球化促进全球粮食市场深度融合,推动了全球粮食贸易的繁荣,促进全球粮食供需平衡。然而,近年来世界出现了"逆全球化"思潮,贸易保护主义抬头,扰乱了全球粮食贸易秩序,加剧全球粮食危机。

本轮全球粮食价格飙升,再次成为欧美国家攫取世界财富的盛宴,四大跨国粮商成为全球粮价上涨的直接受益者。美国嘉吉、美国邦吉、美国 ADM 和法国路易达孚四大跨国粮商垄断了全球 80% 以上的粮食交易。据外媒报道,2022 年以来,嘉吉公司的家族财富暴增,美国 ADM 公司 2022 年 2 月份以来的股价涨幅超过 20%，法国的路易达孚公司预计 2022 年利润增长 80%。

与跨国粮商财富暴增相比，全球粮价上涨使多个国家粮食安全状况面临严峻挑战，对非洲、中东、拉美一些贫穷国家更是"无声的打击"，越来越多的国家面临食物短缺问题。为了应对粮食进口和投入品成本上升的问题，联合国粮农组织提议设立全球粮食进口融资基金，用于满足紧急需求且仅限于向低收入和中等偏下收入粮食净进口国提供援助。

面对世界粮食贸易格局新形势，为保障本国粮食安全，一些生产国限制粮食出口，一些依赖俄乌两国进口粮食的国家开始寻找替代粮源，一些国家补充储备库存，粮源竞争加剧。在全球粮食价格上涨的刺激下，印度、巴西、澳大利亚等粮食生产大国扩大粮食出口，或许能在一定程度上填补俄乌两国冲突造成的全球供应缺口，但无法从根本上解决全球粮食供应紧张问题。

"甘蔗同穴生，香茅成丛长。"经济全球化的趋势不可逆转，各国应围绕粮食安全推进务实合作，维护全球粮食产业链供应链稳定，共同应对全球粮食危机的冲击。作为世界上最大的发展中国家和负责任大国，中国始终是维护世界粮食安全的积极力量。中国在千方百计发展本国粮食生产的同时，积极参与世界粮食安全治理，加强国际交流与合作，进一步加强与"一带一路"沿线国家和地区粮食合作，努力促进全球粮食供需平衡。

"人汽争粮"抬升全球粮价

近期,美国两项与粮食相关的政策颇为引人关注。2022年4月12日,美国宣布6月到9月开放高乙醇含量汽油销售,以控制油价。4月27日,美国又宣布向因俄乌冲突而受到粮食安全威胁的国家提供价值6.7亿美元的粮食援助。美国大规模应用乙醇汽油,或将再次引发全世界"人汽争粮"的矛盾,抬升全球粮食价格,增加粮食进口国进口成本。

生物能源是美国能源的重要组成部分,是美国用来调节能源供求的重要手段。上世纪70年代,美国为摆脱对进口石油的依赖,开始大规模发展生物能源,用玉米加工燃料乙醇,以豆油为主要配置原料加工生物柴油,现已发展成为全球最大的生物燃料乙醇生产国、消费国和出口国。作为粮食生产大国和出口大国,美国粮食市场与全球粮食市场紧密相连,预计2021/2022年度用于生产燃料乙醇的玉米总量为1.36亿吨,用于生产生物柴油的豆油总量预计为485万吨,对世界粮食市场影响巨大,会进一步扰乱全球粮食供应秩序。

生物能源属于可再生绿色能源,大力发展生物能源对于实现能源替代、保障能源安全具有重要战略意义。用粮食加工转化来提高能源供应和利用效率是一些粮食生产大国比较通行的做法。除美国外,欧盟、东南亚的一些国家以及巴西也在发展生物能源,用玉米、甘蔗加工燃料乙醇,用豆油、橄榄油、棕榈油、菜籽油等加工生物柴油。预计2021/2022年度,美国、巴西等国用于加工燃料乙醇的粮食高达3亿吨。

与欧美等国大力发展以粮食为原料的生物能源不同,2022年我国严格控制以玉米为原料的燃料乙醇加工,保障粮食供应安全。在人多地少的国情粮情下,我国一直坚持"不与人争粮、不与粮争地"的原则,防止玉米深加工产业过度发展影响饲料安全。在玉米库存高企时,通过"适度发展"以玉米为原料的燃料乙醇加工，推动玉米去库存。在玉米供需形势从供过于求转为供不应求时，严格限制玉米燃料乙醇加工产能扩张，保障粮食供应。

能源是经济社会发展的基础支撑，能源和粮食有着密不可分的关系。一方面，农业是典型的高能源密集型产业，农机具的广泛使用需要石油、天然气、煤炭等能源作为动力，石油、天然气、煤炭又是化肥的重要原料。另一方面，能源价格直接或者间接影响粮食价格。能源价格持续快速上涨，推动柴油价格、化肥价格和电力价格上涨，成为推动粮食生产成本和价格上涨的重要因素之一。同时，生物能源价格在一定程度上取决于石油价格，当石油价格过高时，发展生物能源有利可图，就会有更多的粮食流入能源领域；当石油价格过低时，生物能源就无利可图，发展生物能源的积极性就会消失。

粮食是用来吃的，还是用来"烧"的？这是个两难问题。当前，越来越多的国家陷入能源危机与粮食危机并存交织的困境，能源价格快速上涨，波及能源安全；粮食价格过快上涨，伤害的是粮食安全。美欧等国通过发展生物能源达到遏制燃料成本飙升、减少对外国能源的依赖，确保能源安全，本无可厚非。但在当前全球粮价高涨的背景下，难免会形成"人汽争粮"的尴尬局面，受到非议也在情理之中。

本轮全球粮价上涨的成因复杂，是新冠疫情、极端天气、流动性过剩、地缘政治冲突、国际资本投机炒作、能源价格上涨等各种因素综合作用的结果。不过，在全球粮食危机愈演愈烈之际，人们还是希望美国在发展生物能源时有所克制，不要再给全球粮食价格上涨火上浇油。

谨防水稻金融化危及粮食安全

2022 年受俄乌冲突、欧美等国货币政策调整等因素叠加影响,国际玉米、小麦、食用油等大宗农产品价格跌宕起伏。与之形成鲜明对比的,是国际大米价格涨幅较低。究其原因,除了俄乌冲突对国际大米市场影响不大这个因素外,主要是亚洲国家水稻自给率普遍较高,水稻金融化程度不高,国际金融资本炒作空间有限。

历史经验证明,粮食金融化严重威胁粮食安全。新冠疫情暴发以来,在全球粮食供需没有明显缺口的情况下,粮食金融化是引发本轮全球粮食价格剧烈波动的重要原因。欧美日英等发达经济体为了刺激经济发展,长时间推出大规模量化宽松货币政策,在国际金融资本的推波助澜下,小麦、玉米、食用油等大宗农产品价格持续走高。近期欧美等国为了抑制通货膨胀,纷纷调整货币政策,从"大水漫灌式"宽松货币政策快速转向紧缩货币政策,粮食等大宗商品价格随之明显回落。让人忧心的是,本轮全球粮价高位波动抬升了粮食进口成本,一些粮食高度依赖进口的低收入国家,爆发粮食危机、经济危机甚至政治危机。

与欧美等国以小麦消费为主不同,亚洲绝大部分国家以大米消费为主,亚洲国家水稻自给率普遍较高,受金融资本冲击较小。印度、泰国、越南、巴基斯坦是世界大米生产国和出口国,日本、韩国、菲律宾等国虽然粮食对外依赖程度较高,但水稻自给率保持较高水平,应对全球粮食危机的能力较强。美国是世界小麦、玉米、大豆生产大国和出口大国,也是世界重要的水稻生产国,是世界五大大米出口国之一,但美国水稻产量有限,对全球水稻市场影响不大。

作为亚洲大国,我国是世界最大的水稻生产国和消费国,水稻育种水平全球领先,稻谷常年产大于需,自给率超过 100%,库存充裕。俄乌冲突以来,国内小麦、玉米、食用油价格暴涨,但稻谷价格保持稳定,成为全国粮食市场稳定的"定盘星",也为亚洲乃至世界水稻市场稳定作出贡献。

或许正因如此,美国一些专家指责我国大规模种植水稻排放甲烷,是导致全球气候变暖的重要原因。实际上,水稻在种植过程中自然排放的甲烷气体,远远低于畜禽养殖排放的甲烷,更远远低于化石燃料燃烧对全球气候变暖造成的影响。美国拿中国水稻做文章,背后隐藏着把水稻金融化的企图,妄图通过施压减少我国水稻种植面积,从根本上动摇中国粮食安全根基。

一直以来,美国企图用全球气候变暖道德绑架控制我国水稻生产。2021年发布的《中美关于在 21 世纪 20 年代强化气候行动的格拉斯哥联合宣言》已经将农业甲烷排放问题正式纳入,明确中美双方要通过激励措施和项目减少农业甲烷排放。碳排放和碳交易为金融资本控制经济提供了操作空间。当甲烷被纳入国际资本运作的时候,水稻能否摆脱国际金融资本的操控? 对此,我国必须给予高度关注,认真研究,明白其中利害得失,谨防水稻高度金融化。

减少水稻种植,不符合我国人多地少的国情粮情。面对欧美等国的无理诘难,我国一定要保持粮食安全战略定力,坚守"口粮绝对安全"的战略底线,确保水稻播种面积稳中有增,确保"米袋子"绝对安全。作为负责任的大国,我国也要严格履行国际承诺,推动水稻生产绿色化、低碳化发展,通过科技创新破解水稻丰产与减排难以兼顾的技术难题,探索水稻高产低碳新路径,为保障粮食安全和农业减排固碳提供重要科技支撑,为全球应对气候变化贡献中国智慧。

国产大豆定价权谁说了算

　　大豆定价权关系国内大豆产业的健康发展。2022 年 7 月 29 日,中国证监会批准大连商品交易所开展黄大豆 1 号、黄大豆 2 号和豆油期权合约交易,并将于 8 月 8 日正式上市交易。面对当前异常严峻复杂的国际市场形势,黄大豆 1 号、黄大豆 2 号和豆油期权上市,能够与期货形成合力,进一步提升国内大豆相关企业风险管理水平,进一步提高国内大豆期货市场在国际市场中的定价权和话语权,对国产大豆独立定价体系的形成具有重要意义。

　　大豆定价权是买家说了算,还是卖家说了算? 大豆定价权之争背后实质上是国家之间经济、金融的较量。中国是全球大豆最大买家,巴西是全球大豆最大生产国,但都没有大豆定价权。美国是世界第二大大豆生产国和出口国,牢牢掌握着全球大豆定价权,美国芝加哥商品交易所是全球大豆价格形成中心。四大粮商美国 ADM、邦吉、嘉吉和法国路易达孚垄断全球 80% 以上的粮食贸易,并通过操纵大豆价格收割全球财富。与国际大型粮商相比,我国大豆企业规模不大,在谈判时没有太多的话语权。2022 年上半年,我国大豆进口量下降 5.4%,但进口金额同比上涨了 17.3%。

　　国内大豆企业要避免受制于人还得掌握定价权,近年来国内的大豆及相关产业一直在积极地利用期货等金融市场工具,努力获得一定的国际话语权。我国大豆期货市场发展比较晚,1993 年大连商品交易所上市大豆期货,国产非转基因大豆和进口转基因大豆都可以交割,国产大豆价格跟随美国芝加哥期货市场价格。2001 年我国加入世界贸易组织后,完全开放大豆市场,廉价进口大豆纷涌而入。2002 年大连商品交易所把大豆期货拆分成黄大豆 1 号非转基因食用大豆和黄大豆 2 号转基因油用大豆上市,向全球市场提供我国优质高蛋白大豆的价格信号。国内大豆期货价格开始逐步摆脱美国芝加哥价格的影响，国内外大豆价格的关联性逐渐减弱。

国产大豆的定价权回归，与相关企业坚持不懈的努力密不可分。2003 年至 2004 年大豆危机中，国内大豆加工企业因为高价采购美国大豆又没有在期货市场对冲风险，导致近千家大豆压榨企业破产倒闭或被外资收购，外资企业垄断国内油脂加工行业，并垄断大豆进口贸易和定价权。国内大豆企业在丧失油脂油料市场后，转战食品领域，并在植物蛋白市场闯出一片新天地。一些国内大豆蛋白加工企业，生产的产品除了满足国内市场需求外，还远销60 多个国家和地区，为"中国大豆"国际品牌初步建立做出积极努力，彻底改变了国产大豆无定价权、必须依靠进口大豆定价且价格低于进口大豆的被动局面。

现在国产大豆能够走出完全独立的市场行情，也与相关管理部门的努力分不开。目前，我国已初步形成以国产大豆为主的食用大豆市场和以进口大豆为主的饲用大豆市场。我国海关部门加强进口转基因大豆流向和加工过程监管，市场监管部门加大大豆市场监督管理力度，堵住进口转基因大豆进入国内食用市场通道，进一步强化国产大豆的优势，与进口大豆价差逐渐拉开。

作为世界非转基因大豆生产国和消费国，我国应逐步建立国际市场非转基因大豆定价权。2022 年我国提出大豆扩种目标，增加国产大豆供给，一定程度上能够提高我国在国际大豆贸易中的议价能力。未来应打造国产大豆品牌，加大国产大豆宣传力度，提高国产大豆国际竞争力。还应不断拓展大豆进口来源，扩大俄罗斯、乌克兰、哈萨克斯坦和非洲等地区的非转基因大豆进口来源，推动建立国际非转基因大豆市场体系。

重启黑海"粮食走廊"意义何在

　　2022年当地时间8月1日,一艘满载乌克兰粮食的货船驶离黑海敖德萨港口,驶向黎巴嫩的黎波里港。这意味着自俄乌冲突以来中断了5个多月的黑海"粮食走廊"重新启动,被封锁在黑海港口的2 000多万吨粮食陆陆续续走向国际市场。这在一定程度上会增加全球粮食有效供给,改善全球粮食供应紧张问题,缓解全球粮食危机。

　　黑海"粮食走廊"是俄罗斯和乌克兰两国粮食出口的主要动脉。俄罗斯和乌克兰是世界粮食大国和出口大国,两国粮食出口量占全球粮食出口量的30%以上,对保障全球粮食安全至关重要。俄乌冲突导致黑海粮食出口通道几乎中断,乌克兰的粮食大量滞留港口,俄罗斯的粮食和化肥出口阻滞,在全球粮食供需总体宽松的基本面并未发生实质性变化的情况下,全球粮食产业链供应链遭受严重冲击,导致全球粮食供需失衡,加剧全球粮食危机。2022年7月份,土耳其、俄罗斯、乌克兰和联合国四方签署粮食安全运输协议,允许乌克兰粮食经过黑海港口出口,确保俄罗斯粮食和化肥正常出口免受西方制裁。该协议的有效期只有120天,黑海"粮食走廊"运输仍然受到诸多不确定因素制约,能否恢复至俄乌冲突之前的水平,还需要相关各方持续共同努力。

　　俄乌冲突只是加剧全球粮食危机的又一个"黑天鹅"事件。当前全球粮食危机是世纪疫情、极端天气、全球流动性过剩、俄乌冲突各种因素综合作用的结果。如今,全球粮食供需形势正向好的方向发展。除了黑海港口粮食出口解除封锁外,中国、俄罗斯小麦供应增加,巴西、阿根廷玉米季节性供应增加,印度尼西亚取消棕榈油产品出口税至8月31日,以及缅甸增加大米和碎米出口,均对缓解全球粮食供需紧张,缓和全球粮食供给短缺担忧情绪起到积极作用。

随着粮食供需环境的逐渐改善，再加上欧美等发达经济体实行货币紧缩政策，流动性收紧，投机资本快速退场。在各种因素叠加作用下，全球粮价冲高回落。根据联合国粮农组织 2022 年 8 月 5 日公布的数据，联合国粮农组织食品价格指数自 3 月创下历史高点以来连续 4 个月下降。目前全球粮价已低于俄乌冲突升级前的水平，但仍高于疫情前的水平。从目前的国际局势和粮食供需形势看，影响全球粮食产业链供应链稳定性的因素仍然存在，任何一个突发事件都有可能引发全球粮食价格大幅波动。例如，2022 年欧美等国遭受高温、干旱等极端天气，仍有可能导致全球粮食减产。

与国际粮价暴涨暴跌相比，我国粮价始终保持平稳运行态势。这是因为，面对全球粮价的变化，我国始终保持粮食安全战略定力，高度重视粮食生产。2022 年我国夏粮高位增产，秋粮丰收在望，粮食库存较为充足，确保了谷物基本自给、口粮绝对安全，36 个大中城市主城区及市场易波动地区的成品粮油储备达到 15 天及以上，牢牢守住粮食安全底线，能够有效应对各种"黑天鹅"和"灰犀牛"事件。并且，我国始终对炒作粮价等违法违规行为采取"零容忍"态度，确保国内粮食市场保持平稳运行的良好态势。

值得注意的是，目前我国粮食市场出现两个积极变化。一是随着国际粮价的持续下跌，我国进口粮食成本下降。从中国海关总署发布的数据看，2022 年 1 月至 7 月我国粮食进口量同比减少 7.1%，进口金额同比增加 15.9%，进口金额增幅较前几个月明显下降。二是随着国际能源价格下降以及国内保供稳价政策的实施，我国化肥价格整体呈现下滑趋势，国内粮价面临的成本推动型上涨压力得以缓解。这两个因素将会对国内粮价走势产生什么影响还需继续观察。

摒弃粮食贸易保护主义

2022 年全球粮食市场的突发事件一个接着一个。印度继 5 月份禁止小麦出口之后，近日又宣布禁止碎米出口，并对未碾米、去壳糙米、半精米和全精米等部分大米出口征收 20% 关税，9 月 9 日起生效。在黑海"粮食走廊"重启、全球粮食危机稍有缓和之际，印度此举再次搅动全球粮市，有可能引发新一轮全球粮价上涨，进一步加剧全球粮食危机。

印度大米出口在全球大米市场供应中有着举足轻重的地位。印度是世界第二大水稻生产国、世界第一大大米出口国，为全球 150 多个国家供应大米，大米出口量占全球大米贸易量的 40%，超过了泰国、越南、巴基斯坦和美国等 4 个国家大米出口总和，2021 年印度大米出口量达到创纪录的 2 150 万吨。2022 年受极端干旱天气影响，印度水稻播种面积大幅下降，水稻减产预期强烈，国内大米价格大幅上涨，通货膨胀加剧。印度限制大米出口，有利于确保国内供应、平抑大米价格，但会进一步加剧全球粮食供需失衡，助推大米价格上涨，增加大米进口国的进口成本，使得一些严重依赖印度大米进口的国家可能面临额外通胀压力。

从供需看，近年来全球大米供需延续宽松格局。2022 年受极端高温干旱和洪涝灾害影响，水稻生产面临严峻挑战。除印度外，我国南方水稻主产区受到持续高温干旱影响，虽然早稻实现小幅增产，但中晚稻面临减产风险。美国加利福尼亚州的水稻因极端干旱天气播种面积大幅下降，收成预计减半，大米出口量下降。巴基斯坦受极端洪涝灾害影响，水稻生产遭受重挫。有机构预计，2022 年全球水稻生产会小幅减产。印度限制大米出口，不会从根本上改变全球粮食供需宽松格局，但在全球供需错配、生产成本暴涨、通货膨胀加剧等各种因素叠加的背景下，会进一步加剧全球粮食供需失衡。

我国是印度碎米最大买家，印度大米出口禁令对我国大米市场影响可控。我国水稻连续多年产大于需，库存充足，自给率超过100%，完全能够满足市场需要，进口大米主要用于调剂需求。2021年，我国大米进口量达496万吨，仅占当年产量的3%左右。而且，我国大米进口除了来自印度，还来自越南、巴基斯坦、缅甸、泰国等国，进口来源地分散，抗风险能力强。2022年，受俄乌冲突以及全球小麦、玉米价格高位波动影响，我国玉米、小麦进口下降，大米价格低，进口替代需求增加，其中碎米进口增加较多，主要用于制作饲料和酒精。印度限制大米出口，对我国一些饲料企业和工业企业有一定影响，但对口粮影响极其有限。

与全球玉米、小麦价格持续高位剧烈波动相比，近两年全球大米价格波动幅度小，成为稳定粮食市场的"最后一根稻草"。目前，这种局面正在改变。在水稻减产预期增强的情况下，全球大米价格近几个月持续上涨。泰国和越南2022年8月底就提高全球大米价格达成了共识，印度限制大米出口，助推全球大米价格上涨。有人认为，2022年上半年，受俄乌冲突影响，小麦和玉米价格成为全球粮价上涨的风暴中心，大米价格保持平稳态势。下半年，大米价格上涨有可能成为焦点。

面对大米价格上涨的挑战，世界各国应通力合作，粮食出口国应该摒弃粮食贸易保护主义，发达国家应该帮助广大发展中国家提升粮食自我保障能力，共同努力构建高效、开放、公平的全球粮食供应体系。

有必要控制粮食能源化利用

粮食具有多重属性,可以用来吃,也可以用来生产燃料乙醇、生物柴油等生物燃料。适度合理地发展生物燃料有利于缓解能源危机、保障能源安全,但在当今全球粮食危机风险不断增大的背景下,粮食能源化利用会进一步加剧全球粮食危机。上海合作组织成员国领导人 2022 年 9 月 16 日在乌兹别克斯坦撒马尔罕举行元首理事会会议,发表了关于维护国际粮食安全的声明,呼吁控制粮食能源化利用,可谓切中肯綮。

生物燃料属于可再生能源,具有多样性、物质性、可循环性和环保性等特点,被认为是应对气候变化和能源紧缺的"解药"。近年来,世界生物燃料发展迅速,美欧等国大力发展以粮食为原料的生物燃料,形成"人汽争粮"的矛盾。据统计,2021 年,美国、巴西、欧盟生产生物燃料所消耗的粮食约 3 亿吨。按照联合国粮农组织确定的人均粮食占有量 400 公斤的安全线计算,3 亿吨粮食相当于 7.5 亿人一年的粮食占有量。控制粮食能源化利用,对于保障世界粮食安全意义重大。

美国是全球最大的生物燃料生产国和消费国,每年消耗大量玉米和大豆生产燃料乙醇和生物柴油。据美国能源信息署(EIA)的数据,目前美国约有 88 家生物柴油冶炼厂,年产能维持在 25 亿加仑左右;有 205 座燃料乙醇生产装置,年产能 5 000 万吨左右。近两年,随着原油价格高位运行,美国为了确保国内能源安全,试图将更多粮食用于生产生物燃料。2022 年 4 月中旬,美国政府公布紧急措施,进一步扩大生物燃料混合汽油,尤其是乙醇可再生燃料的供应。这种做法,无疑会进一步导致全球粮食供需失衡。美国农业部最新预测,2022/2023 年度美国玉米产量 3.65 亿吨、消费量 3.09 亿吨,同比分别减少 190 万吨、623 万吨,其中用于燃料乙醇的消费量达到 1.37 亿吨,同比增加 60 万吨。美国以燃料乙醇形式消耗掉的玉米占到了其国内消费量的 45%，相当于"烧"掉了墨西哥、尼日利亚、越南、印度尼西亚、乌克兰、坦桑尼亚、埃及等 7 国消费量的总和。

实际上，本世纪以来发生的世界粮食危机，基本上和美国生物燃料政策脱不开干系。美国是世界粮食生产大国，粮食资源丰富，发展生物燃料有得天独厚的条件。1973 年第一次石油危机爆发后，美国政府为摆脱对进口石油的依赖，开始大规模发展生物能源。2006 年美国通过新能源法案，以立法形式规定了可再生燃料年产量，大量玉米用于生产生物燃料，极大地影响世界粮食安全。

美国生物燃料政策是为美国粮食安全战略和国家安全战略服务的。美国是世界粮食生产大国，还是世界头号粮食出口大国和全球粮食定价中心，其粮食政策与世界粮食安全息息相关。美国粮食价格低廉，在国际市场有强大的竞争力。美国政府通过生物燃料政策调控国内粮食需求，虽然减少了能源对外依存度，但推高了全球粮食进口成本，加剧了全球低收入国家人群的饥饿风险，是加剧全球粮食危机的重要因素。

粮食安全攸关人类生存之本，攸关世界经济健康运行。对美国这样的粮食生产大国和出口大国来说，牺牲粮食安全来保障能源安全无异于饮鸩止渴。释放出口潜力，控制粮食能源化利用，是当前缓解国际市场粮食供求紧张局面的有效应对之策。

国际大粮商撤离俄罗斯的警示

全球粮食自由贸易可以调剂余缺，对粮食安全至关重要。近期，国际大粮商嘉吉、路易达孚、维特拉纷纷表示，2023年7月份停止从俄罗斯采购粮食。美国阿丹米（ADM）虽然没有撤离俄罗斯粮食深加工领域的计划，但会减少与基础食品和原料生产无关的业务。国际大粮商加速撤离俄罗斯，会进一步加剧全球粮食特别是小麦供应的不确定性。这进一步警示人们，要坚决反对将粮食武器化，确保全球粮食产业链供应链的稳定性，维护世界粮食安全。

这些国际大粮商加速从俄罗斯撤离是美欧等西方国家对俄罗斯实施经济制裁的衍生结果，是美国将粮食武器化的必然结果。2022年俄乌冲突爆发以来，西方国家虽然没有对俄罗斯农产品出口实施制裁，黑海港口农产品外运协议持续延长，但"隐性制裁"一直存在。现在俄罗斯粮食出口面临着银行结算问题、外运难度加大、保险高企等因素影响，再加上美国的胁迫，国际粮商不得不缩减其在俄罗斯的业务并停止投资。

俄罗斯粮食在国际粮食贸易中占有举足轻重的地位。俄罗斯是全球重要的粮食生产大国和出口大国，是全球最大的小麦出口国，其小麦出口量占全球小麦出口量的20%以上。嘉吉、维特拉等公司在俄罗斯深耕多年，近年来在俄罗斯本土粮商强有力的竞争下，业务逐渐萎缩，从俄罗斯采购的粮食占俄罗斯粮食出口总量的比重在减小。这些国际粮商从俄罗斯撤离后，俄罗斯本土粮商会快速接管相关出口业务，掌握粮食出口主动权，直接与粮食进口国合作，降低粮食出口成本，不过，美欧等国的制裁会进一步压缩俄罗斯粮食的国际市场空间。值得关注的是，在嘉吉等公司宣布撤离俄罗斯市场之际，美国宣布2023年全面扩大小麦、玉米、大豆的播种面积，这势必会抢夺俄罗斯所占的世界粮食市场份额。

粮食自由贸易是促进全球粮食供求平衡的重要手段，当前世界粮食安全的核心是贸易和分配问题。从全球粮食总体供需关系看，全球粮食产能完全可以满足消费需求，之所以世界上还有如此多的饥饿人口，关键还是全球粮食贸易体系出了问题。美欧等西方国家是主要粮食生产大国和出口大国。据统计，美国、欧盟、加拿大、俄罗斯等国家粮食出口量占世界全部粮食出口量的70%以上，其中，美国是全球最大的粮食出口国，每年向全球供应约1.5亿吨粮食。发展中国家能不能买到粮食，完全由美国等发达国家决定。

国际大粮商在全球粮食贸易中起着主导作用。阿丹米（ADM）、邦吉、嘉吉和路易达孚四大国际粮商牢牢控制着世界粮食贸易体系，垄断了全球80%以上的粮食贸易量，掌握着从农资原料到粮食生产、加工和供应等全产业链各环节的主导权与定价权。美国通过芝加哥期货交易所牢牢控制着世界粮食的定价权，全世界90%以上的谷物期货交易在该交易所进行，玉米、大豆、小麦的全球价格通常由其决定。国际粮商通过操纵粮价、操控粮食流向转嫁危机，收割全球财富，严重影响世界粮食安全。

美国还牢牢把握着全球海上交通咽喉。美国在地中海区域控制着黑海海峡和东地中海，并直接威慑苏伊士运河，在北大西洋控制着英吉利海峡、直布陀罗海峡等海上要道，在印度洋控制着红海、阿拉伯海和孟加拉湾，在太平洋控制着马六甲海峡、巴士海峡、苏伊士运河等。自俄乌冲突爆发以来，美西方国家大行海上霸权，对俄罗斯实施贸易制裁和航运禁运，阻止俄罗斯粮食出口，严重威胁着世界粮食供应链安全。

粮食是人类生存与发展最基本的生活资料，粮食安全是全人类关心的共同主题。全球粮食自由贸易对粮食安全非常重要，但当今世界扭曲、单边的粮食贸易体系亟须改变，建立互惠共赢的粮食贸易体系是各国携手应对粮食危机挑战的治本之策，也是构建人类命运共同体的必然要求。

共建粮食供应链合作生态圈

2023 年全球粮食危机阴霾重现，世界各国如何走出困境，受到普遍关注。在 2023 年 9 月 4 日举行的 2023 年中国国际服务贸易交易会"粮食现代供应链发展及投资国际论坛"上，中国粮食行业协会、中国植物油行业协会、中国粮食商业协会发出倡议，呼吁全行业积极推动全球粮食供应链健康稳定可持续发展，共同维护世界粮食安全。这为解决当前全球粮食安全问题提供了可行方案。

按照联合国粮农组织定义，粮食安全就是世界各地的任何人在任何时候都能获得充足的粮食。近年来，全球粮食供应总量保持正常水平。然而，受极端天气、黑海粮食运输协议终结、粮食贸易保护主义等因素叠加影响，全球粮食产业链供应链脆弱性进一步凸显，粮食价格飙升，一些高度依赖粮食进口的发展中国家受到严重冲击。在粮食危机面前，没有哪个国家能够独善其身。世界各国只有携手合作，把构建人类命运共同体的理念化为行动、愿景转为现实，共建绿色全球粮食供应链合作生态圈，才能更好应对全球粮食危机的挑战。

气候变化是全人类面临的共同挑战。2023 年，厄尔尼诺现象周期性再现，导致全球多地出现高温、干旱、暴雨、洪涝灾害等极端情况。我国部分小麦主产区在收获季节遭遇"烂场雨"，造成小麦小幅减产。印度、泰国、越南等水稻主产国遭遇极端高温干旱天气，水稻面临减产风险。美国、澳大利亚和加拿大等主要出口国小麦生产受到干旱天气影响，给粮食出口带来不确定性。国际社会应凝聚共识、务实推进合作，通过国际谈判、技术创新、信息共享、资金支持等方式共同应对，提高农业适应气候变化的能力，减缓气候改变对农业生产和粮食安全的影响。

国际社会应共同维护世界粮食贸易秩序。全球粮食供需格局呈现粮食生产和出口国高度集中、消费和进口国高度分散的特点，粮食供需区域性矛盾突出，粮食贸易全球化能够有效促进粮食供需平衡。黑海粮食运输协议搁浅，印度、缅甸等出口国限制大米出口，严重冲击世界粮食贸易秩序，全球粮食稳定供应面临不小压力。令人担忧的是，随着全球粮食价格持续上涨，可能会有越来越多的国家加入粮食贸易保护主义行列。国际社会须共同行动，尽快缓和地区冲突，阻断冲突与饥饿之间的恶性循环。应敦促美欧等国取消单边制裁措施，均衡、全面、有效执行黑海粮食运输协议，尽快恢复黑海粮食运输通道。同时，推动粮食出口国摒弃贸易保护主义措施，努力确保全球粮食贸易自由流通。

帮助发展中国家提高粮食自我保障能力，是改善粮食安全形势最直接有效的方法。粮食危机受害者主要是发展中国家，这是因为大多数发展中国家长期缺乏粮食生产、加工、仓储以及应对极端天气的技术和能力，粮食高度依赖进口，抗冲击的韧性差。美欧等发达国家应切实兑现官方粮食援助承诺，为最有需要的国家提供紧急人道主义援助。取消农业技术封锁，加快生物、数字、空间等技术转移应用和知识分享，为发展中国家提高粮食生产能力和可持续发展注入动力。

解决全球粮食安全问题，只有付出实际行动才能带来真正改变。我国以积极举措为维护世界粮食安全作出贡献，用占世界不到9%的耕地、6%的水资源养活了占世界近20%的人口。同时，我国向有需要的国家提供人道主义援助，积极参与全球粮食安全治理，加强粮食安全领域合作，深入推进南南合作，在亚洲、非洲、美洲的数十个国家和地区推广种植杂交水稻，真心实意帮助发展中国家提高粮食自我保障能力，为全球粮食供应链稳定贡献了中国智慧、中国方案。展望未来，只有世界各国携手共建更高效、更包容、更有韧性、更可持续的粮食合作伙伴关系，共同维护全球粮食供应链稳定畅通与多边贸易体制，才能助力实现2030年全球零饥饿目标、落实联合国2030可持续发展议程。

红海危机扰乱粮食贸易秩序

海洋运输是全球粮食贸易的命脉,一旦遭遇地缘政治冲突,就会变得脆弱不堪。红海危机爆发以来,全球粮食贸易被扰乱,欧盟和黑海地区的粮食经红海出口亚洲和东非受到影响,加剧了市场对全球粮食安全的担忧。

红海不是粮食主产区,却能扰动全球粮食市场,这是由红海特殊的地理位置决定的。红海是位于非洲东北部与阿拉伯半岛之间的狭长海域,西北面通过苏伊士运河与地中海相连,南面通过曼德海峡与亚丁湾相连,是全球重要的粮食贸易通道之一。1869 年开通的苏伊士运河大幅度缩短了欧亚非三大洲之间的远洋航运,被称为"世界航道的十字路口"。

受红海危机影响最大的是欧盟和黑海地区的粮食出口。每年从欧盟和黑海地区经红海运往东非和亚洲的小麦约有 4 200 万吨,占全球小麦贸易量的五分之一。在红海航运受阻的情况下,为了避免被袭击和劫持的危险,全球多家航运巨头的运粮船选择南非好望角航线易导致航运里程增加、运输成本增加、交货时间推迟等一系列问题。世界贸易组织 2024 年 1 月 18 日发布的报告称,受红海危机影响,2024 年 1 月上半月,通过苏伊士运河的小麦运输量下降近 40%,小麦供给东非和亚洲市场的节奏明显减缓,但尚未对东非和亚洲的小麦交付总量产生重大影响。

目前来看,红海危机主要是增加了粮食运输成本,对全球粮食市场供需的影响较小,对竞争格局的影响较大。从全球粮食供需看,预计 2023 至 2024年度全球大豆、玉米产量分别达到 4 亿吨、12.2 亿吨,同比分别增产 2 819 万吨、6 371 万吨;小麦产量 7.82 亿吨,同比减少 751 万吨,但仍为历史次高水平。全球粮食增产,而全球经济恢复不及预期,粮食需求下降,全球粮食供需相对宽松,这也是 2023 年以来全球大豆、玉米和小麦价格下行的重要原因。

值得注意的是,欧盟和黑海地区小麦航运成本增加、价格竞争力下降,美国、加拿大、澳大利亚等小麦出口国的小麦价格竞争力就会提升,未来世界小麦出口竞争会加剧。

红海危机对我国粮食进口影响非常有限。这是因为经过多年苦心经营,我国已经构建起粮食进口多元化格局,全球粮食供应链韧性进一步增强。2023年我国进口粮食再次突破1.6亿吨,同比增长11.7%。从进口结构看,进口粮食品种主要有大豆、玉米、小麦、大米等,其中,2023年进口大豆9 941万吨,同比增长11.4%,占全部粮食进口量的六成以上。从进口来源地看,大豆进口来源地主要是巴西、美国、阿根廷等国家,玉米进口来源地主要是巴西、美国、乌克兰、保加利亚等国,小麦进口来源地主要是美国、澳大利亚、加拿大、哈萨克斯坦、法国、俄罗斯等国,欧盟和黑海地区不是我国粮食进口的主要来源地。粮食进口多元化格局的形成,使得我国能够有效应对外部环境的复杂性、严峻性、不确定性。

谈到红海危机对全球粮食贸易的影响,就不得不说俄乌冲突和巴拿马运河水位下降对全球粮食贸易的影响。俄乌冲突持续近两年时间,黑海粮食走廊运输受阻,对乌克兰粮食出口影响甚巨。极端干旱天气导致巴拿马运河水位创历史新低,影响大型货轮通航,进而影响美国墨西哥湾沿岸粮食出口。一般情况下,美国西海岸港口直接出口大豆到中国,美国墨西哥湾沿岸大豆需要经过巴拿马运河出口到中国。有的运粮船为了避开巴拿马运河堵塞而改道苏伊士运河,又遭遇红海危机,它们要么选择绕行南非好望角,要么选择返回巴拿马运河继续排队等待通行,无论怎样选择,运输效率都会大幅下降,运输成本大幅增加。

地缘政治冲突和极端天气仍然是影响当前全球粮食安全的重要因素。地缘政治冲突叠加极端干旱天气,导致苏伊士运河和巴拿马运河这两大全球贸易通道相继阻塞,非常罕见。各国应该携手合作,共同努力,维护地区和平与稳定,确保红海水域畅通,维护全球贸易秩序与粮食安全。

第十一章

粮食领域舆论引导

国际粮价上涨主因是什么

新冠疫情发生以来，西方一些人炮制了一种别有用心的论调："中国需求"是导致国际粮价上涨的主因。"中国需求"在本轮全球粮价上涨中所起到的作用并不显著，全球流动性过剩和国际资本投机炒作才是造成全球粮价连续 12 个月上涨的主要因素。

我国粮食存在结构性短缺问题，饲料粮特别是大豆对外依存度较高，每年大豆进口量占全球大豆贸易量的 60%，这成为西方舆论界经常拿"中国需求"说事儿的重要原因。不过，需要澄清的是，虽然中国是全球大豆最大买家，但真正影响全球大豆价格的不是中国，而是美国。

这是因为，美国芝加哥期货交易所是世界粮食定价中心，美国阿丹米（ADM）、邦吉、嘉吉和法国路易达孚四大国际粮商在全球进行全产业链布局，垄断全球 80% 的贸易量，在国际粮食定价话语权中占据主导地位。近年来，中国不断增强全球粮食供应链管理能力，推进大豆进口渠道多元化，但是在全球粮食贸易中还没有掌握定价主导权，一旦国际贸易商和供应商炒作粮价，中国只能被动跟随。

刻意放大并炒作"中国需求"，进行市场误导，是国际贸易商和供应商拉抬国际粮价、收割全球财富的惯用手段。而中国恰恰是这种市场投机炒作的受害者。回想 2003 年至 2004 年，中国大豆产能扩张，大豆需求增加，恰逢中国企业赴美购买大豆之际，美国农业部预警 2004 年美国大豆减产，价格暴涨 90% 以上。当中国企业以高价拿下美国大批订单后，美国大豆产量不减反增，全球大豆价格疯狂下跌，跨国粮商乘机大肆收购中国大豆压榨企业。2020 年以来，中国生猪产能加速恢复，饲料需求增加，国际贸易商和供应商再次炒作"中国需求"，炒作手法老套，但效果立竿见影。

目前来看，所谓"中国需求"对本轮全球粮价上涨的影响并不大。这是因为我国小麦、大米和玉米三大主粮进口量占全球贸易量的比重很小，进口量占全球产量的比重更小。数据显示，2020 年，我国进口小麦、玉米、稻谷分别占全球小麦、玉米、稻谷产量的 1.09%、0.98% 和 0.58%，占贸易量的 4.49%、4.91% 和 6.13%。大豆进口量占全球大豆贸易量和生产量的比重分别多年维持在 60% 和 30% 左右。反观美国等西方发达国家，2020 年以来为了刺激经济发展，实行货币量化宽松政策，造成全球流动性过剩，推高了以美元计价的全球大宗农产品价格。

同时还要看到，尽管我国需求对全球粮价上涨影响有限，但玉米、大豆价格攀升给相关产业带来挑战，我国用粮企业普遍面临生产经营成本增加等问题，需要重视。目前，随着全球玉米、大豆价格持续走高，我国生猪养殖成本明显上升。由于猪肉价格在经历两年连续暴涨之后，2021 年出现价格下跌，很多养殖场因成本与售价倒挂而陷入亏损境地。为了避免全球粮价上涨带来输入性通货膨胀风险，我国正在加大精准调控力度，综合运用储备、进出口、财税、金融等调控措施，确保粮食有效供应，确保粮食保供稳价。

有鉴于此，面对西方一些人再次抛出"中国需求"的陈词滥调，切不可被其妖言所蛊惑，而要进一步认清美国货币超发导致全球流动性过剩，造成全球大宗商品价格上涨的深层逻辑。通过加强国际多边合作，携手解决当前世界普遍面临的通货膨胀难题。毕竟，经济发展才是硬道理。

"囤粮致全球粮荒"这锅中国不背

近期，一家外国媒体诬称，中国大规模囤粮，恶意炒作粮价，导致一些国家出现饥荒。

新冠疫情发生以来，先是个别外媒炒作"中国需求"引发世界粮价上涨，如今又炒作中国"囤积粮食"导致全球粮荒，无非是让中国为全球粮价上涨和全球粮食危机背锅。这个锅，中国没有理由背，也绝不能背。

2021年，我国粮食生产喜获"十八连丰"，粮食产量连续7年保持在6 500亿公斤以上。近年来，我国小麦、稻谷两大口粮产量稳步增加，小麦产需平衡略有结余，稻谷连续多年产大于需，2021年玉米产量增加较多，玉米供需形势持续好转，确保了谷物基本自给、口粮绝对安全。

我国粮食进口旨在弥补结构性短缺，优化供给结构。这是建立在我国粮食高位增产基础之上的一种必要调剂，与所谓"大规模囤粮"扯不上任何关系，纯粹是子虚乌有。

进一步看，虽然我国进口一定数量的粮食，但并没有掌握第一手粮源，主要从国际四大粮商采购二手粮源。我国在全球粮食贸易中并无足够的话语权，也没有掌握粮食定价权。

2020年以来的全球粮食价格上涨，主要是新冠疫情持续蔓延、极端天气频发、全球流动性过剩、国际资本炒作等各种因素叠加作用的结果。

中国作为粮食采购方，采购行为主要以国内实际需求为基础，并根据国际市场供应情况，采取标准的国际贸易采购行为来进行，不需要囤积，更不存在强买强卖的情况。

从进口结构看，我国进口的粮食主要以大豆、玉米及高粱、大麦等为主，进口小麦和大米占比较小，对全球小麦和大米贸易影响较小。我国深知全球粮食贸易量有限，在进口粮食的时候，充分考虑世界粮食供给能力，确保进口规模相对稳定，一直在避免突然大量进口影响世界粮食安全。

"备豫不虞，为国常道。"我国历来重视粮食储备，面对复杂多变的国内外粮食市场形势，我国全面加强粮食储备体系建设，增强国家粮食安全保障能力。目前，我国粮食库存充足，库存消费比远高于国际粮食安全警戒线，稻谷和小麦两大口粮库存数量足够全国吃一年半以上。充足的库存是保障粮食安全的"压舱石"，使得我国有能力应对各种"黑天鹅"和"灰犀牛"事件带来的风险挑战。

尽管如此，目前我国粮食库存水平还没有达到历史最高水平。在粮食收储市场化改革之前，我国由于长期实行稻谷、小麦最低收购价收购和玉米、大豆临储收购，粮食收购量、库存量节节攀升，粮食库存高企，玉米和稻谷等部分粮食品种出现阶段性过剩，且库存粮食大部分集中在国有粮库，导致政府财政负担重和粮食资源巨大浪费。近年来，我国不仅没有囤积粮食，而是加快粮食去库存，直到 2020 年底才完成临储玉米去库存任务，不过，稻谷去库存压力仍然存在。

从国际上看，在新冠疫情引发的粮食安全恐慌之下，各国普遍增加储备规模，全球粮食库存持续增加。

手中有粮，心中不慌。在世纪疫情冲击下，百年变局加速演进，外部环境更趋复杂严峻和不确定，保障初级产品供给是一个重大战略问题。我国着力构建粮食"产购储加销"协同保障体系，千方百计抓好粮食生产，稳口粮、稳玉米、扩大豆、扩油料，补强粮食安全"软肋"，增强粮食储备能力，加快粮食产业高质量发展，把饭碗牢牢端在自己手里，饭碗里装满中国粮，夯实保障国家粮食安全的基础。

我们只有以国内供给的稳定性应对国际市场的不确定性，才能更好做到"任凭风吹浪打，我自岿然不动"。

"储备粮致全球粮价上涨"的说法荒唐

俄乌冲突带给全球粮食市场的冲击波还在持续,很多国家承受着粮价和食品价格大幅上涨的压力。令人啼笑皆非的是,最近一些外媒又盯上中国的储备粮,认为中国"提前预知"冲突的发生,扩充粮食储备,导致全球粮价上涨,呼吁中国开仓投放 20%储备粮拯救欧洲市场。这一说法很荒唐,是完全站不住脚的。

必须明确指出的是,全球粮价上涨非中国之过,恰恰相反,中国自食其力,解决了 14 亿多人吃饱饭的问题,消除了国际社会对中国粮食问题的担忧,为世界粮食安全作出重大贡献。储备粮是保百姓饭碗的粮食,以备不时之需,中国大幅度减少粮食库存,会严重影响粮食稳定供应,引发市场剧烈震荡,影响国家粮食安全乃至社会稳定。

储备粮是世界各国保障粮食安全的重要举措,美国、欧盟国家、日本等发达国家均有粮食储备。粮食库存与消费比是衡量一个国家粮食安全状况的重要指标,按照联合国粮农组织的规定,世界粮食库存与消费比达到 17%是安全的,低于 17%是不安全的,低于 14%则属于粮食安全紧急状态。一个国家的粮食储备规模相对固定,有时会随着粮食丰歉而有所起伏。粮食丰收,库存量会增加;粮食歉收,库存量会减少。近几年,在新冠疫情、极端天气以及地区冲突多重因素作用下,全球粮食产业链供应链受损,粮食供需矛盾加剧,一些国家为了更好保障国内粮食供应,纷纷增加储备规模,鼓励粮食进口。

"仓无备粟,不可以待凶饥。"中国自古以来就有粮食储备的传统。1978年改革开放以来,我国建立了中央储备粮和地方储备粮互为补充的粮食储备体系,在稳市、救灾、恤民方面发挥了重要作用,是粮食宏观调控的"蓄水池"、稳定粮食市场的"定海神针"、保障国家粮食安全的"压舱石"。

2022 年以来，受新冠疫情持续、南美干旱及俄乌冲突等因素叠加影响，国内粮价承压上涨。我国在不断释放粮食稳产增产信号、稳定市场预期的同时，持续投放政策性稻谷、小麦和大豆，有效满足企业用粮需求，保持了国内粮食价格和食品价格的稳定。从国家统计局发布的数据看，2022 年 3 月我国食品价格同比下降 1.5%，与全球食品价格大幅上涨 30% 以上的局面形成鲜明对比。

值得注意的是，虽然我国粮食连年丰收，储备充足，供应有充分保障，但粮食供需紧平衡的状况并未改变，大豆、油料等个别农产品严重短缺，成为保障粮食安全的潜在隐患。在世纪疫情和百年变局交织的背景下，国际环境不稳定性不确定性明显增加。我国未雨绸缪，始终紧绷粮食安全这根弦，全力抓好粮食生产和重要农产品供给，以国内供给的稳定性应对国际环境的不确定性，牢牢守住国家粮食安全的底线。

手中有粮，心中不慌。我国更加重视国家储备安全，实行政府储备规模动态调整，优化储备粮品种结构和区域布局，并根据需要适时适度增储。除了政府储备外，我国粮食库存还包括政策性粮食和企业周转粮。近年来我国深化粮食收储市场化改革，市场化收购比重超过 90%，作为市场缓冲力量的贸易粮、周转粮明显增加，粮食库存结构更加优化，市场调控和供应保障能力持续增强，企业抗风险能力不断提高，保障粮食安全的层次更加丰富。

管好储备粮，对于保障国家粮食安全至关重要。近年来，我国强化政府储备粮管理，一方面大力推进高标准粮库建设，推广使用智能通风、保温隔热、电子测温等绿色储粮新技术和信息化智能化技术，实现了安全储粮、绿色储粮、智慧储粮；另一方面，依法对储备粮实行强监管，加大反腐力度，严惩"靠粮吃粮"的腐败分子，确保储备粮数量真实、质量良好和储存安全，更好地维护国家粮食安全。

谁是全球粮食危机罪魁祸首

眼下，借粮食议题，某些美国政客抡起恶意诋毁中国的大棒。2022 年 6 月至 7 月，就在中国刚刚为斯里兰卡持续提供粮食援助之际，有美国官员近日无端指责，称中国在东非数百万人面临饥饿之际囤积化肥和粮食，加剧了全球粮食危机。这种甩锅行为用心险恶，包藏祸心。

受地缘政治冲突、世界主要经济体流动性增加等因素影响，2022 年以来全球粮食价格持续高位波动，一些高度依赖进口的低收入国家陷入粮食危机困境。有些发达国家不断编造"中国囤粮""中国农业自给自足威胁美国安全""中国种植水稻释放大量甲烷气体造成全球气候变暖"等谎言，让中国为全球粮价上涨、全球粮食危机、全球气候变暖背锅，以实现打压中国的战略目标。

粮食价格本质上是由粮食供需关系决定的，但随着粮食日趋金融化、能源化，粮食成为泛货币化的符号，成为能源的替代品，一些发达国家调整货币、能源政策，都会对全球粮食价格涨跌产生连带影响。比如，美国是全球小麦、玉米、大豆等大宗农产品生产大国和出口大国，芝加哥期货交易所是全球大宗粮食贸易的定价中心，美国通过推动粮食金融化、能源化操控全球粮食价格，可制约其他粮食进口国、收割全球财富。

从粮食金融化看，新冠疫情发生以来，有些发达国家实施量化宽松货币政策，造成全球流动性过剩，粮食金融属性表现得尤为突出：国际金融资本借助极端天气、俄乌冲突等话题不断炒作哄抬粮价，推动全球粮食价格飙涨，在一些国家演化为粮食危机，最终可能酿成不堪收拾的恶果。现在美欧等主要经济体通胀居高不下，最近几个月居民消费价格指数（CPI）涨幅达到 8% 以上，创出新高。

从粮食能源化看,在全球还有很多国家面临粮食短缺问题时,有的发达国家并未采取措施减少粮食能源化。比如,近两年美欧等国启动生物能源项目,推动粮食大规模能源化,用玉米加工燃料乙醇,每年因此消耗的粮食高达3亿吨。这将对全球粮食供需产生实质性损害。

我国不仅没有采取"大水漫灌"的强刺激政策,反而严格控制以玉米为原料的燃料乙醇加工。与国际粮价"过山车"式的剧烈波动相比,我国粮食市场运行平稳,粮食价格波动幅度远低于国际市场。这主要是,面对复杂严峻的国际环境,我国千方百计发展粮食生产,提高粮食自我保障能力。在2021年粮食实现"十八连丰"的基础上,2022年夏粮增产1%以上,小麦产量好于往年,早稻丰收在即,秋粮播种面积稳中有增,把"中国饭碗"牢牢端在中国人自己手中,为粮价稳定物价稳定奠定了坚实基础。从国家统计局数据看,2022年上半年我国居民消费价格指数CPI平均上涨1.7%,低于全年3%左右的预期目标。

我国进口粮食主要是为弥补国内需求缺口,解决国内结构性短缺问题,并非囤积粮食。从我国海关总署2022年7月13日发布的数据看,2022年上半年我国粮食进口量较2021年同期减少5.4%;从进口结构看,除了大米、高粱进口量大幅增加外,小麦、玉米、大麦、大豆均不同程度下降。在确保自身粮食安全的前提下,我国也适当对外出口粮食,并为其他缺粮国家提供粮食援助,不遗余力地为全球粮食安全作出贡献。

端牢饭碗才能应对"粮食权力"泛滥

近日,一篇《一场"粮食权力"之争让人惊醒》的文章,把美国《商业周刊》1975 年 12 月 15 日发表的《美国粮食权力:世界政治中的终极武器》再次送上热搜。文中提到,要将其"粮食权力"作为一种外交工具来使用。虽然此观点当时遭到了美国国内一些人的反对,但从美国后来的外交历史看,美国在国际关系中充分运用"粮食权力"实现国家战略目标。

粮食是生存必需品,是战略资源,在复杂的国际关系中进一步成为国际斗争的武器。美国前国务卿基辛格曾说过:"谁控制了粮食,就控制了人类。"美国拥有世界上最多的耕地、最先进的农业生产技术,是世界超级农业大国和世界第一粮食出口大国;世界四大粮商阿丹米(ADM)、邦吉、嘉吉、路易达孚掌握全球 80% 以上的粮食贸易量,前三家都是美国企业;全球粮食交易以美元计价,芝加哥期货交易中心是全球粮食定价权中心、全球粮食价格的风向标。美国把粮食与政治、能源和金融深度捆绑,不仅将粮食工具化、武器化,而且将粮食金融化、能源化,通过不断操纵全球粮食供给、操弄全球粮价,转嫁危机,收割全球财富,遏制其他国家崛起的速度。这是近年来全球粮食价格跌宕起伏、粮食危机频发的深层次原因。

无农不稳,无粮则乱。2022 年,乌克兰危机爆发以来,美国及其盟友对俄罗斯经济、金融制裁不断加码,严重阻碍俄乌两国粮食生产和出口。这种将粮食工具化、武器化的行径,严重破坏全球产业链供应链稳定,进一步推动全球粮价飙升,加剧全球粮食危机。全球 30 多个国家限制粮食出口,部分国家因此社会动荡甚至政权更迭。粮食是保生命安全、生存安全的必需品,不应被政治化、工具化和武器化。

我国是世界粮食生产大国,也是粮食进口大国,守牢粮食安全就是守牢生命线，这是"国之大者"。粮食进口能暂时弥补国内粮食短缺问题，但治标不治本。当今世界，百年未有之大变局加速演进，大国博弈激烈化，来自外部的打压遏制不断升级，我国发展面临的各种不确定难预料因素明显增多。一旦农业出问题，饭碗被人拿住，就要看别人脸色吃饭。一直以来，我国高度重视粮食生产，实现了谷物基本自给、口粮绝对安全，依靠自身力量把饭碗牢牢端在自己手中。现在，我国粮食需求刚性增长，粮食供需中长期仍然处于紧平衡，端牢饭碗的压力大，特别是我国大豆对外依存度高、进口来源地高度集中，很容易被"卡脖子"。

党的二十大报告提出，要建设农业强国，全方位夯实粮食安全根基。我国必须把粮食和重要农产品稳定供给作为建设农业强国的头等大事来抓。强化藏粮于地、藏粮于技，实施新一轮千亿斤粮食产能提升行动，坚持粮食产量产能、数量质量、生产生态一起抓，增强粮食产业链供应链韧性和稳定性。优化种植结构，提升大豆油料自给率。健全种粮农民收益保障机制和主产区利益补偿机制，确保农民种粮能挣钱、产粮大县在财政上不吃亏。强化粮食安全应急保供能力，不断提高防范化解重大风险能力，确保在极端情况下靠国内产能和储备就能吃得饱、挺得过。树立节约减损就是增产的理念，降低粮食采收、储运、加工、销售、消费每个环节的"跑冒滴漏"，有效减轻粮食供给压力。解决吃饭问题，不能光盯着有限的耕地，要树立大食物观，构建多元化食物供给体系，全方位多途径开发食物来源。

粮食安全是国家安全的基础。面对复杂多变的国际环境，只有农业强大了，粮食安全完全有保障了，我国才能以国内的确定性应对国际环境的不确定性，才能做到任凭国际粮食市场"风浪起"，我自"稳坐钓鱼船"。

农机购置补贴不是"唐僧肉"

2021 年 11 月 22 日,黑龙江省有关负责人在全省农机购置补贴专项整治工作推进会上介绍,2019 年、2020 年,该省销售的部分农机具在申请农机购置补贴时,存在虚开发票骗取中央补贴的违法违规行为,为此他们调整了 2019 年、2020 年享受补贴标准,被收缴部分补贴资金由农机产销企业承担。此举对净化黑龙江农机市场、保障国家农机补贴资金安全具有积极作用,也给有关企业和购机户以深刻教训。

黑龙江是名副其实的"中华大粮仓",2021 年粮食产量占全国总产量的 11.5%。同时,黑龙江也是全国农机销售的重要市场,2020 年中央财政划拨黑龙江省农机购置补贴资金 18.95 亿元,但实施资金高达 42 亿元,严重超支。据悉,此次黑龙江农机购置骗补违法违规行为涉及违规产品达 675 种,波及 280 多个生产厂家和 2 000 多家农机经销商。按照规定,此次虚开发票违规行为的主体是农机产销企业,因此产销企业要共同承担责任,但由于没有明确划分产销企业各自应该承担的责任,导致追缴补贴差额存在一定困难。

农机购置补贴政策是国家的一项重要强农惠农富农政策。为了调动和保护农民种粮积极性,2004 年起我国开始实行粮食直补、农资综合直补、良种补贴和农机购置补贴等农业"四项补贴"政策,对我国粮食生产"十八连丰"并高位增产发挥了重要作用。2016 年,我国将良种补贴、种粮农民直接补贴和农资综合补贴"三项补贴"合并为"农业支持保护补贴",实行"谁多种粮食,就优先支持谁"的补贴原则,补贴政策向种粮大户、家庭农场、农民合作社、农业社会化服务组织等新型经营主体倾斜。农机购置补贴政策延续至今,有力提升了我国粮食生产机械化水平。2020 年,我国小麦、水稻和玉米三大粮食作物耕种收综合机械率分别超过 95%、85% 和 90%,有效缓解了农村劳动力短缺压力，促进了粮食增产增收，推进了农业现代化进程。

遗憾的是，农机购置补贴却成为一些人眼中的"唐僧肉"，农机购置骗补违法违规行为不时发生。对此，有关部门不断完善农机购置补贴政策，推动"差额购机"向"全价购机"转型，切断了农机产销企业与农机管理部门勾结骗补的链条，却又出现了产销企业与购机户勾连虚开发票骗补的问题。从已曝光的骗补案件看，有的农机产销企业为了"赢得市场"，千方百计钻国家政策的空子，或者与农机管理部门工作人员勾连，或者与购机户勾连，在农机购置骗补行为中扮演了重要角色。

杜绝农机购置骗补行为，确保国家资金安全和农民利益不受损失，必须加强监管工作力度。要逐级落实补贴政策实施风险防控责任，严禁有关部门有关人员以各种形式直接或间接进行补贴机具经营活动。要进一步强化农机产销企业规范参与补贴政策承诺制，切断其与农机管理部门、购机户的利益链条，不给不法分子蚕食惠农资金的机会。要开放农机购置补贴辅助管理系统，全面推动补贴资金使用情况的实时公开，全面接受社会监督，切实保障农民群众的知情权、监督权。要严厉打击各种骗补、套补行为。要提升农机补贴管理信息化水平，提升违法违规行为排查和监控能力。

需要指出的是，一些地方农机购置补贴资金到位速度慢，导致部分提前垫付资金的农机产销企业回笼资金迟缓，不仅严重影响农机行业的发展，也影响农民购机积极性。各地要加快农机购置补贴资金兑付，充分保障农民和企业合法权益，促进行业持续健康发展，为增强粮食和各类农产品供给保障能力提供重要支撑。

"割青苗"行为须加制止

　　近期，就在小麦即将喜获丰收之际，一些地方发生极个别农民将未成熟的小麦卖给养殖户做饲料的事件，引发广泛关注。在全球粮食危机加剧、国内粮价上涨的背景下，农民割麦毁粮、青贮小麦的行为，不合情理、不合时宜，必须严加制止。

　　农民割青苗现象并非2022年首发，以前也发生过。有的农民把小麦青苗提供给公司制作麦穗工艺品，有的农民把青苗卖给养殖户做饲料。2022年在国际粮价的带动下，国内粮价水涨船高，目前小麦价格已经突破每公斤3.2元的历史高点。国内粮价上涨，可以让农民获得比较好的种粮收益，但化肥、农药等农资价格上涨，导致种粮成本居高不下，严重挤压种粮农民收益空间。从经济利益看，卖青苗的收益高于卖籽粒小麦的收益，极个别农户选择了卖青苗。

　　人们关心的是，农民卖青苗做饲料，是不是糟蹋粮食？青贮饲料是饲喂牛羊等家畜的优质饲料，有着"草罐头"的美誉。近年来我国大力推广玉米青贮饲料，用小麦青苗做饲料比较少见。实际上，小麦除了主要用作口粮外，还可以用来制作啤酒、白酒，可以替代玉米做饲料，如欧盟地区小麦是主要的饲料原料。在我国，小麦也会替代玉米做饲料，据专家估算，每年有10%左右的小麦用作饲料。

　　但粮食毕竟不是普通的商品，而是关系国计民生的特殊商品，关系国家经济社会稳定大局。农民是粮食生产的主体，是保障国家粮食安全的主力军，承担着保障国家粮食安全的职责和使命。2022年受新冠疫情、俄乌地缘政治冲突等因素叠加影响，全球小麦供应趋紧。我国小麦连年丰收，库存较多，完全有能力保障国内小麦稳定供应，但大豆对外依赖程度较高，玉米供应偏紧，在当前复杂严峻的国际环境下，粮食进口安全面临严峻挑战。2022年我国只有实现粮食稳产的目标，才能从容应对外部环境的不确定不稳定。在这样的背景下，个别农民卖青苗的行为就显得不应该了。

针对农民割青苗的问题，农业农村部高度重视，要求各地进一步全面排查毁麦开工、青贮小麦等各类情况，对违法违规行为，发现一起处理一起。从长期来看，要避免此类事件再次发生，还是要解决好农民增收和粮食安全的关系，健全农民种粮收益保障机制。要加大政策供给力度，推进粮食产业高质量发展，确保农民政策保本、经营增效，让农民获得合理的种粮收益，使他们不至于为了眼前利益牺牲国家粮食安全大局。同时，地方要党政同责，承担起保障国家粮食安全的重任，要算经济账，更要算政治账，把支农惠农富农政策落到实处，坚决杜绝割青苗现象的蔓延。

需要警醒的是，国家三令五申要求坚决遏制耕地"非农化"、基本农田"非粮化"，但一些地方以开发的名义占用耕地的情况仍然时有发生。2022年国家要推进以县城为重要载体的城镇化，要坚守耕地红线更是难上加难。各地一定要采取"长牙齿"的硬措施，全面压实各级地方党委和政府耕地保护责任，坚决落实最严格的耕地保护制度，守住粮食安全底线，依法科学统筹城镇化发展与耕地保护，促进城乡高质量发展。

"水稻上山"有待实验与观察

最近一段时间,云南"水稻上山"一度成为网络热议的话题。2022年,中国工程院院士、云南农业大学名誉校长朱有勇和他的研究团队在云南澜沧县竹塘乡蒿枝坝村推广了405亩水稻旱地种植,最低亩产634公斤,最高亩产788公斤,比传统旱作产量提高近400公斤。有人对云南旱作稻谷高产持怀疑态度;有人认为云南旱地种水稻只是一时心血来潮,大面积推广费力不讨好。

云南"水稻上山"古已有之。云南属山地高原地形,超过九成的国土面积属于山区和半山区,"水稻上山"是不得已为之。云南耕地分为水田和旱地。一直以来,云南水稻都是种在水田里,有1300多年历史的云南哈尼梯田就是当地农民利用复杂的水渠系统,将水从山顶引入梯田。云南干旱缺水,水田少、旱地多,有的村庄只有旱地没有水田,水稻产量不足。为了更好地保障口粮安全,近年来,云南省打破常规,积极探索水稻旱种绿色高效栽培技术,选择在海拔1700米以下雨热资源丰富的中低海拔区旱地发展旱作杂交稻,充分挖掘山地种稻的潜力,拓展稻谷生产新途径。为了鼓励农民种植旱稻,云南省级财政按每亩200元的补助标准支持水稻旱种,农技推广部门为水稻旱种提供科技支撑,对农技人员、合作社、种粮大户进行培训,在政府部门、科技人员和广大农民的共同努力下,部分地区旱地杂交稻产量创新高。

云南旱地水稻亩产量真有那么高吗? 确切地说,云南旱作水稻高产不是在普通农田里实现的,而是在水稻种植示范田里实现的。为了提高旱作水稻产量,云南省创建杂交稻旱种绿色优质高效示范基地,选择地势平缓、土壤肥沃、雨水多、湿度大且具有一定保水保肥能力的旱地,统一选用适宜旱种的优质杂交稻品种,用地膜覆盖技术让土壤保持适宜的温度、湿度,统一使用测土配方施肥或施用缓释配方肥,统一病虫草害防治,对农民统一进行技术指导,统一机械化作业,实现了良田良种良机融合,提高了土地产出率,有效破除了过去传统种植技术下旱稻产量不高的局限。

人们最关心的是云南"水稻上山"是否在走毁林造田的老路。这种担心并非多余。在上世纪,曾经有一段时间,各地开山造田发展粮食生产,导致生态环境严重破坏和自然灾害频繁发生,教训不可谓不深刻。为保护和改善生态环境,国家多年来实施退耕还林还草重大生态工程,才让荒山秃岭重新披上绿装,让绿水青山成为农民增收致富的金山银山。

森林是天然的"绿色粮库",能够为人类源源不断提供粮食、蔬菜、水果、肉类等食物资源。近两年,受资源环境的硬约束,粮食增产难度越来越大。为了保障粮食安全,中央倡导树立大食物观,在保护生态环境的前提下全方位多途径开发食物资源,向森林要食物。一些地方为了实现粮食增产的目标又出现开山造田,一旦失控,很可能重新走上"开山种粮、越种越荒"的老路子。发展粮食生产一定要坚持生产生态一起抓,要力争粮食多增产,也要守住绿水青山。

实践证明,粮食生产与生态环境保护二者可以兼得。我国山地辽阔,丘陵山区耕地面积占全国耕地总面积的三分之一左右,其中,梯田占全国耕地面积的四分之一左右,是全球梯田面积最大的国家,毫不夸张地说,有山的地方就有梯田。无论是云南哈尼梯田、广西龙胜龙脊梯田、湖南紫鹊界梯田等水田梯田,还是河北涉县旱作石堰梯田、陕西凤堰古梯田、新疆天山哈尼梯田等旱地梯田,经过千百年时间长河的验证,均是粮食生产与生态环境保护的绝佳典范。

云南探索旱作水稻种植技术是在蹚一条新路,会不会破坏丘陵山区生态环境,还有待时间来验证。云南旱作水稻高产是在特定区域特定条件下取得的成绩,能否在其他地方复制,是否适宜大面积推广,还需要进一步实验和观察。

农机跨区作业关系粮食安全

2023年5月,河南某地高速路口上百台收割机滞留事件引发社会广泛关注,甚至引发人们对粮食安全的焦虑。经过相关部门协调,收割机很快得以放行。农机跨区作业关系夏粮能否"丰收到手",兹事体大,耽误不得。各地一定要提高政治站位,进一步完善农机跨区作业相关优惠政策和服务,确保夏粮颗粒归仓。

春争日,夏争时。"三夏"生产农时紧、任务重,要打"龙口夺粮"的硬仗。2023年我国实施粮油等主要作物大面积单产提升行动,机收减损、机播提质非常关键。夏收夏种环环相扣,如果小麦不能及时收割,一旦遭遇阴雨天气发芽霉变,就会给农民造成不可挽回的损失。小麦收完后,如果不能及时抢播玉米、大豆等秋粮作物,也会影响秋粮产量和质量。每年夏收时节,几十万台联合收割机南征北战,辗转各地,开展跨区作业,大幅提高了小麦收割效率,保证了小麦适时收获和秋粮适时播种,减少了因收获和耕作不及时带来的粮食损失,为全年粮食丰收打下坚实基础。

对于农机跨区作业,国家有条件开通"绿色通道",而农机手也办理了跨区作业证。一直以来,各地为了不误农时,对运输收割机的车辆实行无条件公路免费通行政策。那么,收割机运输车辆在超载超限的情况下究竟能否通行呢?根据《中华人民共和国公路法》等有关法律法规规定,运输收割机的车辆超载超限,不能在高速公路上行驶。如果办理了《超限运输车辆通行证》,在当地交通运输部门提供安全保障的情况下,可以免费通行。交通运输安全很重要,粮食安全也很重要,在二者发生矛盾时,有关部门可以采取更加柔性的方法解决问题。要建立部门协调工作机制,切实做好农机跨区作业通行服务保障工作,确保不误农时。交通运输部门要强化公路运输通行服务,引导机主、农机手依法依规选择运输车辆。广大农机手也要了解相关法律法规规定，深刻认识违法超限超载运输存在的安全隐患及危害，一旦发生交通事故，后果不堪设想。

农机跨区作业需要当地政府的支持和配合，需要公安、交通等相关部门细化管理保障措施，多措并举优化服务方式，确保农机跨区作业有序运转。随着夏收逐步进入高峰期，各地为迎接农机跨区作业已经做好了准备工作，不仅开通"绿色通道"，还为农机手送上毛巾、矿泉水、藿香正气水、风油精等，提供天气预报、机械维修、小麦收割先后次序、燃油供给等信息服务，确保农机作业顺利进行。

农机跨区作业关系国家粮食安全。发端于上世纪90年代的农机跨区作业，是农机社会化服务的成功实践，有效解决了"有机户有机没活干、无机户有活没机干"的矛盾，解决了一家一户小农生产和机械化大规模作业之间的矛盾，大幅提高了农业机械化水平，促进了粮食增产和农民增收。经过多年实践，农机跨区作业的深度和广度不断拓展，从小麦向水稻、玉米等作物延伸，从机收向机耕、机插、机播等领域拓展。目前，全国农作物耕种收综合机械化率达到73%，其中，小麦、玉米和水稻三大主粮耕种收综合机械化率分别超过97%、90%和85%，农机跨区作业起到了非常重要的作用。

不得不说的是，农机跨区作业还存在"散机"无序流动、农民"拦机截机"情况时有发生、跨区作业合同难兑现等问题。应突出问题导向，提高服务能力，为农机跨区作业提供有力度、有精度、有温度的服务，就是在为保障粮食安全尽心尽力。

别把粮田作"秀场"

2023年5月发生了几件与粮食有关的事儿。一是网红们扎堆麦田直播农民用镰刀收割小麦,二是小麦观摩会上铺设红毯,三是在城市广场移栽玉米苗,无一例外引发人们反感。其背后,反映的是社会普遍对粮食安全的高度重视,也是对那些把农民劳作当成流量噱头、把粮田当作"秀场"的深恶痛绝。

麦熟一晌,龙口夺粮。当前正值夏粮收获的关键时期,多省连续阴雨天气,导致部分地区小麦发芽霉变,农民争分夺秒忙着抢收,尽量减少损失,确保夏粮颗粒归仓。然而,一群衣着光鲜的网红把麦田作为秀场,扎堆直播,意在使人们更直观地了解小麦收割的景象,了解农民种地的辛苦。但不能忽视的是,一些网红为了博取流量,不惜把农民遭受自然灾害作为赚取流量的噱头,此类行为当休矣!

种地不选种,累死落个空。优良品种是粮食增产的关键。前段时间,河南某种业公司精心组织了一场小麦新品种观摩会,向参会人员展示并引导农户科学选种用种。这次观摩会本可以让参观者看看小麦新品种的长势,顺便走进麦田接接地气,呼吸麦苗的清香,体验风吹麦浪的感受。可这家企业在绿油油的麦田里铺设了一条红彤彤的地毯,硬生生把一场小麦新品种观摩会变成"红毯秀"。人们确实记住了那条红毯,但这条沉甸甸的红毯危害甚大,不仅压坏了即将成熟的小麦,还破坏了那些观摩者的形象。这也警示人们,麦田非秀场,何必铺红毯!

耕地是粮食生产的"命根子",守住耕地红线是保障粮食安全的根本。近年来,各地采取严格措施整治耕地非农化、非粮化现象,逐步实施退房、退林、退塘、退园还耕政策,恢复违规占用的耕地,让良田回归粮田。日前,南方某地在地块整治过程中,把正在抽穗的玉米苗移栽到城市广场,招致不少的舆论批评。玉米移栽是常用的补苗方法,一般玉米出苗 1 片至 2 片时若出现不够齐的情况,农民会及时从苗密处移栽幼苗进行补苗。而把已抽穗的玉米苗移栽至城市广场绿地的情况,则很罕见。是为了美化城市环境,还是彰显当地重视粮食生产的态度? 这无疑背离了耕地整治的初衷,已被及时叫停。耕地整治是一件十分严肃的事情,绝不能搞形式主义,不可做表面文章。

粮食生产事关国计民生。当前,国际环境严峻复杂,国内粮食供给结构性短缺矛盾突出,抓紧抓好粮食稳产保供是头等大事,万万大意不得。国家投入真金白银扶持粮食生产,各地要拿出硬招、好招、妙招,踏踏实实促进粮食生产。要实施新一轮千亿斤粮食产能提升行动,大面积实施粮食单产提升行动,深入实施藏粮于地、藏粮于技战略,抓住耕地和种子这两个关键因素。要加大耕地非农化、非粮化整治,增强粮食新品种培育推广力度,稳住粮食播种面积,主攻单产,力争粮食多增产,确保实现全年粮食产量保持在 6 500 亿公斤以上的目标。

粮食问题无小事。要端牢端稳中国饭碗、确保饭碗里装满中国粮,需要从每个人做起,从一点一滴做起,共同守护粮食安全。显然,促进粮食生产要靠真抓实干,绝不是靠网红扎堆直播、麦田走红毯、广场移栽玉米苗这类"无厘头创新"就可以实现的。必须坚决抵制各种"耍花样"的行为,防止念歪"粮食经"。

后　记

　　"文者,贯道之器也。"记者是国家政策主张的传播者、时代风云的记录者、社会进步的推动者、公平正义的守望者,写出有思想、有温度、有品质的新闻作品,提高新闻舆论传播力、引导力、影响力、公信力,是记者的职责所在。但新闻是易碎品,新闻作品生命周期非常短暂,绝大多数新闻作品很快就会被淹没在信息的海洋里,无声无息。把已经发表过的一些言论结集成书出版,可以延长新闻作品的生命周期,进一步扩大新闻作品的影响力。

　　粮食关系老百姓的一日三餐,关系国家粮食安全,关系经济社会稳定大局。我从事粮食问题报道多年,深知舆论对粮食安全影响巨大。近年来,在新冠肺炎疫情、自然灾害、地缘政治冲突、贸易保护主义等各种因素叠加作用下,全球粮食危机如影随形,我国粮食安全问题被广泛关注,特别是一些西方媒体掀起一轮又一轮针对我国粮食问题的舆论战争,蔑称"中国需求""中国囤粮"导致全球粮价上涨,中国储备粮导致全球粮食短缺,中国大面积种植水稻加剧温室效应,等等,各种舆论满天飞,影响乃至动摇我国老百姓对粮食安全的信心。

　　做好粮食安全舆论引导工作,疏导社会情绪,是保障粮食安全的重要内容。2020年,经济日报社编委会领导决定在《经济日报》"时评版"为我开设"粮食大事"专栏,每周一篇时评。该专栏2020年12月3日开栏至今,我发表时评170多篇,在解读政策、评析事件、澄清谬误和引导舆论方面发挥了重要作用,为身陷舆论迷雾中的读者提供一种看待问题的新角度、解决问题的新思路,在舆论场上为保障国家粮食安全尽一份心力。

　　本书以《经济日报》"粮食大事"专栏时评稿件为主,收纳一些发表在经济日报其他版面的言论稿件,还收纳了我发表在《中国粮食经济》2023年第2期的一篇论文《粮食保供稳价要牢牢守住底线思维》。每一篇文章都是我对当时发生在粮食领域新闻事实、现象、问题的一些粗浅看法，现在重读这些文章，观点仍然站得住脚、经得起推敲。但有些文章由于写得匆忙，难免粗糙。整理文稿的过程，就是一个去粗取精的过程，在这个过程中，我充分认识到自己写作中存在的不足，并努力在以后的写作中加以精进。

书如桥，可以在作者与读者之间架起沟通的桥梁。本书中的文章，几乎涉及粮食安全的方方面面，内容非常庞杂。为了让读者有更好的阅读体验，我按照内容对稿件进行分类归纳，分为粮食安全政策解读、粮食保供稳价、粮食生产、粮食生产区域布局、粮食生产利益补偿机制、粮食流通、粮食储备、粮食进口、粮食节约、国际粮食市场、粮食领域舆论引导，共十一章，读者可以按需索骥，找到自己感兴趣的章节进行阅读。

本书能够出版，要感谢上海远东出版社社长曹建和编辑陈占宏两位先生。犹记得今年3月曹建先生微信联系我，表示他经常在《经济日报》"粮食大事"专栏看到我写的时评，建议我把粮食时评集结成书出版。之后他和陈编辑来到北京与我面谈，他们谈了出版文集的一些设想，深深吸引了我。我相信他们作为出版人的专业眼光和工匠精神，一定能把书出版好。

我要感谢中国宏观经济研究院党委书记、院长黄汉权研究员，他在繁忙的工作之余抽出时间为本书作序。黄院长在粮食安全方面的学术研究成果丰硕，是我非常敬佩的学者。

最后，要特别感谢经济日报社编委会领导。记得专栏开设前，经济日报社社长兼总编辑郑庆东找我们几个专栏记者谈话，对我们寄予殷殷期待。那时的我，对于能否坚持写好时评，心里属实没底。因为领导信任，我也就有了坚持下去的勇气和动力，并且一直坚持写作到现在。本书的出版，也得到了郑社长的大力支持。

本书的出版，只是我职业生涯阶段性成果的总结。我将以此为起点，牢记心中之责，不断增强脚力、眼力、脑力、笔力，努力成为一名粮食方面的专家型记者，写出更多新闻报道佳品。

刘 慧

2024年6月于北京